資料で学ぶ

# 日本政治外交史

武田知己
鈴木宏尚
池田慎太郎
佐道明広
著

法律文化社

# はしがき

　本書は，日本政治外交史を履修する学生のために作成した資料集である。2015年に第2版を刊行した『資料で学ぶ国際関係』の姉妹編にあたる。『資料で学ぶ国際関係』の初版に収めていた歴史に関する資料の多くを本書に移すとともに，大幅に資料を追加することによって独立した資料集にすることにした。

　本書のような資料集を作成したのは，国際関係論や政治学の教育において，歴史教育の重要性と関心が高まってきているためである。日本が現在直面する多様な外交的課題に関しても，背景となる歴史を理解しておかなければ問題の意味を考察することすら難しい。アジア諸国との「歴史問題」といわれるものや，日本の外交政策の展開についても，過去の経緯を知っておく必要があるのである。

　歴史を学ぶときには，教師の説明だけでなく，さまざまな資料に触れることによって理解が深まる事項が多々ある。しかしながら，高校までの歴史教育の現状では，大学進学者の歴史に対する知識がきわめて乏しいのも現実である。大学教育課程で歴史分野を担当する教員は，高校との「つなぎ教育」を意識した初歩的事項から講義を行うことも珍しくない。したがって，高校までの歴史教育で示されるべき資料も含めたさまざまな資料の活用が必要になってくる。しかしどのような資料を提示するかは教員次第であるし，大学教員の仕事が加速度的に増加している現在，授業に使用する資料を準備することもままならない場合すらあるのである。そこで，日本の近代から現在にわたる長い期間をカバーし，授業に必要かつ有益な資料に解題を付して配置したのが本書である。

　これまでも日本政治外交史に関する資料集はいくつか刊行されている。しかし徳川幕府時代から現在までもカバーし，国際政治にも配慮した資料集は本書が初めてではないだろうか。また本書は，戦前編と戦後編に同等の分量を充てている。それは戦前期の，とくにアジアとの関係が戦後の日本外交にも影響していることから，戦前期を学ぶことの重要性が一層高まっているからであり，戦後の日本外交は高校までの授業で学ぶことが少なく，資料で学ぶこと自体が

貴重であるという理由による。多くの学生や教員によって本書を利用していただき，日本政治外交史に対する理解を深めていただくことを，著者一同，心から期待している。

　2016年秋

　　　　　　　　　　　　　　　　　　　　著者を代表して　　佐道　明広

# 目　次

はしがき

## I　戦前編 ——————————————————————————— 1

### 1　幕藩制国家と鎖国制度の形成

- 【001】中華世界の図 …………………………………………………… 4
- 【002】16世紀のアジアとヨーロッパ ………………………………… 4
- 【003】倭寇の地図と年表 ……………………………………………… 5
- 【004】公儀と禁裏 ……………………………………………………… 6
- 【005】朱印船貿易と日本人の海外進出 ……………………………… 6
- 【006】鎖国と4つの窓口 ……………………………………………… 7
- 【007】4つの窓口での貿易品 ………………………………………… 8

### 2　幕藩制国家の動揺と明治維新

(1) 異国船の接近と幕府の対応
- 【008】イギリス・アメリカ・フランスの政治変動 ………………… 10
- 【009】列強のアジア進出の地図 …………………………………… 11
- 【010】幕末異国船の接近年表 ……………………………………… 12
- 【011】近世の外交の二類型 ………………………………………… 12
- 【012】異国船打払い令（1825年2月19日）……………………… 13
- 【013】『慎機論』渡辺崋山 ………………………………………… 13
- 【014】薪水給与令（1842年7月22日）………………………… 14
- 【015】オランダの開国勧告（1844年12月27日）……………… 14

(2) 幕末の政治変動と開国
- 【016】幕末の政治変動 ……………………………………………… 15
- 【017】フィルモアの国書（1852年11月13日）………………… 16
- 【018】日米和親条約（1854年3月3日）………………………… 17
- 【019】日米修好通商条約（1858年7月29日）………………… 17
- 【020】幕末の政治変動年表 ………………………………………… 19

## 3　明治国家の建設

(1) 明治初期の国際環境と条約改正
　　【021】帝国主義論の諸相 …………………………………………… 21
　　【022】対外進出の諸類型 …………………………………………… 21
　　【023】第1次産業革命と交通革命 ………………………………… 22
　　【024】イギリスの自由貿易帝国主義『タイムズ』（1852年3月26日）… 22
　　【025】イギリス総領事オールコックの外交論 …………………… 22
　　【026】イギリスのロシアへの警戒心 ……………………………… 22
　　【027】王政復古の通知（1868年1月15日）……………………… 23
　　【028】開国和親の布告（1868年2月8日）……………………… 23
　　【029】岩倉の建言書『岩倉公実記』（1872年9月）…………… 23
　　【030】イギリスの日本観 …………………………………………… 24
　　【031】不平等条約改正の経緯（治外法権撤廃と関税自主権の回復）… 25

(2) 近代国家建設の努力
　　【032】明治初期の関係年表 ………………………………………… 28
　　【033】明治初期の国境確定 ………………………………………… 29
　　【034】明治初期の隣国等との対外関係 …………………………… 29
　　【035】産業革命の進展 ……………………………………………… 30
　　【036】ベルツの日記（1876年10月25日）……………………… 31

## 4　帝国への道：世紀転換期の政治と外交

(1) 朝鮮問題と日清戦争
　　【037】明治6年の政変 ……………………………………………… 33
　　【038】副島種臣の意見書 …………………………………………… 33
　　【039】外交政略論（山縣有朋意見書）…………………………… 34
　　【040】日清戦争までの関係年表 …………………………………… 35
　　【041】朝鮮改革と日本 ……………………………………………… 36
　　【042】日清戦争の地図 ……………………………………………… 37
　　【043】下関条約（1895年4月）…………………………………… 37
　　【044】日清戦争前後の国際関係 …………………………………… 38
　　【045】三国干渉批判 ………………………………………………… 38

(2) 中国分割から日露戦争へ
　　【046】中国分割の地図と一覧 ……………………………………… 40
　　【047】日露対立と日英協調 ………………………………………… 40

【048】日英同盟協約（1902年1月30日） ……………………… 42
【049】日露戦争の地図 ……………………… 43
【050】日露戦争時の内外国債発行高 ……………………… 43
【051】ポーツマス条約（1905年9月） ……………………… 44
【052】アジアの民族運動地図 ……………………… 44
【053】日韓併合の過程 ……………………… 45
【054】関東総督府から関東軍までの変遷表 ……………………… 46
【055】「大日本帝国」の統治区域（1935年） ……………………… 46
【056】日本統治地域の住民構成（1930年） ……………………… 47
【057】植民地関連地図（1919年） ……………………… 47

## 5　成熟する政治

【058】自由民権運動の展開 ……………………… 49
【059】民撰議院設立建白書（1874年1月） ……………………… 51
【060】明治14年の政変と政党結成 ……………………… 51
【061】明治6年大久保参議起草政体ニ関スル意見書（1873年11月） …… 52
【062】初期議会から立憲政友会の成立まで ……………………… 53
【063】帝国憲法 ……………………… 54
【064】桂園体制と主な政策 ……………………… 54

## 6　成熟の挫折

(1)「旧外交」から「新外交」へ

【065】第一次世界大戦前の国際関係 ……………………… 56
【066】第一次世界大戦と日本 ……………………… 56
【067】日露戦争後の日本をめぐる国際関係 ……………………… 57
【068】「新外交」の潮流 ……………………… 58
【069】板垣退助の第2回ハーグ万国会議への要望書（1907年5月8日）
……………………… 59
【070】国際連盟に人種差別撤廃を提起 ……………………… 59
【071】原敬暗殺当日の中国人記者へのインタビュー（1921年11月4日）
……………………… 59
【072】外交管見　慶應大学における講演（1928年10月） ……… 59
【073】田中義一内閣下の「産業立国主義」 ……………………… 61

(2) 満州事変の衝撃
- 【074】ワシントン会議に対する訓令（1921年10月13日） ………… 63
- 【075】北伐の進展と幣原批判 ……………………………………… 64
- 【076】満州事変勃発の様子 ………………………………………… 64
- 【077】満州事変の擁護 ……………………………………………… 65
- 【078】リットン報告書（1932年10月2日） ……………………… 66
- 【079】「十字架上の日本」（1932年12月8日） …………………… 66
- 【080】金融恐慌の背景 ……………………………………………… 67
- 【081】昭和恐慌関連年表 …………………………………………… 68

(3) 政党政治の弱さ
- 【082】満州事変と政治不信 ………………………………………… 70
- 【083】大正政変 ……………………………………………………… 70
- 【084】原没後から護憲三派内閣へ ………………………………… 71
- 【085】政党内閣期関連年表 ………………………………………… 72
- 【086】政党のスキャンダル ………………………………………… 73
- 【087】若槻の狼狽 …………………………………………………… 73
- 【088】日本の三階層 ………………………………………………… 74

## 7 帝国の終焉

(1) 日独伊の接近と日中戦争への道
- 【089】枢軸の形成と国際対立 ……………………………………… 76
- 【090】天羽声明（1934年4月17日） ……………………………… 77
- 【091】天羽声明擁護の世論 ………………………………………… 77
- 【092】日独防共協定（1936年11月25日，1937年11月6日イタリア参加）
  ……………………………………………………………………… 78
- 【093】日本の中国進出と抗日統一戦線 …………………………… 79

(2) 日中戦争から日英米開戦へ
- 【094】盧溝橋事件から日中全面戦争へ …………………………… 81
- 【095】盧溝橋事件に關する政府声明（1937年8月15日） ……… 82
- 【096】日中戦争の展開 ……………………………………………… 83
- 【097】近衛文麿「英米本位の平和を排す」（1918年11月3日執筆） … 83
- 【098】近衛声明と日本の対外関係 ………………………………… 84
- 【099】ヨーロッパ情勢とアジア情勢の連動 ……………………… 85
- 【100】平沼騏一郎首相の辞職声明（1939年8月28日） ………… 86

【101】日独伊三国同盟（1940年9月27日） ……………………… 86
　　　【102】戦時体制の進展 ……………………………………………… 87
　　　【103】内閣強化の動き ……………………………………………… 87
　(3)　帝国の消滅
　　　【104】アメリカの対日経済制裁と国力差 ……………………… 89
　　　【105】近衛上奏文 …………………………………………………… 91
　　　【106】経済封鎖への日本の反応 ………………………………… 92
　　　【107】日米交渉年表 ………………………………………………… 92
　　　【108】開戦の詔勅 …………………………………………………… 94
　　　【109】大東亜戦争 …………………………………………………… 95
　　　【110】ヨーロッパの戦争（1942-45年） ………………………… 96
　　　【111】大東亜共同宣言（1943年11月6日） …………………… 97
　　　【112】カイロ宣言（1943年11月27日） ………………………… 97
　　　【113】ポツダム宣言（1945年7月26日） ……………………… 98
　　　【114】ミズーリ号上でのマッカーサーの演説（1945年9月2日） …… 100

## II　戦　後　編　———————————————— *101*

### 1　敗戦と占領

　　　【115】降伏文書（1945年9月2日） ……………………………… 104
　　　【116】日本管理に関する命令系統 ……………………………… 105
　　　【117】降伏後ニ於ケル米国ノ初期ノ対日方針（1945年9月6日） …… 105
　　　【118】マッカーサー元帥の幣原首相に対する五大改革指示（1945年10月11日） ……………………………………………………… 107
　　　【119】マッカーサーの憲法改正の必須要件（1946年2月） …… 108
　　　【120】日本国憲法（1946年11月3日） ………………………… 108
　　　【121】X論文 ………………………………………………………… 109
　　　【122】トルーマン・ドクトリン（1947年3月） ………………… 109
　　　【123】米国家安全保障会議文書第13号の2「アメリカの対日政策に関する勧告」（1948年10月7日） ……………………………… 110

### 2　サンフランシスコ講和

　　　【124】極東での出来事1945-49年 ……………………………… 113

- 【125】トルーマンの朝鮮戦争介入についての声明（1950年6月27日） …………………………………………………………………………… *113*
- 【126】1950年の東アジア ………………………………………… *114*
- 【127】朝鮮特需の経済効果 ……………………………………… *115*
- 【128】対日講話7原則（1950年11月24日） ………………… *115*
- 【129】池田ミッション（1950年4月） ……………………… *116*
- 【130】吉田＝ダレス会談（1951年1月） …………………… *116*
- 【131】吉田ドクトリン ………………………………………… *117*
- 【132】講話論争 …………………………………………………… *117*
- 【133】サンフランシスコ平和条約（1951年9月） ………… *119*
- 【134】日米安全保障条約（1951年9月） …………………… *121*

## 3　旧安保から新安保へ

- 【135】国際連合第11総会における重光外務大臣の演説（1956年12月18日） ……………………………………………………………………… *124*
- 【136】外交活動の3原則 ………………………………………… *124*
- 【137】国防の基本方針（1957年5月20日，国防会議決定・閣議決定） ……………………………………………………………………………… *125*
- 【138】日本国とアメリカ合衆国との間の相互協力及び安全保障条約（1960年1月19日署名，同年6月23日発効） ……………… *125*

## 4　日ソ日ロ関係

- 【139】日ソ共同宣言（日本国とソヴィエト社会主義共和国連邦との共同宣言）抜粋（1956年10月19日署名，同年12月12日発効） ………… *127*
- 【140】北方領土の地図 …………………………………………… *129*
- 【141】日米安保条約および歯舞・色丹返還の条件に関するソ連覚書（1960年1月27日） ……………………………………………… *130*
- 【142】日露関係に関する東京宣言（1993年10月13日） …… *130*

## 5　日韓日朝関係

- 【143】久保田発言（1953年10月15日，財産請求権委員会） ……… *132*
- 【144】日韓基本条約（日本国と大韓民国との間の基本関係に関する条約）（1965年6月22日署名，同年12月18日発効） ………… *133*

- 【145】竹島の地図 ……………………………………………………… *133*
- 【146】日朝関係に関する日本の自由民主党，日本社会党，朝鮮労働党の共同宣言（1990年9月28日）…………………………………… *133*
- 【147】日本と韓国の共同宣言，21世紀に向けた新たな日本と韓国のパートナーシップ（1998年10月8日）………………………………… *134*
- 【148】日朝平壌宣言（2002年9月17日）……………………………… *135*

## 6 日中日台関係

- 【149】国民政府との講和に関する吉田書簡（1951年12月24日）……… *137*
- 【150】日華平和条約（1952年4月28日署名，同年8月5日発効）…… *138*
- 【151】上海コミュニケ（リチャード・M・ニクソン大統領の訪中に関する米中共同声明）（1972年2月28日）………………………… *139*
- 【152】日中共同声明（日本国政府と中華人民共和国政府の共同声明）（1972年9月29日）……………………………………………… *140*
- 【153】尖閣の地図 ……………………………………………………… *141*
- 【154】田中総理・周恩来総理会談記録　第3回首脳会談（1972年9月27日）……………………………………………………………… *141*
- 【155】大平外務大臣記者会見詳録（1972年9月29日）………………… *141*
- 【156】日中平和友好条約（日本国と中華人民共和国との間の平和友好条約）（1978年8月12日署名，同年10月23日発効）………………… *142*

## 7 沖縄返還

- 【157】佐藤栄作内閣総理大臣の沖縄訪問に際してのステートメント（1965年8月19日）………………………………………………… *144*
- 【158】1967年11月14日および15日のワシントンにおける会談後の佐藤栄作総理大臣とリンドン・B・ジョンソン大統領との間の共同コミュニケ……………………………………………………………… *144*
- 【159】非核3原則（核4政策）に関する佐藤首相の国会答弁（1968年1月30日）…………………………………………………………… *144*
- 【160】佐藤栄作総理大臣とリチャード・M・ニクソン大統領との間の共同声明（1969年11月21日）……………………………………… *145*
- 【161】沖縄返還協定（琉球諸島及び大東諸島に関する日本国とアメリカとの間の協定）（1971年6月17日署名，1972年5月15日発効）…… *146*

【162】琉球政府「復帰措置に関する建議書」（1971年11月18日） ……… *147*
　　【163】沖縄基地関連の図 ……………………………………………… *148*

## 8　賠償から援助へ

　　【164】日本の賠償 …………………………………………………… *150*
　　【165】アジア諸国との経済協力 …………………………………… *150*
　　【166】国連開発の10年 ……………………………………………… *151*
　　【167】国連貿易開発会議（UNCTAD）……………………………… *152*
　　【168】日本の経済協力実績 ………………………………………… *153*
　　【169】旧ODA大綱（1992年）……………………………………… *153*
　　【170】ODA大綱（2003年）………………………………………… *154*
　　【171】DAC主要国のODA実績の推移 ……………………………… *156*

## 9　経済大国化と外交

　　【172】GATT加入 …………………………………………………… *158*
　　【173】GATT35条 …………………………………………………… *158*
　　【174】高度経済成長（日本の国民総生産（GNP）と経済成長率，1955-73年）
　　　　　 ………………………………………………………………… *159*
　　【175】貿易自由化大綱（1960年6月24日）……………………… *159*
　　【176】OECD加盟とIMF8条国移行 ……………………………… *160*
　　【177】GNP自由世界2位へ ………………………………………… *162*
　　【178】ベトナム戦争 ………………………………………………… *163*
　　【179】ニクソンショック …………………………………………… *164*
　　【180】石油危機（1973年）………………………………………… *165*
　　【181】サミット（1975年）………………………………………… *166*
　　【182】福田ドクトリン（1977年8月18日）……………………… *167*
　　【183】プラザ合意（1985年9月22日）…………………………… *169*
　　【184】日米貿易摩擦 ………………………………………………… *172*

## 10　冷戦後の外交

　　【185】樋口レポート（1994年8月12日）………………………… *174*
　　【186】日米安保共同宣言（1996年4月17日）…………………… *175*
　　【187】アジア太平洋経済協力（APEC）（1993年11月20日）…… *177*

- 【188】ASEAN地域フォーラム（ARF）（1994年7月25日） …… *178*
- 【189】アジア太平洋の地域主義の枠組み …… *179*
- 【190】東アジア首脳会議（EAS）（2005年12月14日） …… *179*
- 【191】湾岸戦争 …… *180*
- 【192】PKO法（1992年6月） …… *181*
- 【193】9.11同時多発テロ事件と日本（2001年9月19日） …… *183*
- 【194】イラク戦争と日本（2003年3月20日） …… *184*
- 【195】気候変動枠組み条約 …… *186*
- 【196】人間の安全保障 …… *186*
- 【197】国連改革 …… *187*

## 11　歴史認識問題

- 【198】「歴史教科書」についての官房長官談話（1982年8月26日） …… *190*
- 【199】内閣総理大臣その他の国務大臣による靖国神社公式参拝についての後藤田内閣官房長官談話（1986年8月14日） …… *190*
- 【200】慰安婦関係調査結果発表に関する内閣官房長官談話（河野談話）（1993年8月4日） …… *191*
- 【201】戦後50周年の終戦記念日にあたって（村山談話）（1995年8月15日） …… *192*
- 【202】内閣総理大臣談話（安倍談話）（2015年8月14日） …… *193*

## 12　安全保障問題

- 【203】日米地位協定（日本国とアメリカ合衆国との間の相互協力及び安全保障条約第6条に基づく施設及び区域並びに日本国における合衆国軍隊の地位に関する協定，1960年1月19日調印，同年6月23日発効） …… *196*
- 【204】国家安全保障の基本方針 …… *196*
- 【205】防衛計画の大綱（51大綱から新大綱まで） …… *197*
- 【206】国の存立を全うし，国民を守るための切れ目のない安全保障法制の整備について（国家安全保障会議決定，2014年7月1日） …… *198*
- 【207】平和安保法制解説 …… *203*
- 【208】変化する安全保障環境のためのより力強い同盟，新たな日米防衛協力のための指針（2015年4月27日） …… *204*

## 凡　　例

1．収録史料の各項目に通し番号を付し，【　　】で表示した。
2．項目表示は通称を使用した。人名・地名については，高校教科書等で使用している標準的な表記を使用した。引用史料中の表記は，原則として原文通りである（用語統一のため若干の修正を施した）。
3．原則として各項目の最後に［出典］を付した。ただし，『資料で学ぶ国際関係〔第2版〕』（佐道明広・古川浩司・小坂田裕子・小山佳枝共編著，法律文化社，2015年）からの転載の場合は，『資料で学ぶ国際関係〔第2版〕』○頁とした。
4．各章内の項目は，原則として年代順に配置した。

# I
## 戦前編

# 1　幕藩制国家と鎖国制度の形成

【解　題】

　「鎖国」によって国を閉ざし，「封建的」であった徳川幕府が打倒される。そして，開国・文明開化を目指した近代国家が作り上げられる——これが，本書でみてゆく典型的な日本の近代史理解だろう。その起点は，一般にペリー来航に，あるいは王政復古に置かれる。しかし，近代の出発点をどこにおくかをめぐっては諸説出されており，少なくとも寛政期頃（18世紀末）から論じていかなければ，幕藩制国家の解体も鎖国制度の撤廃も説明できないと考える歴史家は多い。

　これ以降の議論の前提として，本章では，幕藩制国家と鎖国制度がいつ頃できあがったのかを考えてみたい。まずは，中世から近世初頭にかけての時代に目を向けてみよう。その頃の日本は，中華秩序と呼ばれたアジアの国際関係【001】の中に位置していただけでなく，大航海時代を経てアジアとの交易を求めていたヨーロッパとも貿易を試み，さらには日本からもヨーロッパに使節を派遣していた【002】。さらに，日本近海では「倭寇」と呼ばれた海賊行為・私貿易が行われていた【003】。「天下統一」を目指していた織田信長，豊臣秀吉，徳川家康らも，国内統一とともに対外関係の構築にも積極的だった。

　前述のように，当時のアジアには国際秩序が複数存在したが，日本は，中華秩序と呼ばれる伝統的秩序には，一時期をのぞき，中国と貿易関係のみの交流（互市）に限定していた。また，日本は倭寇の取り締まりにも悩まされていた。そこにヨーロッパとの貿易関係が接続する。日本の国際環境は重層的であった。さらに，江戸幕府が成立するまでは，各地の大名が各々対外関係を結び，複数の主体が，時と場合に応じて，この重層的な国際関係の中に入り込んでいた。

　こうした多元的な対外関係を一元化しようとしたのが，徳川幕府であった。徳川幕府は，その初期に，幕府（公儀）が大名と主従関係を結ぶ国内統治の仕組みを精緻化し，朝廷（禁裏）との二元体制を安定的に運用し，堅牢な官僚機構を整備して，列島規模の統一政権としての実質を整えた【004】。それと同時に，政府が公認する「朱印船貿易」を積極的に展開し，一時はポルトガルをしのぐほどの隆盛を見せたのである【005】。

　しかし，江戸幕府はやがて対外関係の窓口を，長崎，対馬，薩摩，松前の4つに限定することとなった。長崎ではオランダと中国との通商，対馬では朝鮮，薩摩では琉球との通信（使節の交流），松前ではアイヌとの交易が行われた【006】。それは，キリスト教の普及が国の安全を脅かし，国内の統一をも危うくするという強い警戒心からであった。もっとも，その4つの窓口を通じた貿易は活発であり，18世紀以降，北方の俵物が琉球を通じて中国に輸出されるほどだった【007】。

## 【001】 中華世界の図

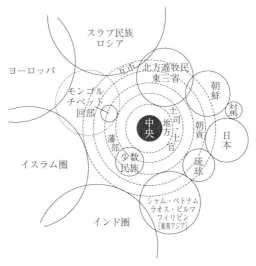

[出典] 『資料で学ぶ国際関係〔第2版〕』6頁。

## 【002】 16世紀のアジアとヨーロッパ

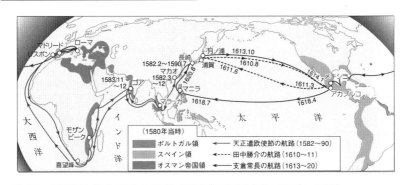

[出典] 佐藤信ほか編『詳説日本史研究〔改訂版〕』山川出版社, 2008年, 222頁。

## 【003】倭寇の地図と年表

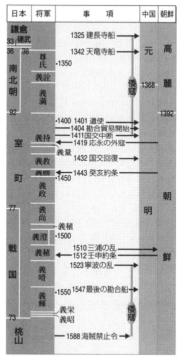

[出典] 佐藤信ほか編『詳説日本史研究〔改訂版〕』山川出版社，2008年，194頁。

## 【004】 公儀と禁裏

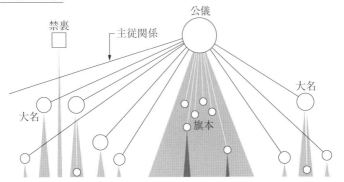

［出典］　三谷博ほか編『大人のための近現代史　19世紀編』東京大学出版会，2009年，21頁。

## 【005】 朱印船貿易と日本人の海外進出

［出典］　佐藤信ほか編『詳説日本史研究〔改訂版〕』山川出版社，2008年，249頁。

## 【006】鎖国と4つの窓口

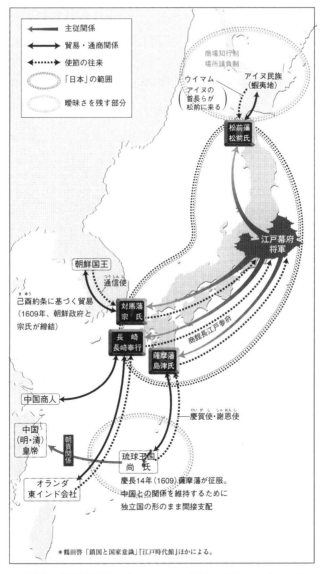

[出典] 竹内誠監修・市川寛明編『一目でわかる江戸時代』小学館，2004年，118頁。

## 【007】 4つの窓口での貿易品

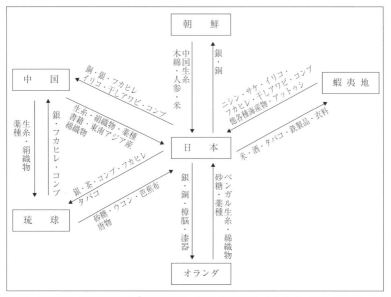

［出典］ 藤井讓治・伊藤之雄編著『日本の歴史　近世・近現代編』ミネルヴァ書房, 2010年, 27頁。

## 2　幕藩制国家の動揺と明治維新

### (1)　異国船の接近と幕府の対応

【解　題】

　前章で述べた幕藩制国家と鎖国制度が安定するのは18世紀半ば頃であった。しかし，18世紀後半には，日本の近海にしばしばロシア・イギリス・アメリカの異国船が来航し，通商関係の樹立を求めた。また，その頃には，経済体制の変化や民衆の台頭などにより幕藩制国家の動揺も始まっていた。

　まず，異国船の接近であるが，これも世界史的な動向と無縁ではなかった。17世紀には，イギリス・アメリカ・フランスでいわゆる「市民革命」が起き，19世紀以後ヨーロッパ全土に拡大していった。そうした国々では，資本家層が政治の実権を握るようになり，国内の資本主義化が進んだ。18世紀から19世紀にかけて蓄積された富は，海外に投資され始めた【008】。欧米列強は，アフリカ・アジア，そしてアメリカ大陸に進出したが，アジアには，北方からロシアが，南方からオランダ，イギリス，フランス，やがてアメリカが，それぞれ進出してきた【009】【010】。

　領土を略奪したり，武力による威嚇を用いて通商関係の樹立を求めるという時代の到来は，オランダや中国からの書物などを通じて，日本でも認識されていた。しかし，19世紀初頭，徳川幕府の対外政策にはオランダ・中国との「通商」関係，朝鮮・琉球との「通信」関係の2種類があり，それ以外の国とはそれ以外の関係を結ばないのが伝統的政策（祖法）であると考えられた【011】。こうした中，1825年には異国船打払令が出され，そうした幕府の意思が示された【012】。

　だが，国際情勢を知ることのできた蘭学者の中には，国際環境の変化に対応しようとしない幕府外交への不満が生まれていた。モリソン号事件をめぐる幕府外交批判をきっかけに起きた蛮社の獄には，そうした批判を封じ込める意味合いがあった【013】。さらに，江戸期を通じてしばしば起きた飢饉をきっかけに農民一揆や暴動も発生し，こうした民衆運動への何らかの対応も不可欠であった。

　徳川幕府は，しばしば幕政改革に取り組んだ。享保，寛政，天保の改革は三大改革と呼ばれるが，特に，1832年頃から連続して起きたいわゆる天保の飢饉や1840年アヘン戦争の勃発による内外の危機を受け行われた天保の改革が行われる一方で，異国船をむやみに打ち払わず，食料と燃料の補給の為の一時寄港を認める「薪水給与令」が打ち出された【014】。続けて，オランダ国王からは，「開国」という選択がむしろ国の安全を図るには合理的であるという助言もなされたが【015】，幕府は薪水給与令以上の変更を躊躇していた。

## 【008】イギリス・アメリカ・フランスの政治変動
三大市民革命

|  | イギリス市民革命 | アメリカ独立革命 | フランス革命 |
|---|---|---|---|
| 時期 | 1640-1660 ピューリタン革命<br>1688 名誉革命<br>1689 権利章典発布 | 1775 レキシントンの戦い<br>1783 パリ条約<br>1787 アメリカ合衆国憲法の制定 | 1789 バスティーユ牢獄襲撃<br>1799 総統政府樹立<br>ナポレオン革命へ |
| 王朝 | スチュアート朝 | イギリス・ハノーヴァー朝 | ブルボン朝 |
| 国王名 | チャールズ一世<br>ジェームズ一世 | ジョージ三世 | ルイ一六世<br>マリー・アントワネット |
| 変動の主体 | ジェントリ・ヨーマン・大規模商人などの資本家 | 愛国派（商工業者・弁護士など） | 資本家 |
| 性格 | 立憲王政と伝統的な諸権利の保障 | 独立の正当性を人権の面から主張 | 人権宣言で資本家の権利を主張 |
| 諸外国の動き | 三〇年戦争中で干渉なし | フランス・スペイン・ロシアが支援 | 革命の波及を恐れたヨーロッパ諸国が対仏大同盟結成 |
| 意義 | 議会主権の確立 | 人民主権を主張する憲法の制定 | 封建的身分制度の一掃 |

| | | | |
|---|---|---|---|
| 産業革命の動向 | 1709 コークス燃料による製鉄法の発明（技術革命）<br>1769 蒸気機関の改良（動力革命）<br>1814 蒸気機関の発明（交通革命） | 1807 ハドソン川の蒸気船運航<br>1830年代に西部開拓による国内市場の拡大<br>（南北戦争後本格化） | 革命後の小農などの台頭により資本蓄積が遅れる<br>（1830年代から本格化） |

［出典］ 木下康彦ほか編『詳説世界史研究〔改訂版〕』山川出版社，2008年，329-356頁を参照し，筆者作成。

## 【009】列強のアジア進出の地図

ロシアの東方・南方進出

［出典］ 浜島書店編集部編著『新詳世界史図説』浜島書店，2007年，161頁。

オランダ・イギリス・フランスのアジア進出

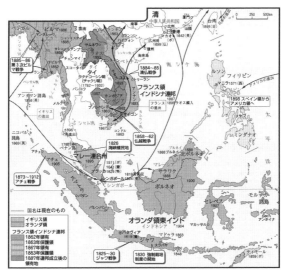

［出典］ 同上，175頁。

2　幕藩制国家の動揺と明治維新　11

## 【010】 幕末異国船の接近年表

| 年代 | 対外情勢 |
|---|---|
| 1778 | ロシア船，蝦夷地厚岸に来航して松前藩に通商を求む |
| 1792 | ロシア使節ラクスマン，漂流民大黒屋光太夫を伴い根室に来航 |
| 1804 | ロシア使節レザノフ，長崎に来航 |
| 1808 | イギリス艦フェートン号，長崎に侵入（フェートン号事件） |
| 1811 | ロシア・ゴローウニン，国後島で捕らえられる |
| 1818 | イギリス・ゴルドン，浦賀に来航し通商要求 |
| 1824 | イギリス捕鯨船，薩摩国宝島にて掠奪 |
| 1837 | アメリカ船モリソン号，浦賀来航，通商要求 |
| 1840～42 | アヘン戦争 |
| 1844 | オランダ国王ウィルヘルム2世，開国勧告 |
| 1846 | アメリカ使節ビッドル，浦賀来航，通商要求 |
| 1853 | アメリカ使節ペリー，浦賀来航，大統領親書提出 |
| | ロシア使節プゥチャーチン，長崎に来航 |
| 1854 | アメリカ使節ペリー再来航 |
| 1856 | アメリカ総領事ハリス，下田に着任 |

［出典］　詳説日本史図録編集委員会編『山川詳説日本史図録〔第6版〕』山川出版社，2013年，187頁の表を簡略化。

## 【011】 近世の外交の二類型

| | |
|---|---|
| 背景 | 1804年、レザノフ来航時の老中土井利厚と林述斎の論争。林「ロシアとの通商は『祖宗の法』に反するために拒絶すべきであるが，ラクスマンの時に信牌を与えた経緯がある以上，礼節をもってレザノフを説得するしかない」。土井「腹の立つような乱暴な応接をすればロシアは怒って二度と来なくなるだろう。もしもロシアがそれを理由に武力を行使しても，日本の武士はいささかも後れはとらない」。レザノフたちは半年間長崎の出島に留め置かれる |
| | 長崎奉行・遠山景晋が，「中国・朝鮮・琉球・紅毛（オランダ）」以外の国と「通信」「通商」の関係をもたないのが『朝廷歴世の法』で議論の余地はないとして通商交渉の拒絶を通告 |
| 通信 | 朝鮮・琉球とは国交がある（幕府が両者と仲介役を立てて交流し，人の往来を伴う） |
| 通商 | 中国・オランダとは貿易関係をもっている（長崎の出島で交易をおこなう） |

［出典］　藤井譲治，伊藤之雄編著『日本の歴史　近世・近現代編』ミネルヴァ書房，2010年，第2章「近世の対外関係」を参照し，筆者作成。

## 【012】 異国船打払い令 (1825年2月19日)

　異国船渡来の節取計方, 前々より数度仰出されこれ有り候, おろしや船の儀に付いては, 文化の度改めて相触れ候次第も候処 (＊1), いきりすの船, 先年長崎において狼籍に及び (＊2), 近年は所々へ小船にて乗寄せ, 薪水食糧を乞ひ, 去年に至り候ては猥りに上陸致し, 或いは廻船の米穀, 島方の野牛等奪取候段, 追々横行の振舞, 其上邪宗門に勧入れ候致方も相聞え, 旁捨置れ難き事に候。一躰いきりすに限らず, 南蛮・西洋の儀は御制禁邪教の国に候間, 以来何れの浦方におゐても異国船乗寄候を見請候はゞ, 其所に有合候人夫を以て有無に及ばず一図に打払い, 逃延候はゞ追船等差出に及ばず, 其侭に差置き, 若し押して上陸致し候はば, 搦捕又は打留候ても苦しからず候。（中略）尤唐・朝鮮・琉球などは船形人物も相分るべく候得共, 阿蘭陀船は見分けも相成かね申すべく, 右等の船万一見損い, 打誤り候共, 御察度は之有間敷候間, 二念無く打払いを心掛け, 図を失わざる様取計らい候処, 専用の事に候条, 油断無く申付けらるべく候。

　＊1　露西亜船の接近を受けて出された「文化の無恤令」のこと。
　＊2　1808年フェートン号事件のこと。
　［出典］　大久保利謙等編『近代史史料』吉川弘文館, 1965年, 6頁。

## 【013】『慎機論』渡辺崋山

　今天下五大州中, 亜墨利加・亜弗利加・亜烏斯太羅利三州は, 既に欧羅巴諸国の有と成る。亜斉亜州といへども, 僅に我が国・唐山 (＊1)・百爾西亜 (＊2) の三国のみ。其の三国の中, 西人と通信せざるものは, 唯, 我が邦存するのみ。万々恐れ多き事なれども, 実に杞憂に堪ず。論ずべきは, 西人より一視せば, 我が邦は途上の遺肉の如し。餓虎渇狼の顧ざる事を得んや。もし英吉利斯交販の行はれざる事を以て, 我に説て云はんは, 『貴国永世の禁固く, 侵すべからず。されども, 我が邦始め海外諸国航海のもの, 或ひは漂蕩し, 或ひは薪水を欠き, 或ひは疾病ある者, 地方を求め, 急を救はんとせんに, 貴国海岸厳備にして, 航海に害有る事, 一国の故を以て, 地球諸国に害あり。同じく天地を載踏して, 類を以て類を害ふ, 豈これを人と謂べけんや。貴国に於てはよく此の大道を解して, 我が天下に於て望む所の趣を聞かん』と申せし時, 彼が従来疑ふべき事実を挙て, 通信すべからざる故を論さんより外あるべからず。斯て瑣屑の論に落ちて, 究する所, 彼が貪惏の名目生ずべし。西洋戎狄といへども, 無名の兵を挙る事なければ, 実に鄂羅斯 (＊3)・英吉利斯二国, 驕横の端となるべし。

　＊1　中国
　＊2　ペルシア
　＊3　ロシア
　［出典］　佐藤昌介ほか校注『日本思想大系55』岩波書店, 1971年, 69-70頁。

## 【014】 薪水給与令 （1842年7月22日）

　異国船渡来の節，二念無く打払い申すべき旨，文政八年仰せ出され候。然る処、当時万事御改正にて，享保寛政の御政事に復せられ，何事によらず御仁政を施され度との有難き思召に候。右については，外国のものにても難風に逢ひ，漂流にて食物薪水を乞候迄に渡来候を，其の事情相分らざるに，一図に打払い候ては，万国に対せられ候御処置とも思召されず候。依って文化三年異国船渡来の節，取計方の儀につき仰せ出され候趣相復し候様仰せ出され候間，異国船と見受け候はば，得と様子相糺し，食料薪水等乏しく帰帆成り難き趣候はば，望みの品相応に与へ，帰帆致すべき旨申し諭し，尤上陸は致させ間敷候。併し此の通り仰出され候に付ては，海岸防禦の手当ゆるがせにいたし置き，時宜など心得違ひ，又は猥に異国人に親み候儀はいたす間敷筋に付，警衛向の弥々厳重に致し，人数共武器手当等の儀は，是よりは一段手厚く，聊にても心弛みこれ無き様相心得申すべく候。若し異国船より海岸様子を伺ひ，其の場所人心の動静を試し候ためなどに，鉄砲を打懸け候類これ有るべき哉も計り難く候得共，夫等の事に同様致さず，渡来の事実能々相分り，御憐恤の御主意貫き候様取計い申すべく候。され共彼方より乱妨の始末これ有り候歟，望の品相与へ候ても帰帆致さず，異儀に及び候はば速に打払い，臨機の取計は勿論の事に候，備向手当の儀は猶追て相達し候次第もこれ有るべき哉に候。

　［出典］ 前掲，『近代史史料』6頁。

## 【015】 オランダの開国勧告 （1844年12月27日）

　近来英吉利国王より支那皇帝に対し，兵を出して，烈しく戦争せし本末（＊1）は，我国の船，毎年長崎に至って呈する風説書を見られて，既に知り給ふべし。（中略）謹みて古今の時勢を通考するに天下の民は速に相親しむものにして，其勢は人力のよく防ぐ所に非ず。蒸気船を創製せるより以来，各国相み距ること遠きも，なほ近きに異ならず。斯の如く互いに好を通ずる時に当て，独り国を鎖て，万国と相ひ親まざる国は，多数の国と敵視するに至るべし。貴国歴代の法に異国人と交を結ぶことを厳禁し給ひしは，欧羅巴州にて遍く知る処なり。（中略）是れ殿下に丁寧に忠告する処なり。今貴国の幸福なる地をして，兵乱の為に荒廃せざらしめんと欲せば，異国の人と厳禁するの法を弛め給ふべし。これ素より誠意に出る所にして，我国の利を謀るには非ず。夫れ平和は懇に好みを通ずるにあり。懇に好みを通ずるは，交易に在り。冀くは，叡知を以て熟計し給はん事を。

　＊1　アヘン戦争
　［出典］ 『通航一覧続輯』。

## (2) 幕府の政治変動と開国

【解題】

　江戸後期の内外の危機（「内憂外患」と呼ばれる）の中で，対外危機には断固たる態度で対処せねばならず，そのためには国内の体制改革が必要であるとする考えが生まれ始めた。朝廷と幕府の協力関係を再構築することで幕藩制国家の危機に対処しようとする構想は，やがて公武合体論として幕末期にも追求された。それに対し，危機に右往左往する幕府ではなく，王たる天皇（朝廷）の意向に従うべきだとする「尊王論」と，異国船を断固打ち払うという「祖法」を遵守すべきとする「攘夷論」が結びつき，幕藩制国家に対する挑戦イデオロギー，すなわち「尊王攘夷論」も形成される【016】。

　アメリカという新興大国が，ペリーを派遣し，日本へ開港要求を突き付けてきたのは，1853年のことであった。アメリカは，少なくとも日本を寄港地として開港させ，できれば日本と通商関係を結びたいという意思をもっていた【017】。このとき結ばれた日米和親条約は，新たな2港の開港と日本人役人立ち会いの下での燃料や食料などの受け渡しを認めたものの，いわゆる通商関係は認めなかった【018】。しかし，その5年後に結ばれた日米修好通商条約（その後5ヶ国条約へと発展）は，日米両国の商人による自由な交易を認めるものであって，従来の鎖国制度を解体させる内容であった【019】。この2つの条約の締結は，幕藩制国家崩壊への政治変動のきっかけとなった。それ以後，王政復古のクーデターまでの幕末政治史は激動の歴史となったのである【020】。

### 【016】幕末の政治変動

| 3つの運動 | |
|---|---|
| 尊王攘夷論 | 朝廷重視の思想・開国反対 |
| 公武合体論 | 朝廷の権威を利用しながら改革された幕藩体制を目指す |
| 公議政体論 | 幕藩体制は解体するが，徳川を中心とした新たな体制創設を目指す |

| その他の対立軸 | |
|---|---|
| 鎖国と開国 | 攘夷論者（鎖国論者）はやがて衰退してゆく |
| 佐幕と討幕 | 新体制に幕府を組み込むか否かが大きな争点となる |

［出典］　筆者作成。

## 【017】 フィルモアの国書 （1852年11月13日）

　予が志，二国の民（＊1）をして交易を行はしめんと欲す。是を以て日本の利益となし，亦兼ねて合衆国の利益と為さんことを欲してなり。貴国従来の制度，支那人及び和蘭人を除くの外は，外邦と交易することを禁ずるは，固より予が知る所なり。然れども，世界中時勢の変換に随ひ，改革の新政行はるゝの時に当ては，其時に随ひて新律を定むるを智と称すべし。然れども殿下若し外邦の交貿を禁停せる古来の定律を，全く廃棄するを欲せざるときは，五年或ひは十年を限りて允準し，以て其の利害を察し，若し果して貴国に利なきに於ては，再び旧律を回復して可なり。凡合衆国他邦と盟約を行ふには，常に数年を限りて約定す。而して其の事便宜なるを知るときは，再び其の盟約を尋ぐこととす。予更に水師提督に命じて，一件の事を殿下に告明せしむ。合衆国の舶，毎歳角里伏爾尼亜より支那に航するもの甚だ多し。亦鯨猟の為，合衆国人，日本海岸に近づくもの少からず。而して若し颶風あるときは，貴国の近海にて往々破船に逢ふことあり。若し是等の難に逢ふに方っては，貴国に於て，其の難民を撫恤し，其の財物を保護し，以て本国より一舶を送り，難民を救ひ取るを待たんこと，是れ予が切に請ふ所なり。予また水師提督ペルリに命じて，次件を殿下に告げしむ。蓋日本国に石炭甚だ多く，又食料多きことは，予が曾て聞知れる所なり。我が国用ふる所の蒸気船は，其大洋を航するに当て，石炭を費やすこと甚多し。而して其石炭を亜墨利加より搬運せんとすれば，其不便知るべし。是を以て予願はくは，我が国の蒸気船及び其他の諸船，石炭食料及び水を得んが為に，日本に入ることを許されんことを請ふ。若し其の償ひは，価銀を以てするも，或ひは貴国の民人好む所の物件を以てするも可なり。請ふ，殿下，貴国の南地に於て，一地を択び，以て我が舶の入港を許されんことを。是予が深く願ふ所なり。

＊1　日米両国のひとびと
［出典］『幕末関係文書之一』蘭文副本の訳文より。

## 【018】 日米和親条約 （1854年3月3日）

第一条　日本国と合衆国とは，其人民永世不朽の和親を取結び，場所，人柄の差別これなき事。

第二条　伊豆下田・松前地箱館の両港は，日本政府に於て，亜墨利加薪水食料石炭欠乏の品を日本にて，調候丈は給候為め，渡来の儀差免し候。尤も，下田港は条約書面調印の上，即時相開き，箱館は来年三月より相始め候事。給すべき品物直段書の儀は，日本役人より相渡し申すべく，右代料は，金銀銭を以て相弁ずべく候事。

第三条　合衆国の船，日本海浜漂着の時扶助いたし，其漂民を下田又は箱館に護送し，本国の者受取申すべし。所持の品物も同様に致すべく候。尤も，漂流民諸雑費は，両国たがひに同様の事故，償ひに及ばず候事。

第四条　漂着或は渡来の人民取扱の儀は，他国同様緩優にこれ有り，閉篭め候儀致すまじく，併しながら正直の法度には服従いたし候事。

第五条　合衆国の漂民其他の者とも，当分，下田箱館逗留中，長崎に於て唐，和蘭人同様閉篭め窮屈の取扱これ無く，下田港内の小島周り凡七里の内は勝手に徘徊いたし，箱館港の儀は追って取極め候事。

第七条　合衆国の船右両港に渡来の時，金銀銭並品物を以て，入用の品相調え候を差免し候。尤も，日本政府の規定により相従ひ申すべく（中略）

第八条　薪水食料石炭並欠乏の品を求める時には，其地の役人にて取扱ふべし。私に取引すべからざる事。

第九条　日本政府，外国人え当節亜墨利加人え差免さず候廉相免し候節は，亜墨利加人えも同様差免し申すべく，右に付，談判猶予致さず候事。

第十一条　両国政府に於て，拠なき儀これ有り候模様により，合衆国官吏のもの下田に差置候儀もこれ有るべく，尤も約定調印より十八ケ月後にこれ無く候ては，其儀に及ばず候事。

［出典］　外務省編『日本外交年表竝主要文書1840-1945 上巻』原書房，1965年，1頁。

## 【019】 日米修好通商条約 （1858年7月29日）

日本国亜墨利加合衆国修好通商条約並貿易章程

第一条　向後日本大君と，亜墨利加合衆国と，世々親睦なるべし。（中略）

第二条　日本国と欧羅巴中の或る国との間に，もし障り起こる時は，日本政府の嘱に応じ，合衆国の大統領，和親の媒となりて扱ふべし。（中略）

第三条　下田・箱館の外，次にいふ所の場所を左の期限より開くべし。

　　神奈川　　（省略）
　　長崎　　　（省略）
　　新潟　　　（省略）
　　兵庫　　　（省略）

若し新潟港を開き難きことあらば，其代わりとして同所前後に於て一港を別に撰ぶべし。神奈川港を開く後六ケ月にして，下田港は閉鎖すべし。(中略)双方の国人品物を売買する事，総て障りなく，其の払方等に付ては，日本役人これに立合はず，諸日本人亜墨利加人より得たる品を売買し，或ひは所持する，倶に妨なし。軍用の諸物は日本役所の外へ売るべからず。(中略)

第四条　総て国地に輸入輸出の品に，別冊の通，日本役所へ運上を納むべし。(中略)

第五条　外国の諸貨幣は，日本貨幣同種類の同量を以て通用すべし。金は金，銀は銀と，量目を以てひかくするをいふ。(中略)

第六条　日本人に対し法を犯せる亜墨利加人は，亜墨利加コンシュル裁断所にて吟味の上，亜墨利加の法度を以て罰すべし。亜墨利加人へ対し法を犯したる日本人は，日本役人糺の上，日本法度を以て罰しべし。(中略)

第八条　日本にある亜墨利加人，自ら其国の宗法を念じ，礼拝堂を居留場の内に置くも障りなく，並に其建物を破壊し，亜墨利加人宗法を自ら念ずるを妨る事なし。(中略)双方の人民，互に宗旨に付ての争論あるべからず。(中略)

第十三条　今より凡百七十一箇月の後　即ち千八百七十二年七月四日に当る双方政府の存意を以て，両国の内より一箇年前に通達し，此の条約並に神奈川条約の内存置く箇条及び此の書に添たる別冊ともに，双方委任の役人実験の上，談判を尽し，補ひ或ひは改むる事を得べし。(後略)

［出典］　同前，17-20頁。

## 【020】幕末の政治変動年表

| 年次 | 外国関係 | 幕府 | 朝廷 | 雄藩など | その他 |
|---|---|---|---|---|---|
| 1853<br>(嘉永6) | 6.ペリー来航<br>7.露プチャーチン来航<br>12.露プチャーチン再来 | 国書受理、答書を来年に約す。諸侯に国書処理を諮問<br>6.将軍家慶死去<br>11.第13代将軍に家定 | 報告をうける | ●事項の前の数字は、月。<br>□の中は閏月を示す。<br>●入洛は京都、東上・東下は江戸へはいること。<br>●米はアメリカ、露はロシア、英はイギリス、蘭はオランダ、仏はフランス | (露×オスマン帝国)<br>クリミア戦争 |
| 1854<br>(安政元) | 1.ペリー再来<br>3.日米和親条約調印<br>8.日英、12.露和親条約調印 | 開国にふみきる | | | |
| 1855 | 12.日蘭和親条約調印 | | | | |
| 1856 | 7.米ハリス着任 | 2.蕃書調所設立 | | | |
| 1857<br>(安政4) | 10.将軍家定、ハリスを引見<br>12.～通商条約交渉 | 諸侯に可否諮問 | | | (英仏×清)<br>アロー戦争 |
| 1858<br>(安政5) | 6.日米修好通商条約調印<br>7.蘭・露・英と条約調印<br>9.仏と条約調印 | 1～3.堀田正睦条約勅許を奏請 → 3.不許可<br>4.井伊直弼大老就任<br>条約勅許問題<br>6.将軍継嗣は慶福<br>7.将軍家定死去<br>10.第14代将軍に家茂<br>将軍継嗣問題 | | 7.徳川斉昭・松平慶永・一橋慶喜らを処分 | 安政の大獄 |
| 1859<br>(安政6) | 5.貿易開始 | 10.橋本左内・吉田松陰ら処刑 | | | |
| 1860<br>(万延元) | 1.勝義邦ら条約批准のため渡米<br>12.ヒュースケン殺害 | 3.桜田門外の変<br>③.五品江戸廻送令<br>7.和宮降嫁を奏請 | 公武合体派と尊王攘夷派の対立 | | |
| 1861 | 5.東禅寺事件 | 10.和宮東下 | | | |
| 1862<br>(文久2) | 8.生麦事件<br>12.イギリス公使館焼討ち事件 | 1.坂下門外の変<br>7.慶喜将軍後見職 松平慶永政事総裁職<br>⑧.文久の改革 | 2.和宮婚礼<br>8.大原重徳東下<br>9.朝議攘夷に決定 | 4.島津久光入洛<br>寺田屋事件<br>6.島津久光東上<br>7.長州藩攘夷を藩論とする | アメリカ南北戦争 / 物価高騰・一揆頻発 |
| 1863<br>(文久3) | 5.長州攘夷決行<br>7.薩英戦争 | 2.将軍家茂入洛<br>4.5/10を攘夷期日と決定<br>12.公武合体派が参預会議を形成 | 8.八月十八日の政変<br>尊攘派追放 | 8.天誅組の変<br>10.生野の変 | |
| 1864<br>(元治元) | 3.仏ロッシュ着任<br>8.四国連合艦隊下関砲撃 | 3.参預会議解体<br>7.長州征討 | 7.禁門の変<br>攘夷運動の挫折 | 3.天狗党の乱<br>6.池田屋事件 | |
| 1865<br>(慶応元) | ⑤.英パークス着任<br>9.列国条約勅許を強要 | 5.第2次長州征討 → 10.条約勅許 | | 1.長州藩高杉晋作の挙兵成功<br>長州尊王倒幕へ | |
| 1866<br>(慶応2) | 5.改税約書調印 | 6.長州征討戦開始<br>7.将軍家茂死去<br>12.第15代将軍に慶喜 | 12.孝明天皇急死 | 1.薩長連合<br>5.江戸・大坂の大打ちこわし<br>6.武州一揆 | |
| 1867<br>(慶応3) | | 10.大政奉還<br>江戸幕府滅ぶ | 1.明治天皇即位<br>10.討幕の密勅<br>12.王政復古 | 5.薩土盟約<br>10.山内豊信大政奉還を建議 | ええじゃないか |

［出典］ 元木泰雄・伊藤之雄『シグマベスト 理解しやすい日本史B』文英堂, 2014年, 304頁。

# 3 明治国家の建設

## (1) 明治初期の国際環境と条約改正

【解　題】

　1868年，徳川幕府にかわって新政権（以下，明治政府）が成立した。

　19世紀半ばから世紀末にかけての国際環境に目を向けてみれば，その時代は帝国主義が進む時代ということができる。

　もっとも，帝国主義論にも微妙な相違がある。たとえば，幕末期が軽工業中心の第１次産業革命の時代に相当する一方，明治初期は重工業化が進む第２次産業革命を経て列強の世界進出が活発化する時期にあたっていたことを重視する考えもある。しかし，重要なのは，明治維新前後の10年ほどは，列強の進出が戦争を伴わない時期にあたっていたことである。つまり，列強は条約（不平等条約であることが多かった）の権限に基づいて，自由貿易を重視し，東アジアにおける領土拡張そのものは主眼としなかったのである。もちろん，列強は，自由貿易を実行するためには「武力による威嚇」も厭わなかったし，圧倒的産業力を前提として不平等条約を結ぶことで，通商は常に彼らに圧倒的有利に展開した。また，相手国が抵抗すれば，躊躇なく武力を使用する準備もあった。こうした列強の世界進出の仕方を「自由貿易帝国主義」と呼ぶ【021】。

　このような環境で新政府が近代化を進めたことは，その成功にとって頗る有利であった。アメリカ総領事となったハリスがいうように，それは，日本に平穏な国際環境を提供し，国づくりに集中する余裕を生んだからである【022】。特に，こうした態度は，イギリスのそれに最も鮮明であった【023】【024】【025】【026】。

　明治政府は，こうした中，発足早々に対外政策の基本方針である「開国和親の布告」を出し，列強とは和親を結ぶものの，やがては彼らと対峙し「国威」を「海外万国」に「光輝」させることを目指すとした。具体的には，国際環境の安寧を保つために，幕末に結んだ条約を遵守し，国際法に従いつつも，日本が結んだ条約の損得を考えてその改正を目指す（不平等条約改正）としたのである【027】【028】。

　幕末に結んだ条約には関税自主権の喪失・領事裁判権の存在・一方的最恵国待遇という３つの不平等条項が含まれており，明治政府は，これらの点の改正交渉を，1871年に派遣される岩倉使節団に託した。岩倉具視の決意も固かった【029】。使節団はその目的を達成できなかったが，1877年頃から交渉が本格化した。不平等条約を自国に有利と考えるイギリスの反対もあって交渉過程は紆余曲折するが【030】，1894年の陸奥宗光外相期に治外法権の撤廃と関税自主権の一部回復，相互的最恵国待遇の設定に成功し，1911年の小村寿太郎外相期に関税自主権の完全回復に成功した。条約が結ばれてから半世紀もの年月が経っていた【031】。

## 【021】帝国主義論の諸相

| 古典的帝国主義論 | ホブソン | 『帝国主義論』（Imperialism: A Study, 1902）において，1860年代以降のイギリス帝国拡大を，「植民」ではなく資本投下と市場開拓のための帝国主義とした |
|---|---|---|
| 社会主義的帝国主義論 | レーニン | 『資本主義の最高段階としての帝国主義』（1907）において，帝国主義は拡大再生産を繰り返しながら膨張する資本主義が高度化したのが帝国主義であるとした |
| 自由貿易帝国主義論 | ロビンソンとギャラハー | 「自由貿易帝国主義」論（1953）は，「非公式帝国」（informal empire）という概念を中核とする。自由貿易や権益の保護といった条件さえ満たされれば，植民地の獲得は目指さず，不平等条約などを通じた自由貿易を追求し，それが相手国の排外的態度などにより不可能であると判断された場合は，戦争など武力介入を通じて直接支配のもとでの貿易が行われていたとした。イギリス帝国の周辺の政治状況を重視し，帝国主義をそれへの対応と考える |
| ジェントルマン資本主義 | ケインとホプキンズ | 非公式帝国論に依拠しながら，自由貿易帝国主義を推進した地主層や金融関係者（ジェントルマン）の関与を重視する（1986）。帝国の周辺よりも中心の意思を重視する |

［出典］ 高橋進『国際政治史の理論』岩波書店，2008年より筆者作成。

## 【022】対外進出の諸類型

| 直轄領 | ①列強が，特定国の内政・外交・軍事など主権を完全に掌握して支配 | 租借地 | ①条約により，列強が期限付きで借りた特定国の領域 |
|---|---|---|---|
| | ②独自の国号・王朝名は消滅。原則，本国の法律が適用される | | ②期限満了により，返還される |
| | 例：イギリスの海峡植民地，インド帝国。韓国併合後の朝鮮 | | 例：膠州湾（1898，独），九島半島新界地区（1898，英） |
| 保護国 | ①外交権など主権の重要部分を条約により宗主国に委譲した国 | 租界 | ①中国の特定都市内部に，列強が租借方式で獲得した統治区域 |
| | ②国際法上は，国号を持ち，主権を有する | | ②各国の専管租界（一国で管理）と共同租界（複数国）で管理 |
| | 例：フランスが保護国としたチュニジア（1881），第二次日韓協約後の大韓帝国 | | 例：南京条約（1842）上海，天津，広州など |
| 割譲地 | ①条約により，列強が編入した特定国の領土の一部 | 勢力圏 | ①鉱山採掘権，鉄道施設権の獲得や不割譲条約などを取り決めて，事実上1ヶ国の支配下においた地域 |
| | ②直轄領と同様に，総督が派遣され，原則，本国の法律が適用される | | 例：長江流域（イギリス），福建省（日本）など |
| | 例：南京条約後の香港，下関条約後の遼東半島，台湾 | | |

［出典］ 浜島書店編集部『新詳世界史図説』浜島書店，1995年，180頁を一部改編。

## 【023】 第1次産業革命と交通革命
ハリスの発言（1857年12月12日）

　五十年以来，西洋は種々変化仕り候。蒸気船発明以来，遠方隔へだて候国々も，極く手近のやうに相成り申し候。エレキトル・テレカラフ発明以来，別て遠方の事も相分り候やうまかりなり候……右蒸気船発明より諸方の交易も，いよいよさかんに相成り申し候。右様相成り候故，西洋諸州何れも富み候やうまかり成り申し候。西洋各国にては，世界中一族に相成り候やういたし度き心得にこれあり。右は蒸気船相用ひ候故に御座候

　　［出典］　小風秀雅編『大学の日本史　近代第4巻』山川出版社，2016年，25頁。

## 【024】 イギリスの自由貿易帝国主義 『タイムズ』（1852年3月26日）

　日本は，けた外れに長い海岸線を占有しているのに，遭難した外国船にその港を開放することを拒否しているだけでなく，この種の船舶が沿岸砲台の射程距離内まで接近すればほんとうに射撃を加えるのだ。また，悪天候のせいで流れ着いたときには，この不運な乗組員たちを捕らえて投獄し，檻に入れて見せ物にし，さらには実際，殺害までするのである。

　……このような諸国の野蛮人たちに対して，一般的な国際法に従うことや，一定の交流を行うことを強制するのは，文明国，キリスト教国の権利だ，というのがわれわれの主張である。

　　［出典］　『The Times』1852年3月26日付。

## 【025】 イギリス総領事オールコックの外交論

　われわれのつねに増大する欲求や生産能力に応じるために，われわれはたえずつぎつぎに新しい市場をさがしもとめる。そして，この市場は主として極東にあるように思われる。われわれの第一歩は，条約によってかれらの提供する市場に近づくことである。相手の方では交渉に入る意図をあまりもってはいないのだから，われわれは唯一の効果的な手段をたずさえる。それは圧力である。そして，必要な貿易の便宜やいっさいの権利を与えるという趣旨の文書をえる。のこるはわずかにあと一歩である。それは条約を実施し，実効ある条約にしなければならぬということだ。背景に強圧という手段があってしかるべきだ。そして，他の手段をもってしても条約の規定を忠実に履行させることができないなら，強圧的な手段に訴える意志があり，そうすることもできるということも知らさなければならない。

　　［出典］　オールコック（山口光朔訳）『大君の都――幕末日本滞在記　下』岩波書店，1962年，289頁。

## 【026】 イギリスのロシアへの警戒心

　……東洋におけるわれわれの威信というものはすこしも経費を要せずして艦隊や軍隊の代わりをつとめるひとつの力である。（中略）われわれはこの地方において，ロシア，

すなわち，満州の沿岸地帯に急速にふえつつあるその経営地と対抗している。ロシアの通商が伸長し繁栄してもわれわれとしてはなんら恐れる必要はない。(中略) しかし軍艦とか軍港というような軍事力の優勢は，それほど強い防衛力をもっていない通商にとっては危険の源となる。(中略) われわれがたとえ名目的にせよ，条約による権利を日本にもっている間は，われわれの同意なしに征服したり併合したりすることは困難であろう。ロシアはこのアジアの東端で一定の進出政策を推進しているが，他のヨーロッパ諸国が後退すれば，遠からず日本がロシア帝国の一部になることはほぼ確実である。

　　［出典］　オールコック（山口光朔訳）『大君の都――幕末日本滞在記 下』岩波書店，1962年，96-98頁。

## 【027】王政復古の通知 (1868年1月15日)

　日本国天皇，各国帝王及び其の臣人に告す。さき将軍徳川慶喜政権を帰するを請い，制してこれを允し内外政事これを親裁す。乃ち曰く。従前の条約，大君の名称を用いると雖も，今より以後，まさに天皇の称を以て換ふべし。しかして各国交際の職専ら有司等に命ず。各国公使この旨を諒知せよ。

　　［出典］　『大日本外交文書』第一巻第一冊，文書99。

## 【028】開国和親の布告 (1868年2月8日)

　外国の儀は，先帝多年の宸憂に在らせられ候処，幕府従来の失錯により，因循今日に至り候折柄，世態大に一変し，大勢誠に已むをえさせられず，此の度朝議の上，断然和親条約取結ばせられ候。就ては上下一致，疑惑を生ぜず大に兵備を充実し，国威を海外万国に光耀せしめ，祖宗先帝の神霊に対し答え遊さざるべき叡慮に候間，天下列藩士民に至る迄，此の旨を奉戴し，心力を尽し，勉励これ有るべく候事。

　但し，此れ迄幕府に於て取結び候条約の中，弊害これ有り候条々，利害得失公議の上，御改革在らせらるべく候。猶，外国交際の儀は，宇内の公法を以て取扱これ有るべく候間，此の段相心得申すべく候事。

　　［出典］　『法令全集』第一号。

## 【029】岩倉の建言書『岩倉公実記』(1872年9月)

　対等の権利を存して相互に凌辱侵犯する事なく，共に比例互格を以て礼際の殷勤を通じ，貿易の利益を交ゆ，此れ列国条約ある所以にして，而て国と国と固より対等の権利を有すること当然なれば，其の条約も亦対等の権利を存すべきは言を待たざる事なり。故に，地球上に国して独立不羈の威柄を備へ，列国と相連並比肩して，昂抵平均の権力を誤らず，能く交際の誼を保全し，貿易の利を斉一にするもの列国公法ありて，能く強弱の勢を制圧し，衆寡の力を抑裁し，天理人道の公義を補弼するに由れり。是れ以て国と国と対等の権利を存するは，乃ち列国公法の存するに此れに由ると云ふべし。

　今，其の国の人民，其の国を愛するは亦自然の止むべからざる所なり。既に其の国を

愛するの誠ある，其の国事を憂慮せざるべからず。既に之を審察するに於て，果して其の権利我に存して失はざるか，或ひは之を他に失して存せざるか，能く之を認め得べし。之を認めて我国既に対等の権利を失ひ，他に凌辱侵犯せられ，比例互格の道理を得ざれば，勉励奮発して之を回復し，其の凌辱を雪ぎ，侵犯せられざる道を講究する事，其の国人正に務むべき職任にして，其の国人たるの道理を尽すと云ふべし。而て其の凌辱侵犯を受けざる道を講究する，之を列国公法に照して其の条約の正理に適するや否やを考察せざるべからず。

　政体変革の始より，既に失ひし権利を回復し，凌辱侵犯せらるる事なく，比例互格の道を尽さんと欲すと雖も，従前の条約未だ改まらず，旧習の弊害未だ除かず，各国政府及び各国在留公使も猶ほ東洋一種の国体政俗と認めて，別派の処置貫手の談判等をなし，我国律の推及すべき事も之を彼に推及する能はず，我権利に帰すべき事も之を我に帰する能はず，我規則に従はしむべき事も之を彼に従はしむる能はず，我税法に依らしむべき事も之を彼に依らしむる能はず，我が自在に処置すべき条理あるも之を彼に商議すべき事に至り，其の他凡そ中外相関係する事々件々，彼れ是れ対等東西比例の通誼を竭す能はず。

　此の如きの凌辱侵犯を受くるに至ては，毫も対等並立の国権を存すと云ふべからず。比例互格の交際をなすと云ふべからず。故に痛く其の然る所以を反顧し，分裂せし国体を一にし，涣散せし国権を復し，制度・法律駁雑なる弊を改め，専ら専断拘束の余習を除き，寛縦簡易の政治に帰せしめ，勉て民権を復することに従事し，漸く政令一途の法律同轍に至り，正に列国と並肩するの基礎を立てんとす。宜く従前の条約を改正し，独立不羈の体裁を定むべし。

　［出典］『岩倉公実記 中巻』原書房，1968年，926-930頁。

## 【030】イギリスの日本観
『タイムズ』（1889年12月28日）

　わが国は，条約改正問題に関して列強の中で最後の打診を受けた。それはわれわれより利害の少ない相手なら緩やかな条件を引き出せるだろう，その後でイギリスを説得すれば，他の国が受諾した条件で吾々を満足させることができるだろう，という期待があったからである。……日本に吾々が納得できる法体系と判事と呼ぶに足る人材と（日本にはそういう人材は十分にいる）裁判所が存在する証拠があると示されれば，イギリスは今まで日本のためを思って行ってきた事柄を率先して承認し，譲歩に不愉快な条件を付けたりしない。だが，その時期はまだ来ていない。そのときがくるまで，イギリスはこの日本という新しい文明の進歩に助力し続けよう。しかし，わが国の商人の財産と身体はわが国の法の下にとどめておくのが賢明であろう。

　［出典］『The Times』1889年12月28日付。

## 【031】不平等条約改正の経緯 (治外法権撤廃と関税自主権の回復)

| 内閣 | 担当者 | 内容と経過 | 年表 |
|---|---|---|---|
| 三条実美（太政大臣） | 岩倉具視（右大臣・外務卿） | 1872〜1873<br>背景：岩倉を全権とする岩倉使節団の派遣<br>目的：条約改正の予備交渉の実施<br>経過：外国人の内地雑居や日本の輸出税撤廃を要求され、交渉は中止。欧米視察にとどまる | 1871 12 岩倉使節団出発<br>1873 9 岩倉使節団帰国 |
| | | 1873〜1875<br>本交渉前であるが、一部の国権回復に成功 | 1873 日米郵便交換条約<br>1875 樺太千島交換条約（両地における領事裁判権の撤廃） |
| | 寺島宗則（外務卿） | 1876〜1878<br>背景：輸入超過、関税収入が見込めないことによる地租依存度の増加（→地租改正反対一揆）<br>目的：関税自主権の回復（対米）<br>経過：日米間で合意し、日米間税改定約書に調印→しかし、英・独が合意せず無効（他国とも同様の改正をおこなうことが条件のため） | 1878 7 日米関税改定約書に調印<br>1879 9 英・独などの反対<br>ハートレー事件判決（英人ハートレーのアヘン密輸入が無罪） |
| 第1次伊藤博文 | 井上馨（外務卿のちに外務大臣） | 1882〜1887<br>背景：当時の極端な欧米主義<br>目的：領事裁判権の撤廃と輸入関税の一部引上げ<br>改正案：①外国人内地雑居の許可、②領事裁判権の撤廃（条件：外国人を被告とする裁判へ半数以上の外国人判事を任命）、③関税自主権の一部回復（5％→11％）、④欧米同様の「泰西主義」の諸法典の整備<br>経過：ボアソナード顧問の井上案（エジプト方式）への反対、行き過ぎた欧化主義への反感。また、ノルマントン号事件などもあり、ドイツの仲介で順調に進んだ交渉は、奉天西武がなされるまで無期延期→井上、外相辞任<br>影響：反政府運動としての民権運動の盛り上がり→三大事件建白運動 | 1882 1 予備会議の開催<br>1883 11 鹿鳴館の完成（鹿鳴館時代の現出）<br>1886 5 集団会議方式で条約改正会議開始<br>10 ノルマントン号事件<br>1887 6 ボアソナード（法律顧問）が改正案に反対<br>7 谷干城（農商務相）も反対、会議延期 |
| 黒田清隆 | 大隈重信（外務大臣） | 1888〜1889<br>改正案：①外国人内地雑居と土地所有の許可、②領事裁判権の撤廃（条件を改正）〈条約：大審院への外国人判事の任用を許可〉③関税権は井上案を踏襲、④西的な法典の整備を案から削除（しかし、法典の整備は約束）<br>経過：各国別の個別交渉を展開。米・独・露と改正条約に調印。しかし外国人判事の任用、土地所有の可能性、法典整備の約束などの問題をめぐって反対運動が高揚。ついに、大隈外相が暴漢に襲われ、交渉中止（黒田内閣総辞職） | 1888 11 国別交渉で会議開始<br>1889 2 米と新条約調印<br>6 独と新条約調印<br>8 露と新条約調印<br>10 大隈外相遭難事件（玄洋社の米島恒喜らが大隈外相に爆弾を投げ負傷させる）→辞職 |

| 内閣 | 担当者 | 内容と経過 | 年表 |
|---|---|---|---|
| 第1次山縣有朋<br>第1次松方正義 | 青木周蔵<br>（外務大臣） | 1891<br>目的：外国人判事大審院任期および諸法典の公布・実施の回避などを条件に，東アジアに進出する露を警戒する英と交渉<br>改正案：①領事裁判権の撤廃，②関税自主権の一部回復<br>経過：英は理解を示したが，大津事件により青木が引責辞任→交渉は中断 | 1890 9　英が改正案に同意<br>1891 5　大津事件→青木が引責辞任 |
| | 榎本武揚<br>（外務大臣） | 経過：青木の交渉を引き継ぐが，本格化せず | |
| 第2次伊藤博文 | 陸奥宗光<br>（外務大臣） | 1894〜1895　日清戦争<br>改正案：①領事裁判権の撤廃，②関税自主権の一部回復（関税率の引上げ），③相互対等の最恵国待遇<br>経過：青木元外相による現地での交渉→日英通商航海条約の調印（1894，1899発効）→他の欧米諸国と同様の改正案に調印 | 1894 7　日英通商航海条約調印<br>　　 8　日英通商航海条約公布 |
| 第2次山縣有朋 | 青木周蔵<br>（外務大臣） | 1899<br>経過：日英通商航海条約ほか，12ヶ国との条約を施行 | 1899 7　日英通商航海条約施行<br>　　　　（有効期限12年） |
| 第1次桂太郎 | 小村寿太郎<br>（外務大臣） | 1904〜1905年　日露戦争 | 1905　ポーツマス条約 |
| 第2次桂太郎 | 小村寿太郎<br>（外務大臣） | 1911<br>背景：日露戦争の勝利，韓国併合→政府，1894に英など12ヶ国と調印した通商条約の廃案を列国に通告（1910）<br>目的：条約満期にともない，新条約の締結<br>改正案：関税自主権の完全回復<br>経過：新条約（日米・日英通商航海条約）の調印（1911）→条約改正の達成 | 1911 2　日米新通商航海条約調印<br>　　 7　日米新通商航海条約施行 |

［出典］　詳説日本史図録編集委員会編『山川詳説日本史図録〔第6版〕』山川出版社，2013年，223頁を参照し，筆者作成。

## (2) 近代国家建設の努力

【解題】

　列強が日本に自由貿易を求めている最中に新政府が取り組んだもう1つの課題は，日本を近代国家につくりかえることであった。近代国家とは，国境（領域）を有し，政権（主権）と国民を有する存在であると定義することができる。明治の指導者はそうした体制を整備することで，対外的な危機も軽減されると考えていた。

　その最初の段階は，維新後10年あまりで終了する。この間，旧体制の反発（戊辰戦争）もあり，また不平士族と言われる反政府勢力の内乱も頻発したが，1877年の西南戦争で，内乱の時代はほぼ終焉する【032】。他方では国境もその頃にはほぼ確定され【033】【034】，中央政府としての太政官制も数度改変を経て成立し，廃藩置県により中央政府の地方支配の仕組みも出来上がり，新しい身分制度の下で国民（臣民）も創設された。そして，殖産興業政策も推進され，産業革命の基礎までが築かれたのである【035】。

　当時，日本に住んでいたドイツ人のベルツは，こうした日本の近代化へのすさまじい執念を「死の跳躍（サーカスにおける曲芸という意味）」と呼んだ。しかも，ベルツによれば，その曲芸は首の骨を折ってしまうかもしれない危険な曲芸なのであった【036】。

　そして，その曲芸に成功した明治の日本は，この後さらに変化を加速していく。やがて，近代ヨーロッパに習った内閣制度（1885年），さらに憲法（1889年）と議会（1890年）といった近代的な統治機構を整備した日本は，国運をかけて対外戦争に踏み切っていくのである。

## 【032】明治初期の関係年表

| 年月 | おもなできごと | 年月 | おもなできごと |
|---|---|---|---|
| 1867（慶応3）10 | 大政奉還 | 1871（明治4）2 | 薩長土3藩の兵1万で御親兵を編成 |
| 12 | 王政復古の大号令 | | |
| 1868（明治1）1 | 戊辰戦争開始（新政府軍が鳥羽・伏見の戦いに勝利） | 7 | 廃藩置県（開拓使と3府302県。中央集権体制の基礎を確立） |
| 3 | 五箇条の誓文（公議の方針を示す） | | 官制改革（太政官に正院・左院・右院設置。集権体制を設備） |
| | 五榜の掲示（儒教道徳に従った民衆支配の方針を示す） | | |
| 閏4 | 江戸無血開城 | 8 | 農工商・賤民を平民とする。 |
| 5 | 政体書公布（太政官七官両局の制） | 12 | 職業の自由を認める。 |
| | 奥羽越列藩同盟（東北諸藩の同盟） | 1872（明治5）2 | 初の全国戸籍調査を実施（壬申戸籍） |
| 7 | 上野の彰義隊を鎮圧（旧幕府の反乱） | 8 | 学制公布（初の近代的教育制度） |
| 9 | 江戸を東京と改称 | 1873（明治6）1 | 徴兵令公布 |
| | 明治と改元，一世一元の制を定める | 7 | 地租改正条例公布 |
| 1869（明治2）3 | 会津藩降伏（白虎隊全滅） | 1874（明治7）1 | 東京警視庁を設置 |
| 5 | 東京遷都（首都を京都から東京に移す） | 1875（明治8）4 | 元老院・大審院を設置。漸次立憲政体樹立の詔 |
| | 五稜郭の戦い（榎本武揚の降伏） | 1876（明治9）8 | 秩禄処分（華族・士族の禄制を全廃） |
| | 戊辰戦争終結（新政府が国内をほぼ統一） | 1877（明治10）2～9 | 西南戦争 |
| 6 | 華族令（公家・諸侯） | | |
| | 版籍奉還（新政府が全藩主の領地・領民を支配下におく） | | |
| 7 | 官制改革（二官六省制） | | |
| | 藩士を士族・卒族とする（72年に卒族を平民とする） | | |

［出典］ 各種年表より筆者作成。

## 【033】明治初期の国境確定

→ 国境の画定と東アジア内の国際関係の安定の確保は、1870年代末までに一段落を迎える。

[出典] 佐藤信ほか編『詳説日本史研究〔改訂版〕』山川出版社, 2008年, 341頁。

## 【034】明治初期の隣国等との対外関係

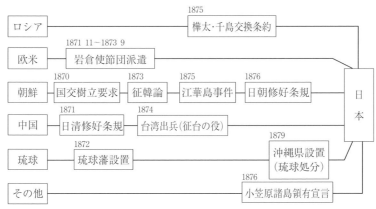

[出典] 筆者作成。

## 【035】産業革命の進展

| 時期 | 内容 | 時期 | 内容 |
|---|---|---|---|
| 殖産興業政策期（1870年代） | ●特徴<br>政府主導の上からの産業化<br><br>○内務省（1873設立．製紙・紡績分野）が主体<br>〔紡績業・製糸業〕官営模範工場の設立<br>1872　富岡製糸場の開業<br><br>○工部省（1870設立．鉄道・鉱山分野）が主体<br>〔鉄道〕<br>1872　新橋・横浜間に開業（大都市と開港場を結ぶ） | 第1次産業革命の本格化（1890年代） | ●特徴<br>日清戦争の賠償金で戦後経営→日本における資本主義の本格的始動<br><br>〔金融〕貨幣法制定→金本位制採用（1897），特殊銀行の設立<br><br>〔紡績業〕手紡・ガラ紡→機械製生産転換<br>1890　綿糸の生産量＞綿糸の輸入量<br>1897　綿糸の輸出量＞綿糸の輸入量<br><br>〔製糸業〕座繰製糸→器械製糸へ転換<br>1894　器械製糸の生産量＞座繰製糸の生産量<br><br>〔鉄道〕民営鉄道の発展<br>1889　官営の東海道線（東京・神戸間）が全通<br>1889　民営の営業キロ数＞官営の営業キロ数<br>1891　日本鉄道会社，上野・青森間全通<br>1901　青森・下関間の鉄道が連絡 |
| 産業革命の開始（1880年代） | ●特徴<br>松方財政による官営事業の払下げ→政商が財閥に成長<br><br>1884　工場払下げ概則廃止で払下げが本格化<br><br>●特徴<br>会社設立ブーム（1886〜1889）……最初の企業勃興<br><br>〔紡績業〕手織機の改良（飛び杼の採用）。ガラ紡の普及<br>1883　大阪紡績会社の開業<br><br>〔製糸業〕座繰製糸の普及<br>〔鉄道〕<br>1881　日本鉄道会社の設立<br><br>〔炭鉱〕<br>1880　筑紫で排水用蒸気ポンプの導入に成功 | 第2次産業革命の本格化（1900年代） | ●特徴<br>官営軍事工場の拡充と鉄鋼の国産化<br><br>〔鉄鋼業〕官営八幡製鉄所操業開始（1901），日本製鋼所の設立（1907），池貝鉄工所，旋盤の国産化に成功（1908）<br><br>〔紡績・織物業〕大型力織機による生産，豊田佐吉による国産力織機の考案，綿布輸出額＞綿布輸入額（1909）<br><br>〔製糸業〕世界最初の製糸輸出国となる（1909）<br><br>〔鉄道〕鉄道国有法制定（1906）……民営鉄道17社を買収<br><br>〔その他〕軍事事業の勃興，財閥によるコンツェルン形態の整備（1909，三井合名会社設立） |

［出典］　詳説日本史図録編集委員会編『山川詳説日本史図録〔第6版〕』山川出版社，2013年，235頁を参照し，筆者作成。

## 【036】 ベルツの日記 （1876年10月25日）

　……すなわち日本国民は，十年にもならぬ前まで封建制度や教会，僧院，同業組合などの組織をもつわれわれ中世の騎士時代の文化状態にあったのが，昨日から今日へと一足飛びに，われわれヨーロッパの文化発展に要した五百年たっぷりの期間を飛び越えて，十九世紀の全成果を即座に，しかも一時にわが物にしようとしているのです。従ってこれは真実，途方もなく大きい文化『革命（レヴォルチオン）』です――何しろ根底からの変革である以上，『発展（エヴォルチオン）』とは申せませんから。そしてわたしは，この極めて興味ある実験の立会人たる幸運に恵まれたしだいです。このような大跳躍の場合――これはむしろ『死の跳躍（サルト・モルターレ）』というべきで，その際，日本国民が頸を折らなければ何よりなのですが――多くの事物は，文字どおり『さかさま』にされ，西洋の思想はなおさらのこと，その生活洋式を誤解して受入れる際に，とんでもない脱線が起こることは，当然すぎるほど当然の事柄で，そんなことを辟易してはならないのです。

　一体，この国と国民とに誠意をよせ，本当に好意をいだいているものは，事実をよく吟味して判断せねばならないのです。健全な批判力の助けをかりないでは，ことにこの場合のように二重に困難な事情のもとで，およそ新しいことがどうして成り立ち得るでしょうか。日本人に対して単に助力するだけでなく，助言もすることこそ，われわれ西洋人教師の本務であると思います。だがそれには，ヨーロッパ文化のあらゆる成果をそのままこの国へ持って来て植えつけるのではなく，まず日本文化の所産に属するすべての貴重なものを検討し，これを，あまりにも早急に変化した現在と将来の要求に，ことさらゆっくりと，しかも慎重に適応させることが必要です。

　ところが――何と不思議なことには――現代の日本人は，自分自身の過去については，もう何も知りたくはないのです。それどころか，教養ある人たちはそれを恥じてさえいます。『いや，何もかもすっかり野蛮なものでした（言葉そのまま！）』とわたしに言明したものがあるかと思うと，またあるものは，わたしが日本の歴史について質問したとき，きっぱり『われわれには歴史はありません，われわれの歴史は今からやっと始まるのです』と断言しました。なかには，そんな質問に戸惑いの苦笑をうかべていましたが，わたしが本心から興味をもっていることに気がついて，ようやく態度を改めるものもありました。こんな現象はもちろん今日では，昨日の事柄いっさいに対する最も急激な反動からくるのであることはわかりますが，しかし，日々の交際でひどく人の気持を不快にする現象です。それに，その国土の人たちが固有の文化をかように軽視すれば，かえって外人のあいだで信望を博することにもなりません。これら新日本の人々にとっては常に，自己の古い文化の真に合理的なものよりも，どんなに不合理でも新しい制度をほめてもらう方が，はるかに大きい関心事なのです。

　［出典］　トク・ベルツ編（菅沼竜太郎訳）『ベルツの日記　上』岩波書店，1979年，45-48頁。

## 4　帝国への道：世紀転換期の政治と外交

### (1)　朝鮮問題と日清戦争

【解　題】

　1870年代後半を過ぎると，列強は本格的にアジアの勢力圏分割に取り組み始めた。［4 -（2）の【046】を参照］
　当初，日本は，こうした列強の動向からは距離を置いていた。国家建設に取り組み始めたばかりの日本に，圧倒的な欧米列強と対峙する力はなかったからである。
　しかし，日本は，最小限の関心として，朝鮮半島の安全を求めた。朝鮮半島への関心は明治の当初から強かった。1873（明治6）年に政変を伴ったいわゆる征韓論論争においては朝鮮侵略の意見をもつ者もいたが【037】【038】，それでも朝鮮半島における領土の獲得は大勢を占める意見にならなかった。1876年に明治日本が結んだ朝鮮との条約は不平等条約であったが，その本質は開国要求であった。明治初期の朝鮮半島への関心のあり方は，山縣有朋の「利益線」という考え方によく現れているが，そこで求められているのも，朝鮮半島の「中立」であった【039】。
　しかし，朝鮮半島の中立とは，それまで長きにわたって中華世界に組み込まれてきた朝鮮王朝を清から独立させることを意味した。それまで東アジアの中心であった清と東アジアの近代的国際秩序の構築にいち早く対応した日本との間では，琉球問題や台湾問題を巡っていざこざがあった【040】。1880年代には朝鮮の内政改革にも積極的に関与し，清との対立を強め【041】，日本は，朝鮮半島をめぐる清との対立の延長線上で清との戦争を開始することとなった【042】。
　こうして朝鮮半島の中立化という関心から始まった日清戦争は日本の国運をかけた戦争であった。結果，日本は大国であった清を破り，下関条約で有利に講和を進め，朝鮮の宗主圏を撤廃させたほかにも，遼東半島，台湾，澎湖諸島などを手に入れた【043】。
　こうした日本の行動は，1890年代半ばには日本も帝国主義化したことを意味した。そして，日本の帝国主義的進出に対して，ドイツ，ロシア，フランスが干渉し，日本は遼東半島を清に返還した（三国干渉）。これは大きな衝撃であった。国際社会の厳しさを知った日本は，やがてアジアにおける覇権や領土獲得の野心をたくましくしていく【044】【045】。

## 【037】明治6年の政変

［岩倉使節団に参加した主要なメンバー］（派遣組）
・岩倉具視　右大臣
・伊藤博文　工部大輔　長州
・木戸孝允　参議　長州
・大久保利通　大蔵卿　薩摩

［留守中の日本を預かった主要なメンバー］（留守政府）
・三条実美　太政大臣
・大隈重信　参議　肥前
・井上馨　大蔵大輔　長州
・西郷隆盛　参議　薩摩
・板垣退助　参議　土佐
・後藤象二郎　参議　土佐
・江藤新平　参議　肥前
・副島種臣　参議　肥前

〔経過〕
□使節団の留守中に明治政府の足枷を嵌める為に「12ヶ条の約定」が結ばれ，重要なことは人事も含めて派遣組と相談して決めることとされた。
□しかし，留守政府は朝鮮に派兵し，武力による国交問題の解決を主張した。
□外遊組は，内治優先をとなえ，留守政府の決定を天皇の裁可で変更させる。

〔結果〕
西郷，板垣，後藤，江藤，副島の五参議が辞職し，不平士族を率いた反政府運動や自由民権運動を開始する。（5【058】参照）

　［出典］　筆者作成。

## 【038】副島種臣の意見書

1871年，副島種臣（当時外務卿。後明治6年の政変で下野）

　此の世の中は如何なる世の中と思ふぞ。強国は弱国を併呑して日々其の封疆を開くを以て務となす，之を争奪世界と云ふ。世の中は争奪世界なれば其に対するには，我国も相応の兵力を用ゐざるべからず。兵力なければ争奪世界には立たれぬ者なり。如何程朝鮮が文明になればとて，虎狼の如き大欲を抱ける列強は，何にしに辞退をなそうぞ。能く治まれば其は此の上もなき御馳走で御座る，戴きませうとて，折角良き程に産物など興りたる時を見計らひ，併呑須恵器は必然の勢いと云ふものなり。日本にても同理なり，日本の国たる四海海に接す，一瞬千里の軍艦の戦争には，攻めるに便にして守に不便至極なる国なり。然れば日本を万世独立せしむるには是非対立国領土を有せざるべからず。大陸にて日本より取るべき者は清韓二国あるのみ。

　［出典］　マーク・ピーティー（浅野豊美訳）『植民地——帝国50年の興亡』読売新聞社，1996年，25頁。

## 【039】 外交政略論 (山縣有朋意見書)

……国家独立自衛の道二つあり。一に曰く主権線を守禦し他人の侵害を容れず、二に曰く利益線を防護し自己の形勝を失はず。何をか主権線と謂ふ、彊土是なり。何をか利益線と謂ふ、隣国接触の勢我が主権線の安危と緊しく相関係するの区域是なり。凡国として主権線を有たざるはなく、又均しく其利益線を有たざるはなし。而して外交及兵備の要訣は専ら此の二線の基礎に存立する者なり。

方今列国の際に立て国家の独立を維持せんとせば、独り主権線を守禦するを以て足れりとせず、必や進で利益線を防護し常に形勝の位置に立たざる可らず。利益線を防護するの道如何、各国の為す所苟も我に不利なる者あるときは、我れ責任を帯びて之を排除し、已むを得ざるときは強力を用ゐて我が意志を達するに在り。

我邦利益線の焦点は実に朝鮮に在り。西伯利鉄道は已に中央亜細亜に進み其数年を出ずして竣功するに及んで、露都を発し十数日にして馬に黒竜江を飲むべし。吾人は西伯利鉄道完成の日は即ち朝鮮に多事なるの時なることを忘る可らず。又朝鮮多事なるの時は即ち東洋に一大変動を生ずるの機なることを忘れ可らず。又朝鮮の独立は之を維持するに何等の保障あるか。此れ豈我が利益線に向て最も急劇なる刺衝を感ずる者に非ずや。

我邦の利害尤緊切なる者朝鮮国の中立是なり。明治八年の条約は各国に先立其独立を認めたり。爾来時に弛張ありと雖も亦線路を追はざるはなく、以て十八年に天津条約を成すに至れり。然るに朝鮮の独立は西伯利鉄道成るを告るの日と倶に薄氷の運に迫らんとす。朝鮮にして其独立を有つこと能はず、折げて安南緬甸の続とならば、東洋の上流は既に他人の占むる所となり、而して直接に其危険を受る者は日清両国とし、我が対馬諸島の主権線は頭上に刃を掛くるの勢を被らんとす。清国の近情を察するに蓋全力を用ゐて他人の占有を抗拒するの決意あるものの如し。従て又両国の間に天津条約を維持するは至難の情勢を生ぜり。蓋朝鮮の独立を保持せんとせば、天津条約の互に派兵を禁ずるの条款は正に其障碍を為す者なればなり。知らず将来の長策は果して天津条約を維持するに在るか、或は又更に一歩を進めて聯合保護の策に出て以て朝鮮をして公法上恒久中立の位置を有たしむべきか、是を今日の問題とす。

上に陳ぶる所の利益線を保護するの外政に対し、必要欠く可らざるものは第一兵備、第二教育是なり。現今七師団の設は以て主権線を守禦するを期す。……国の強弱は国民忠愛の風気之が元質たらずんばあらず。国民父母の邦を愛恋し死を以て自守するの念なかりせば、公私の法律ありと雖も、国以て一日を自ら存すること能はざるべし。国民愛国の念は独り教育の力以て之を養成保持することを得べし。欧州各国を観るに、普通教育に依り其国語と歴史と及他の教化の方法に従ひ、愛国の念を智能発達の書紀に薫陶し油然として発生し、以て第二の天性を成さしむ。故に以て兵となるときは勇武の士となるべく、以て官に就くときは純良の吏となるべく、父子相伝へ隣に感恋化し、一国を挙て党派の異同各個利益の消長あるに拘はらず、其国の独立国旗の光栄を以て共同目的とするの一大主義に至ては、総て皆帰一の点に注射湊合せずんばあらず。国の国たるは唯此

一大元質あるに依るのみ。

［出典］『日本外交文書』23巻，247文書。

## 【040】日清戦争までの関係年表

| 年 | おもな出来事 |
|---|---|
| 1871<br>(明治4) | 清国と日清修好条規締結（正式国交の開始） |
| 1873<br>(明治6) | 征韓論争の勃発と明治六年の政変（征韓派五参議の下野） |
| 1874<br>(明治7) | 台湾出兵（清国より賠償金を獲得） |
| 1875<br>(明治8) | 朝鮮で江華島事件（開国を拒む朝鮮に対して日本軍隊が軍事行動） |
| 1876<br>(明治9) | 朝鮮と日朝修好条規締結（釜山・元山・仁川開港。領事裁判権の存在。宗主国清国と対立） |
| 1879<br>(明治12) | 琉球処分（琉球の帰属をめぐって清国と対立） |
| 1880<br>(明治13) | 朝鮮の漢城に日本公使館を開設 |
| 1882<br>(明治15) | 朝鮮で壬午事変（第一次京城事変）（大院君が親日策をとる閔妃追放のクーデター，失敗）<br>朝鮮と済物浦条約締結（朝鮮が謝罪と賠償金） |
| 1884<br>(明治17) | 朝鮮で甲申事変（第二次京城事変）（日本公使館の支援で独立党が事大党政権打倒のクーデター。清国軍の干渉で失敗） |
| 1885<br>(明治18) | 朝鮮と漢城条約締結（朝鮮が謝罪と賠償金，公使館守備軍の駐留を承認）<br>清国と天津条約締結（日清両軍の朝鮮からの撤退と出兵時の相互通告） |
| 1889<br>(明治22) | 朝鮮が対日防穀令施行（大豆・米の対日輸出を禁止。90年解除，朝鮮が賠償金） |
| 1891<br>(明治24) | 大津事件（ロシア皇太子ニコライを現滋賀県大津市の警官が切りつけ負傷させた事件） |
| 1894<br>(明治27) | 朝鮮で甲午農民戦争（日清両軍が出兵）<br>日清戦争 |
| 1895<br>(明治28) | 露・独・仏による三国干渉（遼東半島の返還を勧告）<br>閔妃虐殺事件（親露政策で台頭した閔妃を日本の壮子が殺害） |

［出典］諸年表より筆者作成。

## 【041】朝鮮改革と日本

●壬午事変（1882）（第一次京城事変）

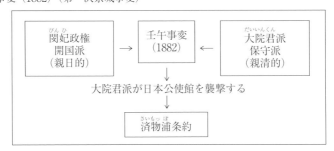

〈背景〉
・国王の父である大院君と，王妃の閔妃一派が対立していた。
・日本は内政改革を進める閔妃一派を支持した。
・朝鮮民衆は，日本の進出に反発していた。

経過……大院君派は，漢城の日本公使館を襲撃し，政権は一時大院君派に握られた。日本は軍隊を派遣したが，清国もこれに対抗した。

結果……事変後の処理として，日朝間に済物浦条約が結ばれ，日本は賠償金と公使館護衛の軍隊駐留権を得た。

　［出典］　溝辺良『日本近・現代史〔改訂新版〕』学生社，2001年，86頁。

●甲申事変（1884）（第二次京城事変）

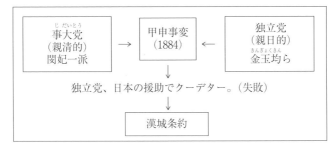

〈背景〉
・閔妃一派は漢城に軍隊を送ってきた清国を頼るようになった（事大党）。
・金玉均・朴泳孝らは，清国の圧力から独立しようとする改革派（独立党）を組織し，事大党と対立した。

経過……独立党は日本の援助を受けてクーデターを起こしたが，清国軍の攻撃で敗走し，日本公使館が焼かれ，金玉均らは日本に亡命した。

結果……翌1885年，日本・朝鮮間に漢城条約を締結し，朝鮮の謝罪と賠償金支払いを認めさせたが，朝鮮をめぐる日清の対立は決定的となった。

　［出典］　同上。

## 【042】 日清戦争の地図

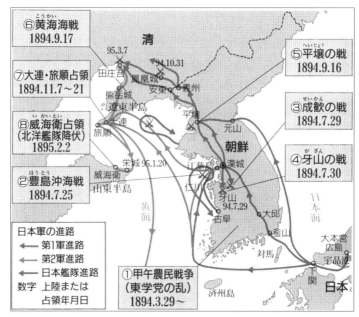

[出典] 坂本賞三・福田豊彦監修『新編日本史図表』第一学習社, 2006年, 160頁。

## 【043】 下関条約 (1895年4月)

第一條　清国ハ朝鮮国ノ完全無欠ナル独立自主ノ国タルコトヲ確認ス因テ右独立自主ヲ損害スヘキ朝鮮国ヨリ清国ニ対スル貢献典礼等ハ将来全ク之ヲ廃止スヘシ

第二條　清国ハ左記ノ土地ノ主権並ニ該地方ニ在ル城塁，兵器製造所及官有物ヲ永遠日本国ニ割與ス

一　左ノ經界内ニ在ル奉天省南部ノ地……

二　臺灣全島及其ノ附屬諸島嶼

三　澎湖列島即英国「グリーンウィチ」東經百十九度乃至百二十度及北緯二十三度乃至二十四度ノ間ニ在ル諸島嶼

第四條　清国ハ軍費賠償金トシテ庫平銀二億兩ヲ日本国ニ支拂フヘキコトヲ約ス

[出典] 外務省編『日本外交年表竝主要文書 1840-1945 上巻』原書房, 1965年, 165頁。

## 【044】 日清戦争前後の国際関係

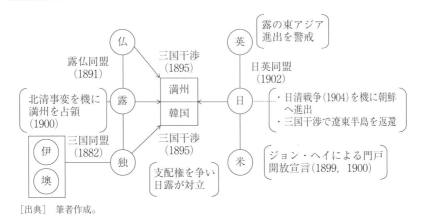

[出典] 筆者作成。

## 【045】 三国干渉批判

●林董「匿名社説」『時事新報』（1895年5月28日）

　外交の術はすなわち談判の術なりとは，もっぱらその運用に就いて解き明かしたる言葉にして，外交術なるものの結局の目的に至りては，ただ自国の利益を謀るの一事に外ならず……例えば頃日のことのごとき，独逸は東洋に於いて敢えて大利害を感ずるにあらざるにも拘らず，自から進んでかの「友誼的忠告」の主動者，発頭人たりしにあらざるや。……けだし彼らは必ずしも日本を仇とするの心あるにあらざれども，その自己の利とする所更に大なるものあるよりして，ついにやむを得ずかかる挙動に出でたるものと知るべし。すなわち彼，我を愛せざるにあらず，ただ彼，自から己を愛すること，我を愛するよりも更に切なればなり。

●福沢諭吉「ただ堪忍すべし」『時事新報』（1895年6月1日）

　兵法に云う，虚々実々の掛け引きにこそあれば，その入り組みたる場合には単に命を棄つるのみ能事にあらず……要はただ堪忍して時節を待つに在るのみ。例えば今度の媾和談判も吾々国民が最初に心に待ち設けたる所と相違して，いささか不平なきにあらざれども，世界の勢いに於いては今はただ無言にして堪忍するの外あるべからず。満腔の不平，不愉快は，吾々の生涯これを忘れず，子孫もまた忘れざることならん。その不平，不満こそ奮発の種なれば，心の底の深き処にこれと目的を定めたる上は，年月の長短を問わず，国中四千万の吾々は一心一向に商売，工業を勉強して，国力の富実を謀り，万事万端，国の身代をたしかにしたる上の分別として，それまでの処はたとい腕に千鈞（せんきん）を挙ぐるの力あるも，表面は婦人のごとくにして外来の困難を柳と受け流し，言うて帰らぬ既往を言わずして，無言の中に堪忍すべし。

　[出典] 『時事新報』1895年5月28日，6月1日付。

## (2) 中国分割から日露戦争へ

【解 題】

　清が日本との戦争で破れたのち，列強はこぞって中国に勢力圏を設定した。中国分割が始まったのである。特に，ロシアが朝鮮半島に迫る勢いで満州に勢力を拡張してきたことは，三国干渉の記憶と相まって，日本の警戒するところとなった【046】。義和団事件をきっかけに満州に駐留したロシアが，北京議定書締結後も満州に居座り続けるなか，日本はロシアの南下を警戒するイギリスと同盟を結んだ【047】【048】。その後，ロシアが満州からの撤兵の約束を守らないことを理由に，反ロシアの国内世論とイギリスの後ろ盾を頼りに，日本はついにロシアとの戦争に突入した【049】。

　ロシアとの戦争も，清との戦争のときと同じく，日本にとっては大きな賭けであった。その規模は，当初の予想を遙かに上回り，戦費の多くを外債で賄わねばならなかった【050】。しかし，日本海海戦の完勝後にアメリカの仲介で行ったポーツマス条約では，賠償金は取れなかったものの，樺太の北緯50度以南の割譲や鉄道敷設権など日本に有利な条項をロシアに認めさせることに成功した【051】。

　大国ロシアに小国日本が勝利を収めたことは，帝国主義列強にようやく民族的抵抗を見せ始めていたアジアの民族運動に大きな刺激を与えた【052】。他方で，日本は，日露戦争中から保護国化を進めていた朝鮮を最終的には併合し【053】，ポーツマス条約でロシアから継承した旅順・大連の租借権，関東州および満州鉄道の施設権【054】を清に認めさせるなど，第一次世界大戦後までに，日本の領域は，日露戦争前の2倍弱となった【055】【056】【057】。

　日清・日露の2つの対外戦争は，安全保障のための戦争という性格以上に，覇権獲得戦争，領土拡張戦争という性格を有していた。日露戦争後の日本は「帝国主義列強」の1つとして，国際社会に登場したのである。

## 【046】中国分割の地図と一覧

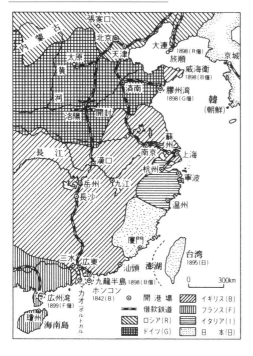

①1896 露清密約：東清鉄道を建設し，シベリア鉄道がウラジオストックまで貫通。

②1898 ロシアが遼東半島を租借し，旅順・大連に至る南部支線を建設する権利を獲得（不凍港の確保）。また，ドイツが青島（山東半島），フランスは広州湾，イギリスは威海衛，九龍を租借。

③1899，1900 アメリカの門戸開放宣言

参考：
・イギリスのビクトリア女王が，1877年にインド皇帝となる。
・フランスは，1884年にベトナムを保護領とする。
・ドイツは，1870～1880年代に南洋群島を占領する。
・アメリカは，1898年にハワイを併合し，フィリピンを保護領とする。

[出典] 溝辺良『日本近・現代史〔改訂新版〕』学生社，2001年，90頁。

## 【047】日露対立と日英協調

| ロシアの満州・朝鮮への進出 |
|---|
| 1895 4　三国干渉 |
| 　　　7　朝鮮に閔妃派による親露派の政権樹立 |
| 　　　10　三浦梧楼の指示による閔妃殺害事件 |
| 1896 5　露，清国からの東清鉄道敷設権を獲得 |

↓

| 中国分割の中の日英対立 |
|---|
| 1898 3　露，旅順・大連を租借 |
| 　　　7　英，威海衛を租借 |

40　I　戦前編

```
┌─────────────────────────────────────────────┐
│              中国の抵抗                      │
│  1900 2  義和団の蜂起が拡大                  │
│       6  北清事変（清国が列強に宣戦布告）    │
│  1901 9  北京議定書調印                      │
│   結果　露，満州を事実上占領（朝鮮への影響は増大）│
│        →日本の露への反感が一段と高まる      │
└─────────────────────────────────────────────┘
```

```
┌─────────────────────────────────────────────┐
│           日本の外交路線の分岐              │
│   [日露協商論]            [日英同盟論]      │
│ ・伊藤博文・井上馨らが提唱  ・山縣有朋・桂太郎・小村│
│ ・「満韓交換」の実施          寿太郎らが提唱│
└─────────────────────────────────────────────┘
```

```
┌─────────────────────────────────────────────┐
│              日英同盟の成立                  │
│  1902 1  日英同盟協約の締結（第1次桂太郎内閣）│
│   結果　露，満州駐兵の継続　→対立が決定的   │
└─────────────────────────────────────────────┘
```

```
┌─────────────────────────────────────────────┐
│              日露対立の頂点                  │
│  1902 4  満州還付条約                        │
│   結果　露，三段階の撤兵を約束　→不履行     │
└─────────────────────────────────────────────┘
```

```
┌─────────────────────────────────────────────┐
│            日露開戦への道                    │
│  [主戦論]                                    │
│ ・戸水寛人らの東京帝国大学などの七博士が意見書を│
│   提出                                       │
│ ・対露同志会の結成（1903 8）                 │
│ ・『万朝報』の黒岩涙香と『国民新聞』の徳富蘇峰など│
│  [非戦論・反戦論]                            │
│ ・内村鑑三の非戦論                           │
│ ・幸徳秋水・堺利彦ら平民社による反戦論       │
│ ・与謝野晶子「君死にたまふこと勿れ」         │
│   （『明星』1904 9　開戦後）                 │
└─────────────────────────────────────────────┘
```

［出典］　詳説日本史図録編集委員会編『山川詳説日本史図録〔第5版〕』山川出版社，2011年，229頁を改変。

## 【048】 日英同盟協約（1902年1月30日）

第1条　両締約国は相互に清帝国及び韓帝国の独立を承認したるを以って該二国孰れに於いても全然侵略的趣向に制せらるることなきを声明す。然れども両締約国の特別なる利益に鑑み即ち其の利益たる大不列顛に取りては主として清国に関し，また日本国に於いては其の清国に於いて有する利益に加うるに，韓国に於いて政治上並びに商業上及び工業上格段の利益を有するを以って，両締約国は若し右等利益にして別国の侵略的行動に因り，若しくは清国又は韓国に於いて両締約国孰れか其の臣民の生命及び財産を保護する為干渉を要すべき発生に因りて侵迫せられたる場合には，両締約国孰れも該利益を擁護する為必要欠くべからざる措置を執り得べきことを承認す。

第2条　若し日本国または大不列顛国の一方が上記各自の利益を防護する上に於いて別国と戦端を開くに至りたる時は，他の一方の締約国は厳正中立を守り併せて其の同盟国に対して他国が交戦に加わるを妨ぐることに努むべし。

第3条　上記の場合において若し他の一国又は数国が該同盟国に対して交戦に加わるときは，締約国は来たりて援助を与え協同戦闘に当るべし。講和も又該同盟国と相互合意の上に於いて之を為すべし。

（中略）

第6条　本協約は調印の日より直ちに実施し，該期日より五ヶ年間効力を有するものとす。

（後略）

［出典］　外務省編『日本外交年表並主要文書 1840-1945 上巻』原書房，1965年，203-205頁。

## 【049】 日露戦争の地図

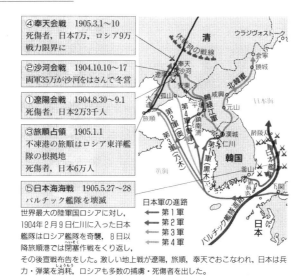

[出典] 坂本賞三・福田豊彦監修『新編日本史図表』第一学習社，2006年，162頁。

## 【050】 日露戦争時の内外国債発行高

| 総額 | 14億7329万円 |
|---|---|
| 内国債合計（6回） | 6億7273万円 |
| 外国債合計（4回） | 8億0056万円 |

| 外国債内訳 | 発行年月 | 額 |
|---|---|---|
| 6分利付英貨公債 | 1904. 6 | 9763万円 |
| 〃 | 04. 11 | 1億1715万円 |
| 4分半利付英貨公債 | 05. 3 | 2億9289万円 |
| 〃 | 05. 8 | |

発行地はロンドン・ニューヨークとベルリン（最終回のみ）。

[出典] 笹山晴生ほか『詳説日本史史料集〔再訂版〕』山川出版社，2013年，286頁。

## 【051】 ポーツマス条約 (1905年9月)

(前略)
第二條　露西亞帝國政府ハ日本國カ韓國ニ於テ政事上，軍事上及經濟上ノ卓絶ナル利益ヲ有スルコトヲ承認シ日本帝國政府カ韓國ニ於テ必要ト認ムル指導，保護及監理ノ措置ヲ執ルニ方リ之ヲ阻礙シ又ハ之ニ干渉セザルコトヲ約ス（中略）
第五條　露西亞帝國政府ハ清國政府ノ承諾ヲ以テ旅順口，大連並其ノ附近ノ領土及領水ノ租借權及該租借權ニ關聯シ又ハ其ノ一部ヲ組成スル一切ノ權利，特權及讓與ヲ日本帝國政府ニ移轉讓渡ス露西亞帝國政府ハ又前記租借權カ其ノ效力ヲ及ホス地域ニ於ケル一切ノ公共營造物及財産ヲ日本帝國政府ニ移轉讓渡ス（中略）
第六條　露西亞帝國政府ハ長春（寛城子）旅順口間ノ鐵道及其ノ一切ノ支線並同地方ニ於テ之ニ附屬スル一切ノ權利，特權及財産及同地方ニ於テ該鐵道ニ屬シ又ハ其ノ利益ノ爲メニ經營セラルル一切ノ炭坑ヲ補償ヲ受クルコトナク且清國政府ノ承諾ヲ以テ日本帝國政府ニ移轉讓渡スヘキコトヲ約ス（中略）
第九條　露西亞帝國政府ハ薩哈嗹島南部及其ノ附近ニ於ケル一切ノ島嶼並該地方ニ於ケル一切ノ公共營造物及財産ヲ完全ナル主權ト共ニ永遠日本帝國政府ニ讓與ス其ノ讓與地域ノ北方境界ハ北緯五十度ト定ム該地域ノ正確ナル境界線ハ本條約ニ附屬スル追加約款第二ニ規定ニ從ヒ之ヲ決定スヘシ（中略）
第十一條　露西亞國ハ日本海・「オコーツク」海及「ベーリング」海ニ瀕スル露西亞國領地ノ沿岸ニ於ケル漁業權ヲ日本國臣民ニ許與セムカ爲日本國ト協定ヲナスヘキコトヲ約ス

［出典］　外務省編『日本外交年表竝主要文書 1840-1945 上巻』原書房，1965年，245-249頁。

## 【052】 アジアの民族運動地図

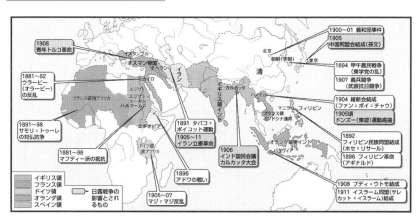

［出典］　浜島書店編集部編著『新詳世界史図説』浜島書店，2007年，185頁。

## 【053】 日韓併合の過程

**第一次日韓協約**

一、韓国政府ハ日本政府ノ推薦スル日本人一名ヲ財務顧問トシテ韓国政府ニ傭聘シ、財務ニ関スル事項ハ総テ其意見ヲ詢ヒ施行スヘシ

二、韓国政府ハ日本政府ノ推薦スル外国人一名ヲ外交顧問トシテ外部ニ傭聘シ、外交ニ関スル要務ハ総テ其意見ヲ詢ヒ施行スヘシ

（『日本外交文書』）

- 日本政府推薦の財政顧問と外交顧問の任用
- ①1904.8 調印

**第二次日韓協約**

第一条 日本国政府ハ在東京外務省ニ依リ今後韓国ノ外国ニ対スル関係及事務ヲ管理指揮スヘク、日本国ノ外交代表者及領事ハ外国ニ於ケル韓国ノ臣民及利益ヲ保護スヘシ

第三条 日本国政府ハ其代表者トシテ韓国皇帝陛下ノ闕下ニ一名ノ統監（レヂデントゼネラル）ヲ置ク、統監ハ専ラ外交ニ関スル事項ヲ管理スル為京城ニ駐在シ親シク韓国皇帝陛下ニ内謁スルノ権利ヲ有ス……

（『日本外交文書』）

- 日本は外交権を接収して保護国化（条約締結権などをもたない半主権国）
- 統監府の設置
- ②1905.11 調印

**第三次日韓協約**

第一条 韓国政府ハ施政改善ニ関シ統監ノ指導ヲ受クルコト

第二条 韓国政府ノ法令ノ制定及重要ナル行政上ノ処分ハ予メ統監ノ承認ヲ経ルコト

（『日本外交文書』）

- 内政権の掌握（韓国軍隊の解散）
- ③1907.7 調印

**韓国併合ニ関スル条約**

第一条 韓国皇帝陛下ハ韓国全部ニ関スル一切ノ統治権ヲ完全且永久ニ日本国皇帝陛下ニ譲与ス

第二条 日本国皇帝陛下ハ前条ニ掲ケタル譲与ヲ受諾シ且全然韓国ヲ日本帝国ニ併合スルコトヲ承諾ス

（『日本外交文書』）

- 韓国の全統治権の日本への譲渡（韓国併合）
- ④1910.8 調印

[出典] 詳説日本史図録編集委員会編『詳説日本史図録〔第5版〕』山川出版社, 2011年, 233頁を一部改変。

## 【054】関東総督府から関東軍までの変遷表

| 1905 9〜 | 1906 8〜 | 1919 4〜1934 | 1919 4〜 |
|---|---|---|---|
| 関東総督府<br>（遼陽 → 旅順） | 関東都督府<br>（旅順） | 関東庁<br>（旅順） | 関東軍<br>（司令部：旅順） |
| 関東総督<br>（初代：大島義昌） | 関東都督<br>（初代：大島義昌）<br>＊陸軍大将か中将を任命 | 関東長官<br>（初代：林権助）<br>＊親任の文官を任命 | 関東軍司令部<br>（初代：立花小一郎）<br>＊天皇に直属 |
| 内容<br>・旅順半島における諸部隊の統轄<br>・関東州および満州鉄道沿線の守備<br>・民政署・軍政署・軍務署の管轄 | 内容<br>・民政部<br>（外務大臣の監督）<br>一般行政・司法行政の政務を統轄<br>・陸軍部<br>駐留の諸部隊を統轄し，陸軍一般事務を分掌<br>・満鉄事業を統轄<br>（南満州鉄道株式会社） | 内容<br>・関東州を管轄し，南満州の鉄道線路の警務上の取締りをおこなう<br>・満鉄業務を監督<br>・「官房」「民政部」「外事部」を設置<br>・関東軍への出兵請求権をもつ | 内容<br>・陸軍諸部隊を統率<br>・関東州の防備<br>・南満州の鉄道線路の保護 |

［出典］ 同前，232頁。

## 【055】「大日本帝国」の統治区域 (1935年)

| 区分 | 領有・統治開始年 | 地域名称 | 面積（km$^2$） |
|---|---|---|---|
| 日本領土（「内地」） |  | 「内地」 | 382,545 |
| 日本領土（植民地） | 1895 | 台湾・澎湖島 | 35,961 |
|  | 1905 | 樺太（南部） | 36,090 |
|  | 1910（1905　保護国） | 朝鮮 | 220,769 |
| 租借地 | 1905 | 関東州（遼東半島） | 3,462 |
| 一部統治区域 | 1905 | 南満州鉄道付属地 | 298 |
| 委任統治区域 | 1920（1914　占領） | 南洋群島 | 2,149 |
| 合計 |  |  | 682,274 |

［出典］ 内閣統計局編『第56回大日本帝国統計年鑑』1937年より，筆者作成。

## 【056】日本統治地域の住民構成
（1930年）

|  | 「内地人」 | 朝鮮人 | 台湾人[注1] | 樺太先住民 | 南洋群島島民 | 中国人[注2] | 外国人 | 合　計 |
|---|---|---|---|---|---|---|---|---|
| 「内地」 | 63,972,025 | 419,009 | 4,611 | 22 | 18 | (39,440) | 54,320 | 64,450,005 |
| 台湾 | 228,281 | 898 | 4,313,681 | - | - | (49,456) | 49,677 | 4,592,537 |
| 樺太 | 284,198 | 8,301 | 5 | 2,164 | - | (319) | 528 | 295,196 |
| 朝鮮 | 527,016 | 20,438,108 | 19 | 15 | - | (91,783) | 93,147 | 21,058,305 |
| 関東州 | 117,916 | 2,316 | 52 | 1 | - | 834,444 | 998 | 955,741 |
| 満鉄付属地 | 107,227 | 15,986 | 46 | 7 | - | 246,998 | 2,012 | 372,270 |
| 南洋群島 | 19,629 | 198 | 1 | - | 49,695 | (24) | 96 | 69,626 |
| 合計 | 65,265,803 | 20,875,419 | 4,318,292 | 2,186 | 49,713 | 1,081,442 | 200,825 | 91,793,680 |

（注1）台湾先住民を含む。
（注2）「内地」・台湾・樺太・朝鮮・南洋群島の中国人人口は外国人人口の内数。
［出典］内閣統計局編『昭和5年国勢調査最終報告書』1938年より筆者作成。

## 【057】植民地関連地図（1919年）

［出典］マーク・ピーティ（浅野豊美訳）『植民地20世紀日本 帝国50年の興亡』慈学社出版，2012年，14頁。

4　帝国への道：世紀転換期の政治と外交　47

# 5　成熟する政治

【解　題】

　明治の半ばからアジアの覇権を握る強い意志を示し始めた日本であるが，一直線に満州事変・日中戦争・太平洋戦争と続く軍国主義の道を突き進んだ訳ではない。近代日本には，近代の政治に成熟する道もたぶんに残されていた。

　それは，議会・政党を有し，憲法に基づく立憲政治確立への道と言い換える事が出来る。そして，この歩みは第1に，「自由民権運動」と言われる政党運動の歴史と密接にかかわっている。

　一般に，政党とは利害を同じくする者の自発的な集まりであり，議会の近代化と共に発生したと考えられている。しかし，日本の政党は，征韓論論争を巡って起きた1873（明治6）年の政変をきっかけに誕生した。それは帝国議会が創設される16年前のことであった【058】。この時彼らが提示した民撰議院設立建白書【059】は，一方では明らかに権力闘争の産物であったものの，他方では「納税者の権利」を謳い，納税者の政治参加の正当性も主張され，近代日本における政治参加の拡大を目指したものに他ならなかった。さらに，その後の1881（明治14）年の政変をきっかけに，自由党，改進党という本格的な政党が結成され，豪農中心の自由党，都市階層の改進党という2大政党を軸に，日本の政党は発展していった【060】。

　ところで，彼ら自由民権派は「有司専制」（官僚政治）を批判し，藩閥出身者を敵と見なした。政党（民党）と官僚の対立は激しかった。しかし，藩閥出身者の中心と目された大久保利通でさえ，君主政治と民主政治の混合政体としてのイギリス政治をモデルとしていた【061】。逆に，自由民権派も朝廷（天皇）を否定する者は稀であり，また，反政府運動というよりは，政治参加の道具として政党や自由民権運動をとらえているものが多かった。自由党系の激化事件や政府の懐柔策で運動が停滞したという理由もあったが，初期議会での激しい対立を経て（松方内閣の選挙干渉では25人死者が出た），両者の溝は次第に収斂していき，1900年には立憲政友会が成立したのである【062】。

　また，日本政治の成熟の可能性を考えるには，第2に1889年に憲法が制定されたことも見逃せない。プロシャ型で民主的でないとされる帝国憲法にも，三権分立の規定はあり（権力分立），天皇も法に従うという条文（立憲主義）もあった【063】。それ故に，民権側も憲法発布を喜び迎えたのである。

　そうしたことが，憲法発布の10年後に，官僚そして陸軍の勢力を背後にした桂太郎と立憲政友会総裁・西園寺公望が交互に政権を執る桂園体制の成立に繋がった。しかも，両者は日露戦争という国を挙げての戦争に相互に協力し，対外政策の基本方針で一致していた。日本政治は相対的安定期を迎えたのである【064】。

# 【058】自由民権運動の展開

【第1期】 士族民権（不平士族）の時代（1873年頃～1877年頃）
【第2期】 豪農・士族民権の時代（1877年頃～1882年頃）
【第3期】 自由党・農民民権（全国規模化）と激化・挫折の時代（1882年頃～1886年頃）
【第4期】 大同団結運動＝自由民権運動の再熱の時代（1886年～1889年）

民権派の動き　　　　　　　　　政府の対応

## 第1期　民権運動の発生——士族が中心

| 年月 | 民権派の動き | 年月 | 政府の対応 |
|---|---|---|---|
| 1874 1 (明治7) | 東京で愛国公党形成（日本最初の政党。板垣退助・後藤象二郎ら征韓論争で下野した4前参議で結成） | 1873 10 (明治6) | 征韓論争（板垣退助，後藤象二郎ら征韓派参議が下野。大久保中心の新政府） |
| 1 | 愛国公党，民撰議院設立の建白書を提出（民権運動の口火を切る） | 1875 2 | 大阪会議（木戸孝允・板垣退助が参議に復帰）。4月，立憲政体樹立の詔勅を出す（政府の懐柔策） |
| 4 | 土佐で立志社結成（板垣退助ら） | 6 | 新聞紙条例・讒謗律を制定（民権運動を弾圧） |
| 1875 2 | 大阪で愛国社結成（板垣退助ら） | | |

## 第2期　民権運動の発展——豪農・士族が中心

| 年月 | 民権派の動き | 年月 | 政府の対応 |
|---|---|---|---|
| 1877 6 (明治10) | 立志社建白（国会の開設・地租の軽減・条約の改正などを要求） | 1880 4 (明治13) | 集会条例を制定（集会・結社の自由を規制して民権運動を圧迫） |
| 1878 9 | 大阪で愛国社再興大会開催 | 1881 3 | 参議大隈重信，国会の即時開設を主張して国会開設意見書を提出（伊藤は，国会開設に対して漸進論を主張し，大隈と対立） |
| 1880 3 | 大阪で国会期成同盟結成，国会開設上願書を提出（片岡健吉ら，憲法私案の起草を提案） | | |
| 1881 4 | 交詢社「私擬憲法案」を発表 | 7 | 開拓使官有物払い下げを決定 |
| 5 | 立志社「日本憲法見込案」を起草 | 10 | 明治十四年の政変（官有物払い下げ中止・大隈重信罷免・国会開設の勅諭を発して1890年の国会開設を公約） |
| 8 | 開拓使官有物払い下げを反対 | | |
| 8 | 植木枝盛「日本国国憲按（東洋大日本国国憲按）」を起草 | | |
| 10 | 自由党形成（総理板垣退助） | 1882 3 | 政府の御用政党，立憲帝政党結成（福地源一郎ら） |
| 1882 3 | 立憲改進党結成（総理大隈重信） | | |

## 第3期　民権運動の激化と挫折——地方の自由党員・農民が中心

| | | | | |
|---|---|---|---|---|
| 1882 | 4 | 板垣退助遭難 | 1882 6 (明治15) | 集会条例改正（民権運動弾圧を強化） |
| | 12 | 福島事件（河野広中ら） | 11 | 板垣退助・後藤象二郎を外遊させる（政府の懐柔策） |
| 1883 | 3 | 高田事件（赤井景韶ら） | | |
| 1884 | 5 | 群馬事件（自由党員ら） | 1884 3 | 制度取調局設置 |
| | 9 | 加波山事件（自由党員ら） | | 華族令制定 |
| | 10 | 板垣退助，自由党を解党 | 1885 12 | 内閣制度を制定 |
| | 10 | 秩父事件（田代栄助ら困民党） | | |
| | 10 | 名古屋事件（旧自由党員ら） | | |
| | 12 | 飯田事件（自由党員ら） | 80年代 | 松方財政による厳しいデフレ政策の影響で社会不安が増大 |
| | 12 | 大隈重信，立憲改進党を離脱 | | |
| 1885 | 11 | 大阪事件（大井憲太郎ら） | | |
| 1886 | 6 | 静岡事件（旧自由党員ら） | | |

## 第4期　大同団結の時代——大同団結運動＝自由民権運動の再熱の時代

| | | | | |
|---|---|---|---|---|
| 1887 | 10 | 三大事件建白事件（片岡健吉が元老院に建白書を提出）後藤象二郎が衆議院選挙をにらみ，大同団結を提唱。1道3府35県の代表者が参加 | 1877 12 | 保安条例（秘密結社，秘密集会，秘密出版の禁止，屋外の集会運動の制限）。さらに活動家を皇居から三里に追放（尾崎行雄，片岡健吉，中江兆民，星亨ら） |
| 1888 | 1 | 片岡らが保安条例に従わず，投獄される | 1888 2 | 大隈重信が第1次伊藤内閣の外務大臣に就任 |
| 1889 | | 板垣退助や大隈重信が運動に批判的であり，運動内部でも批判があり，後藤象二郎自体が入閣することで，反政府運動としての大同団結運動は終焉する | 1889 2 | 後藤象二郎が黒田内閣の逓信大臣に就任 |

［出典］　東京書籍編集部編『ビジュアルワイド　図説日本史〔改訂第6版〕』東京書籍，2007年，185頁を一部改変。

## 【059】民撰議院設立建白書（1874年1月）

高智県貫属士族　古沢迂郎／高智県貫属士族　岡本健三郎
名東県貫属士族　小室信夫／敦賀県貫属士族　由利公正
佐賀県貫属士族　江藤新平／高智県貫属士族　板垣退助
東京府貫属士族　後藤象次郎／佐賀県貫属士族　副島種臣

……臣等愛国ノ情自ラ已ム能ハズ，乃チ之ヲ振救スルノ道ヲ講求スルニ，唯天下ノ公議ヲ張ルニ在ル而已。天下ノ公議ヲ張ルハ民撰議院ヲ立ルニ在ル而已。則<u>有司ノ権限ル所アツテ，而上下其安全幸福ヲ受ル者アラン</u>。請，遂ニ之ヲ陳ゼン。夫人民，<u>政府ニ対シテ租税ヲ払フノ義務アル者ハ，乃チ其政府ノ事ヲ与知可否スルノ権理ヲ有ス</u>。是天下ノ通論ニシテ，復喋々臣等ノ之ヲ贅言スルヲ待ザル者ナリ。故ニ臣等窃ニ願フ，有司亦是大理ニ抗抵セザラン事ヲ。

　[出典]　笹山晴生ほか『詳説日本史史料集〔再訂版〕』山川出版社，2013年，254-255頁。

## 【060】明治14年の政変と政党結成

明治14年の政変

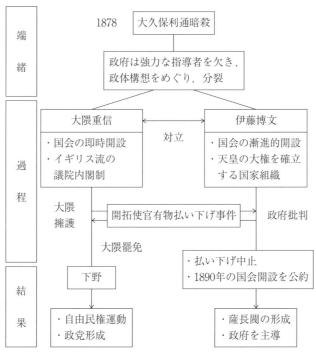

　[出典]　同前，186頁を改変。

5　成熟する政治

明治の政党

| 政党名・形成年 | 中心人物 | 性格・主張 | 支持階層 | 機関紙 |
| --- | --- | --- | --- | --- |
| 自由党<br>1881（明治14） | ＊板垣退助<br>中島信行<br>後藤象二郎 | フランス流で急進的一院制<br>・主権在民<br>・普通選挙 | 士族<br>・豪農<br>・商業資本家 | 『自由新聞』 |
| 立憲改進党<br>1882（明治15） | ＊大隈重信<br>犬養　毅<br>尾崎行雄 | イギリス流で漸進的二院制<br>・君民同治<br>・制限選挙 | 知識層<br>・産業資本家 | 『郵便報知新聞』 |
| 立憲帝政党<br>1882（明治15） | ＊福地源一郎<br>丸山作楽<br>水野寅次郎 | 国粋主義的な御用政党二院制<br>・主権在君<br>・制限選挙 | 官僚<br>・神官<br>・僧侶<br>・国学者 | 『東京日日新聞』 |

［出典］　筆者作成。

## 【061】明治6年大久保参議起草政体ニ関スル意見書（1873年11月）

　……英国は欧州の一島国なり。幅員二万五百方里人口三千二百万餘「ノルマンディ，ウィリアム」入国以来僅かに八百餘年にして，国威を海外に振ひ，万邦を膝下に制し，今日の隆盛に至る者は蓋し三千二百餘万の民各己れの権利を達せんが為め，其国の自主を謀り，其君長もまた人民の才力を通暢せしむるの良政あるを以てなり。

　我日本帝国もまた亜細亜州の一島国幅員二万三千方里人口三千一百餘万，天智帝中興以来千有餘年にして，其英国の隆盛に至らざる者は他なし，三千一百餘万の民愛君憂国の志ある者万分有一にして，其政体においても才力を束縛し権利を抑制するの弊あるを以てなり。其国家を負担するの人力と，其人力を愛養するの政体に従て国家の以て隆替する所ろのもの昭に此くの如し。抑我が祖宗の国を建つる，豈に斯の民を外にして其政を為んや。

　民の政を奉ずるまた豈に斯君を後にして其国を保たんや。故に定律国法は即はち君民共治の制にして，上み君権を定め，下も民権を限り，至公至正君民得て私すべからず。

［出典］　『伊藤博文関係文書』その1　書簡の部（503）（国立国会図書館蔵）。

## 【062】初期議会から立憲政友会の成立まで

**第2次伊藤博文内閣　1892 8～1896 8　── 自由党支持**
- ①「日清戦後経営」──軍備拡張，産業育成，教育充実，植民地領有が課題
- ②第9議会──地租増徴でなく営業税，酒造税での増税

**第2次松方正義内閣（松隈内閣）　1896 9～1898 1　── 進歩党支持**
- ①第10議会──貨幣法成立，金本位制確立（1897）
- ②第11議会──政府の地租増徴策をめぐり進歩党反発

**第3次伊藤博文内閣　1898 1～6**
- ①第5回総選挙──自由党との提携断絶
- ②第12議会──地租増徴案否決，議会解散
- ③自由党と進歩党，合同して憲政党結成（1898）
- ④第6回総選挙──憲政党圧勝

**第1次大隈重信内閣（隈板内閣）　1898 6～11　── 日本初の政党内閣**
- ①尾崎行雄文相「共和演説事件」で辞任──後任文相めぐり
- ②地租増徴も各種増税策も実現できず，憲政党分裂

**第2次山縣有朋内閣　1898 11～1900 10　── 憲政党（旧自由党）支持**
- ①第13議会──地租増徴案成立（2.5%から3.3%）（1898）
- ②文官任用令改正──政党幹部が官僚になることを制限
- ③治安警察法公布（1900）──政治活動の制限に労働運動の制限を追加
- ④衆議院議員選挙法改正──直接国税10円以上
　　　　　　　　　　　　　大選挙区制
- ⑤軍部大臣現役武官制確立（1900）
- ⑥憲政党の星亨と元老伊藤により立憲政友会結成（1900）

［出典］　詳説日本史図録編集委員会編『山川詳説日本史図録〔第5版〕』山川出版社，2011年，227頁を一部改変。

5　成熟する政治　53

## 【063】帝国憲法

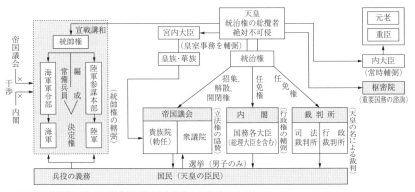

［出典］『政治・経済資料集2015』清水書院，2015年，64頁。

## 【064】桂園体制と主な政策

| 第1次桂太郎内閣<br>1901 6～1906 1 | | 第1次西園寺公望内閣<br>1906 1～1908 7 | | 第2次桂太郎内閣<br>1908 7～1911 8 | | 第2次西園寺公望内閣<br>1911 8～1912 12 | |
|---|---|---|---|---|---|---|---|
| | | 与党 | 立憲政友会 | | | 与党 | 立憲政友会 |
| 02 1 | 日英同盟協約成立 | 06 1 | 日本社会党結成 | 08 10 | 戊辰詔書発布 | 12 7 | 明治天皇亡くなる |
| 03 8 | 対露同志会結成 | 2 | 統監府開庁 | 09 10 | 伊藤博文暗殺される | 8 | 友愛会発足 |
| 11 | 平民社設立 | 3 | 鉄道国有法公布 | 10 3 | 立憲国民党結成 | 11 | 閣議で陸軍の二個師団増設否決 |
| 04 2 | 日露戦争開戦 | 11 | 南満州鉄道(株)設立 | 5 | 大逆事件の検挙 | 12 | 陸相上原勇作が帷幄上奏 |
| 8 | 第1次日韓協約 | 07 7 | 第3次日韓協約 | 8 | 韓国併合条約調印 | | |
| 05 9 | 日露講和条約調印。日比谷焼打ち事件 | | | 11 2 | 日米通商航海条約調印 | | |
| 11 | 第2次日韓協約 | | | 3 | 工場法公布 | | |

＊この間，対外政策での原則一致がみられた。

［出典］ 岩波書店編集部編『近代日本総合年表〔第3版〕』岩波書店，1991年を基に筆者作成。

# 6　成熟の挫折

## (1)　「旧外交」から「新外交」へ

【解　題】

　日露戦争に勝利し，大国の仲間入りを果し，国内においても立憲国家への道を歩みはじめた日本は，20世紀初頭から，数百年の伝統を有するヨーロッパの国際関係に本格的に参入することとなった。

　20世紀初頭，第一次世界大戦前までの列強は前世紀から引き続き伝統的な「勢力均衡」政策を追求し，複雑な合従連衡を繰り返していた【065】。日本も，戦争したロシアと，フランスを介して協商を結び，満州に得た新しい権益と勢力範囲を確かなものとしようとした。他方で，同盟国・イギリスとは距離をとり始めた。イギリスはアメリカと接近し始める。日本は，そのアメリカとも勢力分割に関する協定を結んだが，アメリカの門戸開放政策への抵抗・日系移民排斥問題を抱え，日米関係は悪化していた。1914年，第一次世界大戦が勃発すると，日本は，中国本土への進出を念頭に二個師団増設に踏み切り，翌年には中国に対して21ヶ条の要求を突きつけ，さらに大規模借款を行い，中国本土への勢力拡大を目指していることを明らかにした【066】。1916年には，中国の門戸開放を唱えるアメリカを仮想敵国とした第4次日露協商まで結んだ。しかし，ロシア革命が起きると，社会主義の波及を恐れて日本はシベリア干渉戦争を行った。日本は，複雑な国際関係の中，多国間での条約網の構築とその組み替えという外交技術に成熟しつつあった【067】。

　だが，その頃から，勢力均衡・権益重視・秘密外交などを特徴とする国際関係の本質を変えようとする動きが生まれていた。そうした動きは，1899年のハーグ万国平和会議から始まり，ヴェルサイユ講和，ワシントン会議，パリ不戦条約，そしてロンドン軍縮会議と続き，第一次世界大戦後には一定の国際的な潮流を形成した【068】。日本でも，侵略反対，人種平等，貿易重視，内政不干渉，軍備縮小などの理念や規範に基づいて，平和と繁栄を重視する国際的な動きに対応すべきとする意見が出された【069】～【073】。

　そこでは日本が習熟した「帝国主義的」ともいえる外交政策は「旧外交」として否定され，国際連盟，軍縮や内政不干渉などを定めた地域取極め，そして戦争違法化を目指す不戦条約に基づく理念と規範に沿った外交は「新外交」と呼ばれ，安定と繁栄の象徴となった。

　第一次世界大戦中に日本を襲った好景気は，こうした新しい風潮を受け入れやすくした。この間，次官や外相として日本外交の舵取りを行った幣原喜重郎は，まさにそうした風潮を代弁し，この時代の日本外交のシンボルとなった。

## 【065】 第一次世界大戦前の国際関係

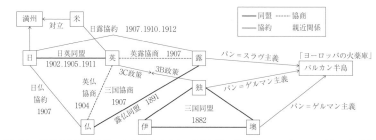

[出典] 外園豊基編『最新日本史図表〔改訂6版〕』第一学習社，2006年，220頁を一部改変。

## 【066】 第一次世界大戦と日本

| 内閣 | 年代 | 事項 |
|---|---|---|
| 第2次<br>大隈重信 | 1914  6<br>　　　　7<br>　　　　8<br>　　　　10<br>　　　　11<br>1915  1<br>　　　　4<br>　　　　5<br>　　　　<br>　　　　<br>1916  7<br>　　　　9 | サライェヴォ事件おこる<br>第一次世界大戦勃発<br>日本，ドイツに宣戦布告<br>日本軍，赤道以北のドイツ領南洋諸島を占領<br>日本軍，中国山東省青島を占領<br>日本，中国の袁世凱政府に21ヶ条の要求<br>ドイツ軍，初めて毒ガス兵器を使用<br>袁世凱，要求の大部分を受諾<br>イタリア，連合国側で参戦<br>この年の後半，大戦景気はじまる<br>第4次日露協約調印<br>イギリス軍，初めて戦車を使用 |
| 寺内正毅 | 1917  1<br>　　　　2<br>　　　　3<br>　　　　4<br>　　　　11<br>　　　　<br>1918  1<br>　　　　3<br>　　　　8 | 日本，中国の段祺瑞内閣に初めて借款供与（西原借款）<br>日本艦隊，イギリスの要請で地中海に出動<br>ロシアで三月革命おこる<br>アメリカ，連合国側で参戦<br>石井・ランシング協定成立<br>ロシアで十一月革命おこる<br>ウィルソン米大統領，14ヶ条発表<br>独ソ調和（ブレスト・リトフスク条約）<br>日本，シベリア出兵を宣言 |
| 原　敬 | 　　　　11<br>1919  1<br>　　　　3<br>　　　　5<br>　　　　6 | ドイツ，休戦協定に調印。大戦終結<br>パリ講和会議はじまる<br>朝鮮で三・一独立運動おこる<br>中国で五・四運動おこる<br>ヴェルサイユ条約調印 |

[出典] 東京書籍編集部編『ビジュアルワイド　図説日本史〔改訂第6版〕』東京書籍，2007年，209頁。

## 【067】日露戦争後の日本をめぐる国際関係

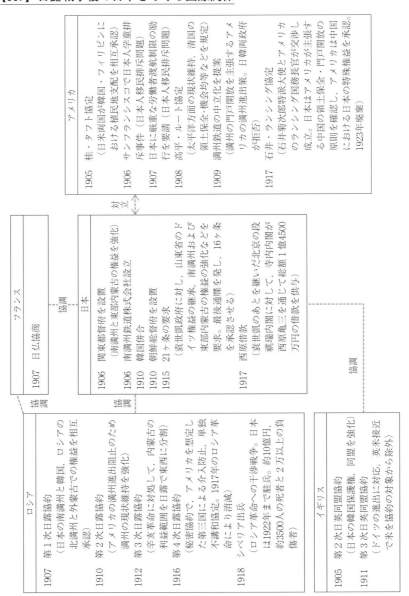

[出典] 同前, 199頁を改変。

## 【068】「新外交」の潮流

| 会議 | 条約 | 参加国 | 内閣 | 日本全権代表 | 主な内容 |
|---|---|---|---|---|---|
| ハーグ万国平和会議 第1回 1899 | ハーグ陸戦条約、国際紛争平和的処理条約など3条約、3宣言 | 26ヶ国 | 山縣 | 林董 本野一郎 | ニコライ2世の提唱で開催され、戦闘外におかれた者の保護を目的とした陸戦条約や国際紛争が起きたら国際にその処理を武力に頼らず平和的に解決することを目的とした国際仲裁裁判所の設置が決定 |
| ハーグ万国平和会議 第2回 1907 | 13の条約と1つの宣言 | 44ヶ国 | 西園寺 | 都築馨六 佐藤愛麿 | ジョン・ヘイ・アメリカ合衆国国務長官の提唱。ハーグ陸戦協定が改定され、中立法規も決められた |
| ハーグ万国平和会議 第3回 (開催されず) | — | — | | — | 第2回会議で第3回に8年以内に開くことを勧告。1915年に開催の予定だったが第一次世界大戦勃発により中止 |
| パリ講和会議 1919 1～6 | ヴェルサイユ条約 | 対独27ヶ国 | 原 | 西園寺公望 牧野伸顕 | 第一次世界大戦の処理。旧ドイツ領南洋諸島の委任統治権と山東省権益その他対中国特権の承認 |
| | 国際連盟規約 | 42ヶ国 | | | 1919 国際労働機関(ILO)に加入 1920 常任理事国に就任。1933年国際連盟脱退 |
| ワシントン会議 1921 11～1922 2 | 四ヶ国条約 1921 12 | 日・米・英・仏 | 高橋 | 徳川家達 加藤友三郎(幣原喜重郎) | 太平洋諸島領有の相互尊重。日英同盟の廃棄(1921 12)、中国の主権尊重、領土保全と門戸開放・機会均等 |
| | 九ヶ国条約 1922 2 | 日・米・英・仏・中・伊・ベルギー・ポルトガル・蘭 | | | 石井・ランシング協定の廃棄(1923 4)。(列強による)日本の中国侵略禁止、日本の山東省利権を中国に返還 |
| | 海軍軍縮条約 1922 2 | 日・米・英・仏・伊 | | | 海軍主力艦・航空母艦の保有量制限 10年間の主力艦建造禁止 |
| ジェネーヴ軍縮会議 1927 6～8 | 不成立 | 日・米・英 | 田中 | 斎藤実 石井菊次郎 | 海軍補助艦艇の制限交渉、調整失敗 |
| パリ会議 1928 8 | 不戦条約 1928 8 | 15ヶ国 | 田中 | 内田康哉 | 侵略戦争の放棄・国際紛争の平和的解決を規定(第1条)「人民の名」においての解釈について政治問題化 |
| ロンドン海軍軍縮会議 1930 1～4 | ロンドン海軍軍縮条約 1930 4 | 日・米・英・仏・伊 | 浜口 | 若槻礼次郎 財部彪 | 主力艦建造禁止5ヶ年延長・主力艦保有比率の改定・補助艦艇制限(統帥権干犯問題紛糾) |

[出典] 同前，211頁を改変。

## 【069】 板垣退助の第２回ハーグ万国会議への要望書（1907年５月８日）

　顧ふに水を防かんと欲せば其源を塞くに如かす。（中略）今や列国主権者並に有司は其学者識者と共に国際平和の道を講する勉めさるにあらず，然かも国際間の紛糾は依然として滋く戦争の疑念常に各国民を襲いつつあるもの，これ蓋し其の源を塞かさるか為め也。蓋し戦争の原因に三あり。一に曰く外邦侵略也，二に曰く貿易上の鎖国攘夷也，三に曰く異人種排斥也。大凡此三者にして除かれんか暴悪の国と雖も以て兵を他に加ふる能はず世界の民は共通共弁の道によりて限りなく其生を楽しむに至らん。

　［出典］　内藤智秀「国際平和会議の性格」『聖心女子大学論叢』40巻，90頁。

## 【070】 国際連盟に人種差別撤廃を提起

　国民平等の主義は国際聯盟の基本的綱領なるに鑑み，締結国は聯盟員たる総ての国家の人民に対し，其の人種及び国籍の如何に依り法律上又は事実上何等の区別を設くることなく，一切の点に於ても均等公平の待遇を与ふべきことを約す。

　［出典］　外務省編『日本外交年表竝主要文書 1840-1945 上巻』原書房，1965年，483頁。

## 【071】 原敬暗殺当日の中国人記者へのインタビュー（1921年11月４日）

　日本としては，他国に属している領土を自国のものにしようなどとは毛頭考えておりません。二十世紀の今日，領土的征服などはまことに時代遅れのお粗末な政策です。満州と蒙古におけるわれわれの政策は，今お話したとおり，既得権益を護ることにあるのみです。さらに，われわれが現に中国に求めているもの，また求めるべきものは通商です。通商こそ，われわれにとって何にもまして重要なものです。

　［出典］　大村慎助「『原敬日記』最後のメモ」『世界ジャーナル』（1963年，12月号）185頁。

## 【072】 外交管見　慶應大学における講演（1928年10月）

　先づ外交とは如何なる本質のものであるか，世間一般に外交と云へば，何となく裏表のある，飾りの多い，不誠実なる観念を聯想するやうであります……歴史に徴しますれば，従来外交が斯かる権謀術数に依つて動かされたる実例は枚挙に遑ありませぬ……〔しかし〕「リンカーン」の有名なる格言の中に「単に一時的であれば或は総ての世人を欺き得るであろう，又単に一部の世人に対してならば或は永久に欺くこともできるであろう，併しながら永久に亘つて総ての世人を欺くことは為しえらるるものではない」と云ふ言葉があります。国家の生命は永久なるべきものであるから，一時の功を奏したる権謀術数も，何日かは其国の為に重大なる禍を来たすことがあるものと覚悟しなければなりませぬ。（中略）

　世人は往々外交の作用を過信して，之に無理なる注文を持ち込み，外交其機微を制するならば，世界の人心を挑発することなくして，領土の拡張でも，利権の争奪でも，巧

に成功し得らるるように想像する者もないではありませぬ。〔しかし〕およそ政治家として最重要なる資質の一は実行可能の政策と不可能の政策とを識別する能力であります……例えば列国全権の協力に依つて国際間の平和を維持せむとするが如き制度は〔第一次〕世界戦争以前には殆ど実行不可能と看破されてゐたのであるが、大戦乱の無惨なる光景に感動されて、天下の公論は真剣に斯かる制度を要求することとなり、遂に国際連盟の成立を見るに至つたのであります。之と共に昔は屡々行はれたる侵略政策や、武力万能主義は今日に於ては最早覚醒せる人心の大勢に圧せられて、到底其非を遂げられませぬ。（中略）

　……何れの国に於ても、多数の民衆は其日常生活に於て親しく外国の事物と接触するの機会に乏しく、国際関係の各方面に亘つて十分に之を研究するには材料も暇も得られないのが常であります……従って政府は外交問題に関しても、国家の利益に反せざる限り、事実の真相を発表し、国民の理智的判断に訴ふることに意を用ひなければならぬ。現に政府の局に立つ者が外交問題に付て、国内政争上の目的より、以前の政府当事者を攻撃せむが為に、公の記録をも調査せずして、誤れる事実を宣伝するが如きは、欧米諸国に於ては多く其例を見ない所であります。之こそ即ち外交を政争の具に供するものであつて、其国民を迷はし、国家を毒するもの大なることは申す迄もありませぬ。（中略）

　国際関係の大勢を通観するに、世界何れの方面に於ても、領土の隣接せる二国の間には感情の融和しないものが多い、実に不幸なる現象であります……孰づれの一方に取つても其真正の利益、永遠の安寧は両国相互の友好的協力に依つて初めて保障し得らるるものであります。従て両国の当局者は常に一切の政策及行動の目標を茲に置き、隣接を防止し、又一旦発生せるものは成るべく速に之を解決して、以て一定の目標を見失はないように至重の注意を加へなければなりませぬ。（中略）

　支那の内争に干渉せざる方針に付ては或論者は之を以て政府当局の無為無策を阻はむとする一つの口実なるが如く考へ、斯かる方針に拘泥うるならば我権利権益の擁護は到底完うすることを得ないと論じて居る……然るに此二個の方針は互いに抵触する所なく、両々並び行はるるべきもの……元来内争不干渉の方針とは何を云ふか、畢竟支那の政界に於て相対峙する諸党派中の一方に対し、何等偏頗なる援助を与へ、他の一方の党派を排斥するが如き態度行動を一切避けると云ふ意味であります……支那の一党一派を支持し、其の党派の影に隠くれて我権利利益を擁護せむとするが如き政策を執るならば、それこそ真に偸安姑息の計である。（中略）

　凡そ外交は単に国家と国家との間に於ける政治的関係を処理するに止まらず、其経済的関係の発展を図ることも亦等しく重要なる任務であります。殊に我国の現状に於ては国際関係の経済的方面に最も重きをおかねばなりませぬ。（中略）

　　〔出典〕　服部龍二「幣原喜重郎講演『外交菅見』」『総合政策研究』第13号、2006年を参考に、『幣原喜重郎』幣原平和財団、1955年、272-277頁より引用。

## 【073】田中義一内閣下の「産業立国主義」

　政府は勿論(もちろん)世界永久の平和を固むることに努力すると共に，国防のことをゆるがせにするものではない。しかし，世界各国間の形勢と帝国の現状とにかんがみて，内外政治の重点を殖産興業の上に置き，今なお成績不振の産業貿易をさかんにして，国家の繁栄，国民の福利を増進することは，まこと時代の精神，国民の生活に適応するゆえんであると信ずるのであります。

［出典］　小風秀雅編『大学の日本史――教養から考える歴史へ　④近代』山川出版社，2016年，213頁。

## （2） 満州事変の衝撃

【解　題】

　1920年代が終わりを迎えると，日本は旧外交から新外交へと転換する時代の潮流に真っ向から刃向かう国となった。それはなぜだったのだろうか。

　第1に，日本の「アジアの盟主」としての自意識が強烈だったことがあげられる。たとえば，アジア太平洋地域の安定と現状維持を約束するワシントン会議に参加する際も，日本は太平洋および極東に関して他国から掣肘を受けたり，過去の政策の責任をとらされることを避けようとしていた【074】。また，1926年から北伐が開始された中国において，邦人の安全と日本の利益を確保するためには，幣原喜重郎外相の言うような理想的手段では不充分だとする議論もなくならなかった【075】。それが，その頃から本格化しはじめた政党内閣制（二大政党の政権交代による統治）と連動し，外交問題が国内政治を不安定化させていった。

　そうした中，1931年9月18日に満州事変が勃発した【076】。政府の意思とは離れた現地の関東軍の独断で始まったこの軍事行動は，1920年代的な思想風潮に対する批判の象徴だった。しかも，この前後には，国内でクーデター計画がいくつも計画されている。政党内閣制は，「正しい外交」の妨げになっていると考えられるようになっており，中国に対し断固たる態度をとるべきとの主張がくり返された【077】。

　また，この問題を取り上げ，独自の調査団（以下，リットン調査団）を派遣した国際連盟に対し，1933年3月，日本は脱退を宣言した。松岡洋右が全権となってジュネーヴの総会会議場に派遣された。彼がリットン調査団の報告書【078】の採択が行われたあとに行った演説は，満州事変を含めて日本がアジアで行っている行動を全面的に擁護し，国際連盟が日本を十字架に貼り付けて受難者に仕立て上げている，とする激烈なものであった。実際は，調査団の報告は，日本の権益擁護を前提として，中国の了解可能な案を考えることを勧告していた。しかし，日本の主張が全面的に正しいと訴えた松岡は，歓喜の中で迎えられ日本に帰国した【079】。

　第2に，1920年代末から日本全体を覆った不況も思潮の転換に歯止めをかけた要因であった。好景気に沸いた第一次世界大戦が終結し，急速に景気が縮小した日本では，それに追い打ちをかけるように首都を大地震が襲った。こうした危機を信用の膨張で取り繕ったため，1920年代にはいわゆる不良手形が大量に残存した【080】。こうしたことを背景にした大蔵大臣の失言により始まった金融恐慌は，アメリカ発の世界恐慌と重なり，300万人もの失業者を生む昭和恐慌へとなだれこんだ。それが，既成の秩序，財閥や政治家，あるいは資本主義そのものを怨嗟の対象とする空気を生んだのである【081】。

## 【074】ワシントン会議に対する訓令（1921年10月13日）

華盛頓会議に対する帝国全権の一般方針を列挙せば左の如し。

一，世界恒久平和の確立竝人類福祉の増進は，帝国外交の要諦にして，今次の会議に対しても，帝国政府は此の精神に基き欣然参加するに至りたる次第なる……

二，軍備制限問題竝太平洋及極東問題は，共に帝国利益の関する所最緊切重大なるが故に，閣下等は会議の大勢をして帝国の利益に合致せしむることを期せらるべし。……若し夫れ米国との親善円満なる関係を保持することは，帝国の特に重きを置く所なるを以て……

三，太平洋及極東問題討議の目的は，軍備制限問題に関連し，将来の為一般原則及政策に付列国共通の諒解を遂ぐるにあるべきことを顧念し，濫に此本旨を離脱して無益の紛糾を招くが如きことなからしむるは，会議の目的達成上最緊要なり……

四，太平洋及極東問題の討議に当り，原則及政策の樹立竝適用上列国一般に利害関係ある諸問題に就き，共通の諒解を遂ぐる為之を論議することは帝国に於て異議なき所なり。従て帝国に執り重要の関係ある既成事実若くは特定国間限りの問題と雖も，右の目的を以て之を論議することは差支なきも，<u>進で之を審議決定することは反対せらるべく，又独り帝国過去の施措政策のみを批判せむとするが如き形勢を生ぜしめざる様，臨機適応の措置を執らるべし。</u>

［出典］　外務省編『日本外交年表竝主要文書　1840-1945　上巻』原書房，1965年，529頁。

## 【075】北伐の進展と幣原批判

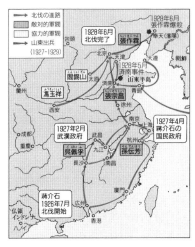

昭和二年四月七日付，東京の青山会館における森恪の演説

　過去数年間，ことに幣原外相にいたってからきわめて厳格にこの（中国への）不干渉主義がおこなわれたのであるが，南京における暴動（1925年の南京事件のこと）によって領事館の菊の御紋章は破壊され，国旗は引きさかれたのである。しかもなお日本の国威は失墜せずやと，私は外務大臣に責任を問つたのであるが，彼らは何ら答へることができなかった。いやしくも外交の秘密の影にかくれてみずからの責任をまぬがれ居ることは，断じてわが国民の利益ではないと信ずる。

［出典］　坂本賞三・福田豊彦監修『新編日本史図表』第一学習社，2006年，187頁。

## 【076】満洲事変勃発の様子

関東軍幹部の方針：
①ソ連の満州侵入への防備
②日本の権益等の保護
③満州に住む諸民族のための善政確立

［出典］　石原莞爾「満蒙問題私見」「満蒙問題解決策案（関東軍参謀部）」（角田順編『明治百年史叢書　石原莞爾資料——国防論策篇——』初収）。

経緯：
・1931年（昭和6年）9月18日午後10時20分ころ，中国遼寧省の奉天（現在の瀋陽）郊外の柳条湖（りゅうじょうこ）で，南満州鉄道の線路が爆破される。柳条湖は奉天駅の北東約7.5Kmにあり，近くには中国軍の兵営「北大営」が位置した。
・被害は線路と枕木の一部で，上下線を合わせてわずか1mたらずの軽微なものであったが，日本の関東軍と中国国民党軍（張学良軍）との間で戦闘が始まり，関東軍は翌日までに奉天・長春・営口を制圧した。
・事件の翌日9月19日に緊急閣議を開き，南陸軍大臣は関東軍の自衛行為であると強調したが，幣原外務大臣は関東軍の謀略ではないかと追及した。閣議では，事態をこれ以上拡大しない方針が決められた。
・その後日本の関東軍や朝鮮軍（日本軍の朝鮮駐在部隊）などは，日本政府の方針を無視し，自衛のためと称して戦線を拡大し（9月21日午後1時，朝鮮軍が独断越境）5ヶ月後には満州のほぼ全土が関東軍の制圧下に入った。
・1932年3月1日には，清朝最後の皇帝溥儀を執政（元首）に据えて満州国の建国が宣言され，1933年5月に，日本の関東軍と中国国民政府軍との間で塘沽停戦協定が調印される。
　［出典］『歴史人』2012年4月号，43頁。経緯は江口圭一『十五年戦争小史〔新版〕』青木書店，1991年，第3章より筆者作成。

## 【077】満州事変の擁護

(1) 関東軍発表（1931年9月18日付）
　暴戻なる支那軍隊は満鉄線を破壊し，我が守備兵を襲ひ，駆けつけたる我が守備兵の一部と衝突せり。

(2) 東京朝日新聞（1931年9月20日付）（夕刊）
　……禍の基は理も非も無く，何ものをも打倒せずんばやまないとする支那側の増上慢であって，今日まで事なきを得たのは，日本の辛抱強い我慢のためであった。中村大尉事件は積薪に油を注いだもの，満鉄路線の破壊は積薪に火を放ったもの，日本の堪忍袋の緒は見事に切れた。真に憤るものは強い。わが正義の一撃は早くも奉天城の占領を伝ふ。日本軍の強くて正しいことを徹底的に知らしめよ。そして一日も早く現状を収拾して事件を解決せよ。

(3) 東京日日新聞（1931年10月1日付）
　いひ換ればわが国民の忍耐は，今回の事件によってその限度を超えたのである。ここにおいて国民の要求するところは，ただわが政府当局が強硬以て時局に当たる以外にはない。われ等は重ねて政府のあくまで強硬ならんことを切望するものである。

　［出典］東京朝日新聞1931年9月19日付，佐藤信ほか編『詳説日本史研究〔改訂版〕』山川出版社，2008年，441頁。

## 【078】 リットン報告書 （1932年10月2日）

　九月十八日午後十時より十時半の間に鉄道線路上若くは其附近に於て爆発ありしは疑なきも鉄道に対する損傷は若しありとするも事実長春よりの南行列車の定刻到着を妨げざりしものにて其のみにては軍事行動を正当とするものに非ず。同夜に於ける叙上日本軍の軍事行動は正当なる自衛手段と認むることを得ず。……
　吾人は『満州国政府』なるものは地方の支那人に依り日本の手先と見られ支那人一般に之に何等の支援を与へ居るものに非ずとの結論に達したり。（中略）
　満足なる解決の条件
一，日支双方の利益と両立すること……
四，満州に於ける日本の権益は無視するを得ざる事実にして，如何なる解決方,法も右を承認し且日本と満州との歴史的関連を考慮に入れざるものは満足なるものに非ざるべし
五，日支両国間に於ける新条約関係の成立……
六，将来に於ける紛争解決に対する有効なる規定……
七，満州の自治　満州に於ける政府は支那の主権及行政的保全と一致し，東三省の地方的状況及特徴に応ずる様工夫せられたる広汎なる範囲の自治を確保する様改めらるべし。新文治制度は善良なる政治の本質的要求を満足する様構成運用せらるるを要す。
八，内部的秩序外部的侵略に対する保障　満州の内部的秩序は有効なる地方的憲兵隊に依り確保せらるべく，外部的，侵略に対する安全は憲兵隊意外の一切の武装隊の撤退及関係国間に於ける不侵略条約の締結に依り与へられるへし。
九，日支両国間に於ける経済的提携の促進……
十，支那の改造に関する国際的協力……
　［出典］　笹山晴生ほか『詳説日本史史料集〔再訂版〕』山川出版社，2013年，324-325頁。

## 【079】「十字架上の日本」（1932年12月8日）

　……実は日本には今，聯盟が日本の立場を充分理解していないことを憤慨し，愛想を尽かしている多数の真剣な人々が居って，聯盟脱退論を唱えて居る。——最初から加盟したのが誤って居るというのだ。このジュネーブに於て現に進行しつゝある事態のお蔭で，諸君が日本国内に斯かる論者を生ぜしめたのだ。（中略）一言にして言えば日本は今日，東亜全体に通ずる脅威に直面している。而も極東を救う為に腕一本で闘って居るのだ。——極東に戦端を醸さんとしてでは断じてない。否反対に平和の為にである。而も我々は，ソヴィエット・ロシアを聯盟外に放置したまゝ，此の状勢に直面して居るわけである。今，この冷静な事実を前にして，紳士諸君，ソヴィエット・ロシアも，米国も聯盟に属せず，又聯盟は今日完全したものでないという現実に立って，日本が聯盟規約に何等伸縮性を帯ばしめずして，之に裁かれることは絶対に不可であると諸君の前に言明することは，極めて常識的な判り切った話ではないだろうか？

……余は敢て言うのだ。今日尚我が国民には制裁何時にても御座んなれの覚悟が出来ているのですぞ！……日本は断じて威嚇の前に屈服するものではない。日本は断じて制裁の下に屈従するものではない。日本は平気で制裁を迎えるつもりだ。

　……たとえ世界の輿論が，或人々の断言するように，日本に絶対反対であったとしても，其世界の輿論たるや，永久に固執されて変化しないものであると諸君は確信出来ようか？人類は嘗て二千年前，ナザレのイエスを十字架に懸けた。而も今日如何であるか？……ヨーロッパやアメリカのある人々は今，二十世紀に於ける日本を十字架に懸けんと欲して居るではないか。……然し我々は信ずる。確く確く信ずる。僅に数年ならずして，世界の輿論は変わるであろう。而してナザレのイエスが遂に理解された如く，我々も亦世界に依って理解されるであろうと。

[出典]　外務省記録「満州事変（支那兵ノ満鉄柳条溝爆破ニ因ル日，支軍衝突関係）善後措置関係　国際連盟ニ於ケル折衝関係　日支事件ニ関スル交渉経過（連盟及対米関係）」『日本外交文書』満州事変第三巻（日本外交文書デジタルアーカイブより）。

## 【080】金融恐慌の背景

| 1920年代の恐慌の流れ<br>第一次世界大戦の終結→戦後恐慌→関東大震災→震災恐慌→不況の慢性化→金融恐慌→財閥による産業支配 |
|---|

○金融恐慌の背景

| 戦後恐慌（1920） |
|---|
| ・第一次世界大戦後の貿易収支悪化で通貨収縮，株価や綿糸・生糸の価格暴落<br>〈原内閣の対策〉日銀の大規模な救済により，経営状態の悪い企業・銀行残存 |
| 震災恐慌（1923） |
| ・関東大震災の被害総額約45億7000万円（一般会計予算の３倍）<br>〈第２次山本権兵衛内閣（井上準之助蔵相）の対策〉<br>・銀行が所持する手形のうち，震災手形（取り引き先が被災し，支払い不能となった手形）を日銀が引き取って銀行の損失を救済<br>→震災に無関係な手形を震災手形と偽って乱用（特に鈴木商店）。その結果，経営状態の悪い企業が残ってしまった |

[出典]　外園豊基編『最新日本史図表〔二訂版〕』第一学習社，2006年，233頁を一部改変。

## 【081】昭和恐慌関連年表

| 内閣 | | 年月 | おもなできごと |
|---|---|---|---|
| 高橋是清 / 加藤友三郎 / 山本権兵衛（第2次）/ 清浦奎吾 / 加藤高明（第1・2次）| 原敬 | 1920 3 | 戦後恐慌始まる<br>・輸出の低迷<br>・産業の停滞 |
| | | 1923 9 | 関東大震災<br>・工業地帯の壊滅とそれによる銀行経営の悪化 |
| | 若槻礼次郎（第1次）| 1927 3 | 震災手形善後処理法案審議<br>（片岡大蔵大臣の失言） |
| | | 1927 3 | 金融恐慌始まる<br>・銀行の取り付け騒ぎ<br>・中小銀行の休業や倒産<br>・鈴木商店の破産と台湾銀行の休業<br>・モラトリアムの実施 |
| | 田中義一 | | |
| | 浜口雄幸 | 1929 10 | アメリカで世界恐慌始まる |
| | | 1930 1 | 金輸出解禁<br>昭和恐慌始まる<br>・輸出の減少<br>・正貨の大量流出<br>・企業経営の悪化<br>・農産物価格の暴落 |
| 若槻礼次郎（第2次）| 犬養毅 | 1931 12 | 金輸出再禁止 |

| 原因 | 1929年の世界恐慌と，1930年の金解禁による二重の打撃 |
|---|---|
| 恐慌の状況 | ①輸出の減少<br>②正貨（金）の海外大量流出<br>③企業の操業短縮・倒産<br>→賃金引下げ，人員整理<br>④農業恐慌（農業物価格の暴落）<br>・失業者の増大による帰農<br>・1930年の豊作貧乏（豊作による米価下落による貧乏）と1931年の大凶作 |
| 対策 | ①低金利政策<br>②重要産業統制法による不況カルテル結成促進 |

［出典］東京書籍編集部編『ビジュアルワイド　図説日本史〔改訂第6版〕』東京書籍，2007年，220頁。

## (3) 政党政治の弱さ

【解　題】

　昭和恐慌後の社会不安の中で日本国内でのテロやテロ未遂事件が相次いだ。そして，これをみた知識人の中には，1920年代の政党政治の腐敗や弱さを一掃するものとして，こうした行動を容認する者もいた【082】。それは一面の真理を鋭く衝いていた。日本政治の成熟の挫折を考えるには，この時代を担った大正・昭和の政治家たちの弱さを指摘しなければならない。

　この時期の国内政治の変転はめまぐるしい。陸軍と民衆の双方に攻撃されて始まった大正政変によって幕を開けた大正期の政治は【083】，桂園体制の時代の流れを受け，政党の手にも政治の実権を委ねた。大正期の日本の政党政治の象徴となったのは原敬であった。原は，政友会を基盤としつつも，山縣有朋と提携しながら，衆議院・貴族院を横断する勢力を築き上げた。その政治家としての力量は群を抜いていた。しかし，それ故に原が暴漢に刺されて没した後の政党弱体化も甚だしかった【084】。

　それでも1924年護憲三派内閣が政権を握ると，かつてのような藩閥出身者や官僚との間ではなく，政党同士が交互に政権を執る政党内閣期が到来する【085】。しかし，政党内閣期にはたびたび政党の汚職が取り上げられた【086】。そうした中，満州事変が起き，それに呼応して，財界や政界の要人を暗殺するテロが起きたのである。それは，今でいう「政治不信」のあらわれという性格も有していたのである。

　こういった世論には実は政策を180度転換する力はないとする同時代的な分析も存在していた。つまり，日本では中流層が過激であるが，上層階級はむしろ1920年代的な秩序こそが，日本に通商の機会や発展の機会をもたらすので有利であると考えており，彼らが政治の実権を握っている，と言うのである【088】。

　しかし，過激な世論を善導する優れたリーダーシップは不可欠であった。満州事変勃発当時の首相は，若槻礼次郎（1920年代半ばにはスキャンダルにまみれ，金融恐慌の後始末が出来ずに退陣した）であったが，第一報を聞いた彼は狼狽し，自己の責任で決断することができなかった【087】。日本政治が大混乱に陥ったのは当然であった。こうして，国民に選ばれた「選良」としての政治家が，憲法に則り，議会での話し合いで政策を決め，軍人・官僚・世論を指導し，平和と繁栄を築くという成熟した政治の姿は失われてしまったのである。

## 【082】 満州事変と政治不信

永井荷風『断腸亭日乗』(1931年11月10日)

　つらつら思ふに今日政党政治の腐敗を一掃し，社会の気運を新たにするものは，蓋し武断政治を措きて他に道なし。今の世に於て武断専制の政治は永続すべきものにあらず。されど旧弊を一掃し，人心を覚醒せしむるには大に効果あるべし。

星子毅「上申文」

　現在の経済社会は行きづまっている。……然らば何故に行きづまったか。今までの政治は単に支配階級，とくに資本家たちの利益のみを考えて，全体の利益というふことを考へなかったからである。……政党否認の声，財閥否定の叫びは全日本大衆の声である。……疲弊のどん底に落ちている農村を救へ！飢餓と貧困の前に投出されている我等の同胞を救へ！

　［出典］　佐藤信ほか編『詳説日本史研究〔改訂版〕』山川出版社，2008年，442頁。

## 【083】 大正政変

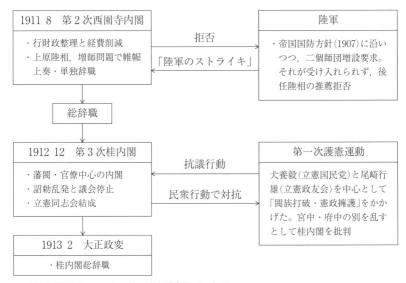

＊二個師団増設は，1915年，第 2 次大隈内閣下で実現

［出典］　東京書籍編集部『ビジュアルワイド　図説日本史〔改訂第 6 版〕』東京書籍，2007年，208頁を改変。

## 【084】原没後から護憲三派内閣へ

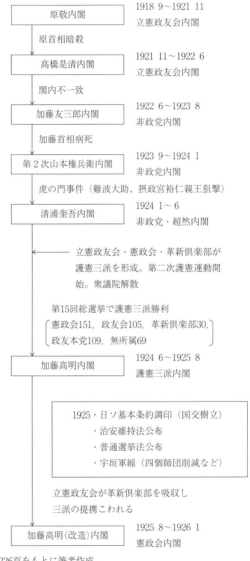

[出典] 同前，226頁をもとに筆者作成。

## 【085】政党内閣期関連年表

| 内閣 | 年代 | | 事項 |
|---|---|---|---|
| 第1次<br>若槻礼次郎 | 1926 | 12 | 大正天皇没，昭和に改元 |
| | 1927 | 3 | 金融恐慌おこる |
| | | 4 | 台湾銀行救済の緊急勅令案を枢密院で否決され，総辞職 |
| 田中義一 | 1927 | 5 | 第1次山東出兵 |
| | 1928 | 2 | 第1回普通選挙 |
| | | 8 | パリ不戦条約調印 |
| | 1929 | 7 | 張作霖爆殺事件処理で，天皇の不信を招き総辞職 |
| 浜口雄幸 | 1930 | 1 | 金解禁 |
| | | 4 | ロンドン海軍軍縮条約調印 |
| | | 5 | 日中関税協定調印 |
| | 1931 | 4 | 前年に狙撃された浜口首相の病状が悪化し，総辞職 |
| 第2次<br>若槻礼次郎 | 1931 | 6 | 中村大尉事件 |
| | | 7 | 万宝山事件 |
| | | | 日貨排斥運動，中国各地で激化 |
| | | 9 | 柳条湖事件（関東軍，奉天郊外で満鉄線を撃破）満州占領に向けて軍事行動開始（満州事変） |
| | | | 日本政府不拡大方針を発表 |
| | | 10 | 十月事件おこる |
| | | 12 | 関東軍の暴走をめぐる閣内不一致で，総辞職 |
| 犬養毅 | 1931 | 12 | 金輸出再禁止 |
| | 1932 | 1 | 第1次上海事変 |
| | | 2 | リットン調査団来日 |
| | | 3 | 満州国建国宣言 |
| | | 5 | 上海停戦協定調印 |
| | | | 五・一五事件で犬養首相暗殺，総辞職 |
| 斎藤実 | 1932 | 9 | 日満議定書調印 |
| | | | 平頂山事件 |
| | | 10 | リットン報告書，日本政府に通告 |
| | 1933 | 2 | 国際連盟，日本軍の満州撤兵勧告案を42対1で可決，松岡洋右代表退場 |
| | | 3 | 日本，国際連盟脱退を通告 |
| | | 5 | 塘沽停戦協定成立 |
| | 1934 | 3 | 満州帝国の成立，溥儀皇帝となる |

［出典］　岩波書店編集部編『近代日本総合年表〔第3版〕』岩波書店，1991年を基に筆者作成。

## 【086】政党のスキャンダル

| 年代 | 事項 |
|---|---|
| 1926 2 28 | 松島遊郭疑獄事件発覚（大阪最大の遊郭の移転計画をめぐる汚職事件。全員無罪） |
| 1926 3 4 | 中野正剛、陸軍機密費横領問題で田中総裁（政友会）を追及（総裁就任の際に300万円持参。それが陸軍の機密費からという疑惑。検事の石田が変死体で発見される） |
| 1926 4 2 | 後藤新平、若槻・田中・床次3党首を訪問、「政治の倫理化」を要請 |
| 1926 5 20 | 若槻首相、床次総裁（政友本党）に連立を要請（5/26 拒否） |
| 1926 7 29 | 朴烈怪写真事件（1925年5月に大逆罪で起訴された朴が愛人の金子文子と抱き合っている写真が公開される。その写真を公開したのは北一輝であった） |
| 1926 11 7 | 若槻首相、松島遊郭疑獄事件で証人として取調べを受ける |
| 1926 11 9 | 箕浦勝人、若槻首相を偽証罪で告発 |

［出典］ 当時の新聞より筆者作成。

## 【087】若槻の狼狽

　その晩夕食頃に，総理から電話がかかって，『すぐ来てもらひたい』といふことであったので，食後直ちに総理官邸に行ったところ，総理は非常に弱りきってゐる様子で，まづ第一に，『外務省の報告も陸軍省の報告も，自分の手許に来ない』といふことをしきりに言［っていた］……。
　それから，『自分はできるだけこの事件を拡大しないやうに，なんとかしてとめたいと思っていろいろ心配してゐるが，軍事当局が保障占領をしたらしい。元来この保障占領なるものは，政府の決定に待つべきものであって，軍事当局の権能を以て濫りにできる性質のものではない。また満蒙における支那の現兵力は二十万以上もあるのに，日本軍は一万余りであるから，"現在の兵力であまりに傍若無人に振舞って，もし万一のことが起ったらどうするか"といふことを陸軍大臣にきくと，"朝鮮から兵をだす"或は"既に出したらしい"との答なので，"政府の命令なしに，朝鮮から兵を出すとはけしからんじゃないか"となじったところが，"田中内閣の時に，御裁可なしに出兵した事実がある"とのことで，これは後に問題を残さないと思ったらしい。事実は，既に鴨緑江近くまで兵を出し，そこでとめてあるが，一部既に渡ってしまったものは已むを得ない，といふやうな陸軍大臣の答であった。かういふ情勢であってみると，自分の力では軍部を抑へることはできない。苟も陛下の軍隊が御裁可なしに出動するといふのは言語道断な話であるが，この場合一体どうすればいいのか。……貴下から元老に話してくれと，どうしてくれとかいふのではないけれども，実に困ったものだ』と芯から弱ったやうな様子であった。

［出典］ 原田熊雄 述『西園寺公と政局 第2巻』岩波書店，1950年，64頁。

## 【088】 日本の三階層

〔将来の戦争の可能性について〕私の見るところ一般論は大きく三つに分かれている。農民級（農夫，漁師，低教育層）の人々は情勢を宿命的に受け入れている。そこには個人的なアメリカ嫌いというものは全くないし，"驚異"に対する野望もない。ただあるのは日本はどんな戦争にも必ず勝つという揺るぎない信仰である。中流層は学力もあり，教養も感情も活発な想像力もはるかに大きい。この階級はあからさまに好戦的である。また，革新的な嗜好に走りがちである。彼らは外国大使館の前でデモを行い，報復と称して外国製品をボイコットしたりするが，集会や紙面での騒々しい論議を持っていても政治的な実力は持っていない。彼らは実際の権力者達（大企業，銀行，軍部，そして政府等日本の政治を支配する階級）の脇腹にささった棘のような存在でしかない。

この三番目の層に当たる日本の真の支配者達は決してアメリカとの対戦を希望しておらず，国粋主義者や狂信派の行動に足枷をはめようと努力している。多岐の産業にかかわっている企業主たちは鋭い見通しを持っており，戦争が国家の繁栄を破壊することを知っている。

［出典］ セオダテ・ジョフリー（中西道子訳）『横浜ものがたり——アメリカ女性が見た大正期の日本』雄松堂出版，1998年，196頁。

# 7　帝国の終焉

## (1)　日独伊の接近と日中戦争への道

【解　題】

　近代日本政治の転機となった満州事変は、日本に衝撃を与えただけでなく、国際連盟・地域取極（九ヶ国条約）・不戦条約を機軸とした1920年代の国際秩序に対する大きな打撃でもあった。これ以降の日本は、既存の国際秩序を力によって変更しようとする国とみなされ始める。後に既存の秩序の攻撃者となったのは日独伊の3国であったが——のちに、枢軸国とよばれる——特にこの3国の相互の連絡は緊密ではなかった。にもかかわらず、これら3国の動向が結果的に平行していたことも見逃せない。結局、日独伊3国が英米らと対立する構図が1930年代にできあがっていく【089】。

　ところで、1930年代の日本の対外方針は、欧米各国がアジアに容喙することを断固拒否する「東亜モンロー主義」と言われる路線であった。天羽英二外務省情報部長の記者クラブでの非公式談話が、そうした態度の表明の機会となった【090】。欧米の政治介入は認めないが、経済的利益は「東アジアの平和と秩序の維持」に反しない限りにおいて認めるというこの談話が欧米諸国の疑惑と批判を招くと、日本のメディアは、彼らがアジアへの政治的介入を求めている証拠として、激しい批判を加えた。日本がアジアの覇者になるのは当然であり、それを邪魔する英米を敵に回しても構わない、という態度は、国際連盟脱退通告時の松岡演説とも共通していた【091】。

　1936年11月、日本は、旧秩序に対する批判を共有するドイツとの日独防共協定を締結した。防共協定は、ソ連や共産主義の浸透に対する情報共有による防衛を主眼としていたが、日独間の秘密協定も結ばれている【092】。両国は欧米各国、国際連盟、そして中国も共産主義者に扇動されていると考えており、その世界観によれば、共産主義こそが世界の敵であった。

　しかし、こうした主張や弁明は、むしろ彼らの野心に対する世界の疑念を増した。防共協定締結と相前後して華北分離工作が始まると、日本はやはり中国を自己の勢力圏、同時期のナチスの言葉を借りれば、「生存圏」（レーベンスラウム）としようとしているのだという疑念が強まった。これに対し、中国国民党と共産党は、相互に日本に抵抗するために協力する道を歩み始めていた【093】。

## 【089】枢軸の形成と国際対立

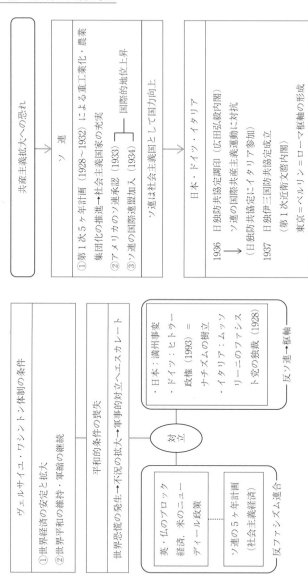

[出典] 筆者作成。

## 【090】天羽声明（1934年4月17日）

　　日本は満洲事変及満洲国問題に関して昨年三月連盟脱退を通告するの止むを得さるに至つたか，之は東亜に於ける平和維持の根本義に就き，日本と国際連盟との間に意見の相違を見た為てある。日本は諸外国に対して常に友好関係の維持増進に努めて居るのは云ふ迄もないか，東亜に関する問題に就ては，其の立場及使命か列国の夫れと一致しないものかあるかも知れない。日本は東亜に於ける平和及秩序の維持は当然東亜の諸国と責を分つへきてある。日本は東亜に於ける平和秩序を維持すへき使命を全ふする決意を有して居るか，右使命を遂行するか為には，日本は先つ友邦支那と共に平和及秩序の維持に努めなけれはならない。（中略）故に支那にして，若し他国を利用して日本を排斥し東亜の平和に反する如き措置に出て，或は夷を以て夷を制するの排斥策を採るか如き事あらは，日本は之に反対せさるを得ない。（中略）併し各国か支那に対し個別的に経済貿易上の交渉をなすか如きは，東亜の平和及秩序維持に支障を及ほささる限り，之に干渉する必要を認めない。

　　［出典］　外務省編『日本外交年表竝主要文書 1840-1945 下巻』原書房，1965年，284頁。

## 【091】天羽声明擁護の世論

　　四月十七日付外務省情報部長の非公式談話は外人記者団によって日本側に不利益なる注釈が付せられたのと，一部ジャーナリズムが恰もこれを帝国政府の公式声明書なるかの如く曲丕して報道したことから，端しなくも国際外交舞台に恰好の刺戟的な話題を提供したが，……自ら日本が支那に対して如何なる気持でいるか位は少くも東洋問題に造詣深き英米具眼者は容易にその真意を諒解し得る筋合なるにも拘らず，英米両国が襟を正して日本政府の権威化された外交文書による新たな意思表示を求め来たった底意が那辺に存するか位は，慧眼な広田外相の裁断をまつまでもなく霞ヶ関属僚と雖も逸早くこれに警戒を払った。日本政府の強硬外交が協和外交の看板に塗り変えられて以来，日本を出し抜いて鼠賊の如く支那に策動していた欧米ブローカーの最も嫌う急所を無遠慮に突いたのが天羽声明である，用語に不備があったとはいえ図星を指されて大騒ぎを演じた方に七分の弱味があったように思われる。

　　［出典］　東京日日新聞1934年5月5日付。

## 【092】 日独防共協定（1936年11月25日，1937年11月6日イタリア参加）

　大日本帝国政府および独逸国政府は共産「インターナショナル」（所謂コミンテルン）の目的が其の執り得る有らゆる手段に依る現存国家の破壊及爆壓に有ることを認め共産「インターナショナル」の諸国の国内関係に対する干渉を看過することは其の国内の安寧及び社会の福祉を危殆ならしむるのみならず世界平和全般を脅すものなることを確信し共産主義的破壊に対する防衛の為協力せんことを欲し左の通協定せり

第一条　締結国は共産「インターナショナル」の活動に付相互に通報し，必要なる防衛措置に付協議し且緊密なる協力に依り右の措置を達成することを約す（対コミンテルン活動の通報・協議）

第二条　締結国は共産「インターナショナル」の破壊工作に依りて国内の安寧を脅さるる第三国に対し協定の趣旨に依る防衛措置を執り又は本協定に参加せんことを共同に勧誘すべし（第三国の加入要件）

第三条　本協定は日本語及び独逸語の本文を以って正文とす。本協定は署名の日より実施せらるべく且つ五年間効力を有す。締結国は右期間満了前適当の時期に於て爾後に於ける両国協力の態様に付了解を遂ぐべし（条約の期限）

附属議定書

　本日共産「インターナショナル」に対する協定に署名するに当り下名の全権委員は左の通協定せり

　(イ)　両締約国の当該官憲は共産「インターナショナル」の活動に関する情報の交換並びに共産「インターナショナル」に対する啓発及防衛の措置に付緊密に協力すべし

　(ロ)　両締約国の当該官憲は国外に於て直接又は間接に共産「インターナショナル」の勤務に服し又は其の破壊工作を助長するものに対し現行法の範囲内に於て厳格なる措置を執るべし

　(ハ)　前記(イ)に定められたる両締約国の当該官憲の協力を容易ならしむる為常設委員会設置せらるべし。共産「インターナショナル」の破壊活動防衛の為必要なる爾余の防衛措置は右委員会に於て考究且協議せらるべし

＊このほかに，締約国の一方がソビエト連邦より挑発によらず攻撃・攻撃の脅威を受けた場合には，ソビエト連邦を援助しないとする対ソ不援助規定，ソビエト連邦との間に本協定の意思に反した一切の政治的条約を結ばないとする対ソ単独条約締結の禁止が秘密条項として取り決められた。

　［出典］　外務省編『日本外交年表竝主要文書 1840-1945 下巻』原書房，1965年，352-354頁。

## 【093】日本の中国進出と抗日統一戦線

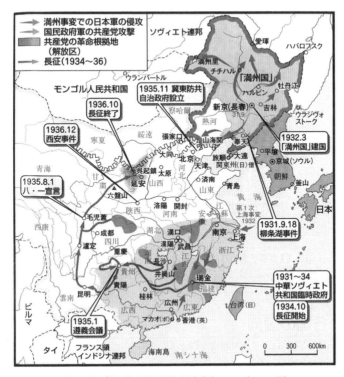

[出典] 浜島書店編集部編著『新詳世界史図説』浜島書店，2007年，201頁。

| ■日本の動向 | ■中国の動向 |
|---|---|
| 1931 9 満州事変 | 1931～1934 中華ソヴィエト共和国臨時政府 |
| 1932 3 満洲国建国 | 1934 10 長征（～1936 10） |
| 1935 11 冀東防共自治政府（華北分離工作） | 1935 1 遵義会議 |
|  | 1935 8 八一宣言 |
|  | 1936 12 西安事件 |

[出典] 鹿島平和研究所編『日本外交史 別巻3 年表』鹿島研究所出版会，1974年より筆者作成。

## (2) 日中戦争から日英米開戦へ

【解　題】

　1937年7月，廬溝橋事件が勃発した。満州事変のきっかけとなった柳条湖事件が関東軍の謀略であったのに対し，この事件は偶発的に起きたとされる。事件は11日には一旦収束した。しかし，翌月8日，日本と中国は全面戦争に突入した【094】【095】【096】。

　当時の首相は，近衛文麿である。近衛は，第一次世界大戦後，27歳の時の論文で英米中心の国際秩序を偽善と呼び，日本が自己の利益と人道・正義の双方を実現できる秩序の構築を目指すべきだと主張した人物であった【097】。近衛は日中戦争後に出した三度の声明で，「新秩序」構築を目指した。また近衛内閣下で，国際連盟との協力をやめ，九ヶ国条約も否認することを決めた。それは若き日の哲学の実現とみえなくもなかった【098】。

　日中全面戦争が始まると，ソ連は即座に中国（国民党）を支持し，不可侵条約を結んだ。イギリスも中国に精神的支援を与え，アメリカもルーズベルトの隔離演説で日本を批難した。準同盟国のドイツも中国とのかかわりが深く，当初は日本を支援しなかった。日本の要望で平和工作に着手するが，1938年1月には打ち切りになった。日本の孤立化は避けられなかった【099】。

　1939年9月，ヨーロッパで戦争が勃発した。ドイツのポーランド侵攻により，ヨーロッパはアジアに介入する余裕を失った。この時をとらえ，日本は，長引く日中戦争に終止符を打ち，アジア情勢の安定を確立すべきであった。しかし，日本は，日中戦争の早期終結に失敗しただけでなく，ヨーロッパの戦争とアジアとの戦争を連動させた。つまり，日本は，ソ連との4ヶ国での同盟をも視野に入れながら，ドイツ・イタリアと軍事同盟を締結したのである【101】。

　そのときの外務大臣は松岡，そして首相は再び桂冠した近衛であった。それまでの日本政府の中枢は，ドイツとの軍事同盟を避けようとしていた。平沼騏一郎内閣は，独ソ不可侵条約の締結を受けて政権を投げ出したが，それは同盟締結へと向うドイツとの交渉をご破算にする効果をねらってのことだった【100】。結局のところ，この外交上の飛躍によって，日本は，ヨーロッパにおいてイギリスと戦っているドイツとの軍事同盟国となり，日本は，イギリスそしてイギリスを支持するアメリカの実質的な敵となった。他方，日中戦争が進展する中，日本は，急速に戦時体制化を進めていた【102】。中央省庁には総動員機関が設置された【103】。太平洋戦争は目前となっていた。

## 【094】 盧溝橋事件から日中全面戦争へ

背景：
- 1936年に支那駐屯軍を増強した日本は、第三大隊（510名）を豊台に駐屯させた。その第三大隊は1936年夏から頻繁に夜間訓練を行った。
- 中国は大都市北平の近郊での訓練に苦情を申し立てたが無駄であった。そのような中小規模の小競り合いが続き、日本軍は中国軍に苛立ちを強めていた。

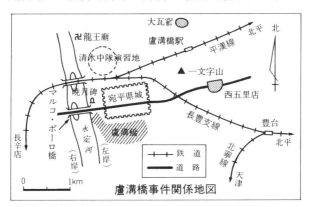
盧溝橋事件関係地図

[出典] 江口圭一『盧溝橋事件』岩波書店、1988年、7頁。

■盧溝橋事件の勃発
- 1937年7月7日午後10時30分ごろ、夜間訓練をしていた第八中隊（清水節郎大尉、135名）が、三発の弾丸が頭上10メートルを通過するのを聞く。その後、今度は十数発の小銃射撃を受ける。→そこで、清水が集合ラッパを吹くと、志村菊次郎二等兵がいないことが分かる。（志村が中国軍に近づきすぎて、威嚇射撃を受けたのだろうと推測できる。）→ひとり兵隊がいないとしたら大事であるとして、清水は大隊長に伝令を出す。→豊台の牟田口廉也大隊長から「一文字山を占領し、戦闘隊形をとって交渉（行方不明の志村のこと）」を指示され、一木清直大隊長が一文字山を占領に向かう。→午後11時ごろ、志村が戻ってくる。
- 1937年7月8日午前2時ごろ、実弾射撃を不法として交渉させることとする。
- 午前3時20分、一文字山占領終了。→その直後、三発の実弾（伝令が迷って再び中国軍に接近したためと考えられる）。
- 午前4時20分、牟田口が、一木に、盧溝橋（龍王廟方面）攻撃、占領の命令を下す。
- 午前5時30分、一木連隊が盧溝橋に接近、中国が応戦。
- 7月8日から9日にかけて戦闘が継続（12名の死者）。
- 7月11日に停戦協定成立。→この間、「全面戦争論」と「局地解決論」で陸軍中央は紛糾。また、中国共産党の即時開戦論を受け中国輿論も「対日抗戦」で沸き立つ。

■全面戦争への拡大
・7月11日，近衛は局地解決方針を確認しつつも，関東軍・朝鮮軍・内地からの増兵と3億円の予算を決定。また「北支事変」との呼称も決定。
・7月17日，蔣介石は「最後の関頭に立ったら徹底抗戦する」と宣言。同日三個師団の増派が実行に移される。
・8月13日には上海に戦火が広がる。近衛は蔣介石との直接交渉を試みるが陸軍の反対を恐れて実行せず。非公式・外務省ルートでの交渉が行われるが失敗。
・8月17日の全面戦争への突入決定。9月2日「支那事変」と改称(宣戦布告は行わない)。
［出典］　同前書を基に筆者作成。

## 【095】盧溝橋事件に關する政府声明（1937年8月15日）

　帝國夙ニ東亞永遠ノ平和ヲ冀念シ，日支兩国ノ親善提携ニ力ヲ致セルコト久シキニ及ヘリ。然ルニ南京政府ハ排日抗日ヲ以テ國論昂揚ト政權強化ノ具ニ供シ，自國國力ノ過信ト帝國ノ實力輕視ノ風潮ト相俟チ，更ニ赤化勢力ト苟合シテ反日侮日愈々甚シク以テ帝國ニ敵對セントスルノ氣運ヲ醸成セリ。……顧ミレハ事變發生以來屢々聲明シタル如ク，帝國ハ隠忍ニ隠忍ヲ重ネ事件ノ不擴大ヲ方針トシ，努メテ平和的且局地的ニ處理センコトヲ企圖シ，平津地方ニ於ケル支那軍屢次ノ挑戰及不法行爲ニ對シテモ，我カ支那駐屯軍ハ交通線ノ確保及我カ居留民保護ノ爲眞ニ已ムヲ得サル自衛行動ニ出テタルニ過キス。……此ノ如ク支那側カ帝國ヲ輕侮シ不法暴虐至ラサルナク全支ニ亘ル我カ居留民ノ生命財產危殆ニ陷ルニ及ンテハ，帝國トシテハ最早隠忍其ノ限度ニ達シ，支那軍ノ暴戻ヲ膺懲シ以テ南京政府ノ反省ヲ促ス爲今ヤ斷乎タル措置ヲトルノ已ムナキニ至レリ。

［出典］　外務省編『日本外交年表竝主要文書 1840-1945 下巻』原書房，1965年，369-370頁。

## 【096】日中戦争の展開

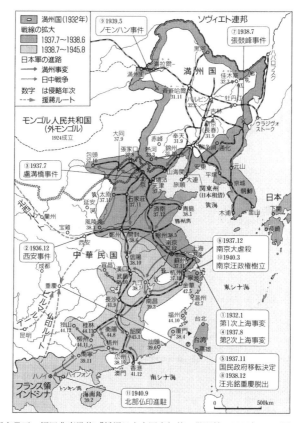

［出典］ 坂本賞三・福田豊彦監修『新編日本史図表』第一学習社，2006年，190頁。

## 【097】近衛文麿「英米本位の平和を排す」（1918年11月3日執筆）

　戦後の世界に民主主義人道主義の思想が益々旺盛となるべきは最早否定すべからざる事実というべく，我国亦世界の中に国する以上此思想の影響を免かるる能わざるは当然の事理に属す。蓋し民主主義と言ひ人道主義と言ひ其基く所は実に人間の平等感にあり。之を国内的に見れば民権自由の論となり，之を国際的に見れば各国平等生存権の主張となる。……民主主義人道主義の傾向を善導して之が発達を期するは我国の為にも吾人の最も希望する事なるが，唯茲に吾人の遺憾に思ふ我国民がとかく英米人の言語に呑まる，傾ありて彼等の言ふ民主主義人道主義の如きをも其儘割引もせず吟味もせずに信仰謳歌する事是なり。（中略）

……吾人は我国近時の論壇が英米政治家の花々しき宣言に魅了せられて，彼等の所謂民主主義人道主義の背後に潜める多くの自覚せざる又は自覚せる利己主義を洞察し得ず，自ら日本人たる立場を忘れて，無条件的無批判的に英米本位の国際聯盟を謳歌し，却つて之を以て正義人道に合すと考えふるが如き趣あるを見て甚だ陋態なりと信じるものなり。吾人は日本人本位に考へざる可からず。日本人本位とは日本人さへよければ他国はどうでもかまはぬと言ふ利己主義に非ず。斯る利己主義は誠に人道の敵にして，戦後の新世界に通用せざる旧思想なり。吾人の日本人本位に考へよとは，日本人の正当なる生存権を確認し，此権利に対し不当不正なる圧迫をなすものある場合には，飽く迄も之と争ふの覚悟なかる可らずと言ふ也。これ取りも直さず正義人道の命ずる所なり。

　[出典]『日本及日本人』（1918年12月15日）。

## 【098】近衛声明と日本の対外関係

| 1937 | 7 | 7 | 盧溝橋事件勃発 |
|---|---|---|---|
| | 8 | 17 | 日中全面戦争開始 |
| | 8 | 21 | 中ソ不可侵条約（翌年にはソ連が本格的な援助開始） |
| | 9 | 22 | 第2次国共合作宣言 |
| | 10 | 5 | 米国大統領「隔離演説」で日本を非難（翌年にはアメリカが援助開始） |
| | 10 | — | ドイツ仲介による和平工作（トラウトマン工作）開始 |
| 1938 | 1 | — | 国民政府の講和条約の打診……参謀本部が交渉継続要求 |
| | | | 近衛内閣が交渉の打ち切りを決定 |
| | 1 | 16 | **第1次近衛声明……「国民政府を相手とせず」** |
| | 4 | 1 | 企画院の立案による国家総動員法成立 |
| | 10 | 12 | 国際連盟との協力関係収支に関する近衛外相請議 |
| | 11 | 3 | **第2次近衛声明……戦争目的は「東亜新秩序の建設」** |
| | | | ……中国の主要都市，鉄道幹線を占領したが，点（都市）と線（鉄道）の維持に精一杯，汪兆銘一派との和平に期待 |
| | 11～12 | | 外相・有田八郎が中国における自由貿易や九ヶ国条約からの離脱に関する談話・発表を行う |
| | | | 援蒋ルート（ビルマルート）開通 |
| | 12 | 18 | 汪兆銘の重慶脱出……1940年，南京政府樹立 |
| | 12 | 22 | **第3次近衛声明……「善隣友好，共同防衛，経済提携」** |
| | | | （近衛三原則） |
| 1939 | 3 | | 蒋介石政権が軍用機や発動機を購入のために1500万ドルを借款（欧米の本格的な中国援助の開始） |

　[出典] 鹿島平和研究所編『日本外交史 別巻3 年表』鹿島研究所出版会，1974年，岩波書店編集部編『近代日本総合年表〔第3版〕』岩波書店，1991年を基に筆者作成。

## 【099】ヨーロッパ情勢とアジア情勢の連動

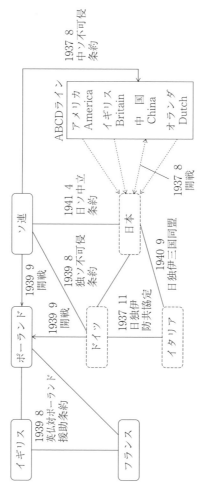

［出典］　外園豊基編『最新日本史図表〔改訂6版〕』第一学習社，2006年，245頁を改変。

## 【100】平沼騏一郎首相の辞職声明（1939年8月28日）

　不肖，曩に大命を拝し，内閣董督の重任に当りて以来，日夜聖旨を奉載して閣僚と協力し，……外交は，建国の皇謨に則り，道義を基礎として世界の平和と文化に寄与するを第一義とし，この方針の下に対欧政策を考慮し，屡次これを闕下に奏聞し来つたのであります。しかるに今回締結せられたる独蘇不可侵条約により，欧州の天地は複雑怪奇なる新情勢を生じましたので，我が方はこれに鑑み，従来準備し来つた政策はこれを打切り，さらに別途の政策樹立を必要とするに至りました。これは明らかに，不肖が屡次奏聞したるところを変更し，ふたたび聖慮を煩わし奉ることとなりましたので，輔弼の重責に顧み，まことに恐懼に堪へませぬ。……なほ国内の体制を整へ，外交の機軸を改め，この非常時局を突破せんとするに当つては，局面を転換し，人心を一新するをもって，刻下の急務と信ずるものであります。

　［出典］　朝日新聞1939年8月29日付夕刊。

## 【101】日独伊三国同盟（1940年9月27日）

第一条　日本國ハ「ドイツ國」及「イタリヤ國」ノ歐州ニオケル新秩序建設ニ關シ，指導的地位ヲ認メ，且ツコレヲ尊重ス。

第二条　「ドイツ國」及「イタリヤ國」ハ，日本國ノ大東亞ニオケル新秩序建設ニ關シ，指導的地位ヲ認メ，且ツコレヲ尊重ス。

第三条　日本國，「ドイツ國」及「イタリヤ國」ハ，前記ノ方針ニ基ツク努力ニ附相互ニ協力スヘキ事ヲ約ス。更ニ三締結國中何レカ一國カ，現ニ歐州戦争又ハ日支紛争ニ參入シ居ラサル一國ニ依リ攻撃セラレタル時ハ，三國ハアラユル政治的經濟的及軍事的方法ニ依リ相互ニ援助スヘキ事ヲ約ス。

＊下線部に関し，自動参戦義務が同盟国にあるかどうか（アメリカとの戦争を想定）が交渉の最大の問題となり，実勢には曖昧にされた。

　［出典］　外務省編『日本外交年表竝主要文書 1840-1945 下巻』原書房，1965年，459-462頁。

## 【102】戦時体制の進展

| 年 | 月 | 政治事項 | 月 | 経済事項 |
|---|---|---|---|---|
| 1937 | 7 | 盧溝橋事件（日中戦争始まる） | 9 | 臨時資金調整法・輸出入品等臨時措置法公布（統制経済へ） |
|  |  |  | 10 | 企画院設置 |
| 1938 | 4 | 国家総動員法公布 | 4 | 電力管理法公布（電力の国家管理） |
| 1939 | 7 | 国民徴用令公布 | 10 | 価格等統制令公布 |
| 1940 | 6 | 新体制運動開始 |  |  |
|  | 10 | 大政翼賛会発足 | 10 | 米穀管理規則公布（町村別割当供出制の実施） |
|  | 11 | 大日本産業報国会結成 |  |  |
| 1941 | 12 | アジア太平洋戦争始まる |  |  |
| 1942 | 4 | 翼賛選挙実施 | 2 | 食糧管理法公布（米穀の国家管理） |
|  | 5 | 翼賛政治会発足 |  |  |
| 1943 | 10 | 文系学生・生徒の徴兵猶予停止 | 6 | 工場就業時間制限令廃止 |
|  | 12 | 学徒出陣 | 11 | 軍需省設置 |
| 1944 | 10 | 徴兵年齢を17歳に引き下げ | 10 | 松根油緊急増産対策設置要綱決定（ガソリンの代用品増産） |

［出典］　岩波書店編集部編『近代日本総合年表〔第3版〕』岩波書店，1991年より筆者作成。

## 【103】内閣強化の動き

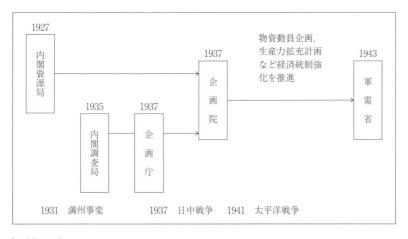

［出典］　同前。

7　帝国の終焉　87

## (3) 帝国の消滅

【解　題】

　昭和の日本の歩みをふりかえると，満州事変が日本の政治外交の転機であり，日中戦争とその後の対外政策が，日英米開戦を導いた大きな要因であったと言える。
　ではなぜ，偶発的におきた日中両軍の小競り合いが，両国の全面戦争に拡大したのか。また，1941年12月の真珠湾攻撃が世界規模の戦争を導いたのか（ドイツはアメリカに宣戦布告する義務はなかった）。そもそも，国力差が数倍もあるアメリカに，日本はどうして攻撃を仕掛けたのだろうか【104】。
　終戦間際，近衛は満州事変以降の歴史は共産主義者たちが敗北必定の対米戦争へ日本を導いた陰謀であったと天皇に上奏した。こうした陰謀論が説得力をもつような政治の混乱が1930年代からの日本の特徴であった【105】。
　こうした陰謀論から離れて考えてみれば，日本と中国が開戦に踏み切った大きな理由は，それまでに積み重ねられた両国の相互不信をあげるべきであろう。日本が対米開戦に踏み切った理由にも同じ要素を指摘できる。また，巨大な経済力を誇るアメリカの経済封鎖が日本を精神的に追い込んだこともしばしば指摘される【106】。
　昭和期に限ってみれば，満州事変以後，アジアからの欧米勢力の排斥を目指す日本と，世界規模での自由貿易を目指すアメリカの秩序観の相違や相互の国際正義をめぐる考え方の相違を，大きな理由としてあげるべきだろう。開戦直前の日米交渉も，そうした距離を縮めることはできなかった【107】。開戦の詔勅には以上述べてきたような論点に関する日本側の認識がよく描かれている【108】。
　1941年12月に始まった戦争を，日本は4年弱も戦い通した。当初の戦績はめざましかった。しかし，1942年末には戦局が悪化，1944年には勝つ見込みはまるでなくなっていた。ヨーロッパでも枢軸の劣勢は明らかだった【109】【110】。戦争末期には，「戦後」を見通す試みがなされた。1943年11月に開催された大東亜会議とそこで採択された大東亜共同宣言は，日本がアジア諸国との平等や自由貿易の確立を目指していた証拠として，注目を浴びているものの1つである【111】。しかし，1945年9月2日，降伏文書を受諾し，カイロ宣言・ポツダム宣言の定める条項を受諾した日本には【112】【113】，戦後世界で日本がどのように生き延びることができるのか見通すことができなかった。降伏文書調印式におけるマッカーサーの演説は，世界が自由，寛容，正義の完成をめざして日本のような敗者とともに新しい世界を築きあげるのかまで，断言してはいなかった【114】。確かなのは，この時，東京湾上のミズーリ号上で，第二次世界大戦が——アジアでは早ければ1931年に，遅くとも1937年には始まっていた戦争が——，終わりを告げたことだけだったのである。

## 【104】アメリカの対日経済制裁と国力差

### 1　アメリカの対日経済制裁年表

| | | |
|---|---|---|
| 1937 | 7 | 日中戦争勃発 |
| 1937 | 10 5 | 米国大統領「隔離演説」で日本を非難 |
| 1939 | 3 | 蒋介石政権が軍用機や発動機を購入のためにアメリカから1500万ドルを，イギリスから1000万ポンドを借款 |
| 1939 | 6 | 天津租界事件 |
| 1939 | 7 | 日米通商航海条約破棄を通告 |
| 1939 | 12 | モラル・エンバーゴ（道義的輸出禁止）として，航空機ガソリン製造設備，製造技術の関する権利の輸出を停止 |
| 1940 | 1 | 錫，屑鉄の対日輸出額を前年度の半分にすると通告 |
| 1940 | 1 | 日米通商航海条約失効 |
| 1940 | 7 | 北部仏印進駐 |
| 1940 | 7 | 国防強化促進法成立（大統領の輸出品目選定権限），航空機用ガソリンの東半球への輸出禁止，鉄と日本への鉄鋼輸出切削油輸出管理法 |
| 1940 | 8 | 石油製品（主にオクタン価87以上の航空用燃料），航空ガソリン添加用四エチル鉛，鉄・屑鉄の輸出許可制 |
| 1940 | 8 | 航空機用燃料の西半球以外への全面禁輸 |
| 1940 | 9 25 | 蒋介石政権に2500万ドルの借款 |
| 1940 | 9 26 | 屑鉄の輸出を全面禁止 |
| 1940 | 9 27 | 日独伊三国同盟成立 |
| 1940 | 11 | 米大統領が蒋介石政権に更に5000万ドルの追加借款 |
| 1940 | 12 | 米国が蒋介石政権に1億ドルの借款供与 |
| 1940 | 12 | 英国が蒋介石政権に100万ポンドの借款供与 |
| 1940 | 12 | 航空機潤滑油製造装置ほか15品目の輸出許可制 |
| 1941 | 6 | 石油の輸出許可制 |
| 1941 | 7 | 南部仏印進駐 |
| 1941 | 7 | 日本の在米資産凍結令 |
| 1941 | 8 | 石油の対日全面禁輸 |

［出典］日置英剛編『年表太平洋戦争全史』図書刊行会，2005年，土井泰彦『対日経済戦争1939-1941』中央公論事業出版，2002年を基に筆者作成。

## 2　日米国力差

| ①日本の資源を1とした場合のアメリカの資源量 | | | | | |
|---|---|---|---|---|---|
| | 1929 | 1933 | 1938 | 1941 | 1944 |
| 石炭 | 16.1 | 10.5 | 7.2 | 9.3 | 13.8 |
| 石油 | 501.2 | 468 | 485.9 | 527.9 | 956.3 |
| 鉄鉱石 | 416.8 | 55.6 | 37.5 | 74 | 26.5 |
| 銑鉄 | 38.9 | 9.2 | 7.3 | 11.9 | 15.9 |
| 鋼塊 | 25 | 7.4 | 4.5 | 12.1 | 13.8 |
| 銅 | 12.4 | 3.1 | 5.3 | 10.7 | 11.3 |
| 亜鉛 | 26 | 9.5 | 7.5 | 11.7 | 9.5 |
| 鉛 | 208 | 37.9 | 31.3 | 27.4 | 11.6 |
| アルミニウム | ― | ― | 8.7 | 5.6 | 6.3 |
| ②日米の航空機生産量（単位　機） | | | | | |
| | 1941 | 1942 | 1943 | 1944 | 1945 |
| 日本の航空機生産 | 5088 | 8861 | 16693 | 28180 | 11066 |
| アメリカの航空機生産 | 19433 | 49445 | 92196 | 100725 | ― |
| ③日米の艦船生産量（単位　隻） | | | | | |
| | 1941 | 1942 | 1943 | 1944 | 1945 |
| 日本の艦船生産 | 385 | 403 | 524 | 538 | 459 |
| アメリカの艦船生産 | 341 | 458 | 647 | 828 | 918 |

［出典］　坂本賞三・福田豊彦監修『新編日本史図表』第一学習社，2006年，193頁。

## 【105】近衛上奏文

　敗戦は遺憾ながら最早必至なりと存候……敗戦は我国体の瑕瑾たるべきも，……敗戦だけならば，国体上はさまで憂うる要なしと存候。　国体護持の立前より最も憂うべきは，敗戦よりも，敗戦に伴うて起ることあるべき共産革命に候。

　つらつら思うに我国内外の情勢は，今や共産革命に向って急速に進行しつつありと存候。即ち国外に於ては，ソ連の異常なる進出に御座候。……かくの如き形勢より推して考うるに，ソ連はやがて日本の内政に，干渉し来る危険十分ありと存ぜられ候。(即ち共産党公認，ドゴール政府，バドリオ政府に要求せし如く，共産主義者の入閣，治安維持法及び，防共協定の廃止等々)

　翻って国内を見るに，共産革命達成のあらゆる条件，日々具備せられ行く観有之候。即ち生活の窮乏，労働者発言権の増大，英米に対する敵愾心昂揚の反面たる親ソ気分，軍部内一味の革新運動，これに便乗する所謂新官僚の運動，及びこれを背後より操りつつある左翼分子の暗躍等に御座候。

　右の内特に憂慮すべきは，軍部内一味の革新運動に有之候。少壮軍人の多数は，我国体と共産主義は両立するものなりと信じ居るものの如く，軍部内革新論の基調も亦ここにありと存候。皇族方の中にも，此の主張に耳を傾けられるる方あり，と仄聞いたし候。
(中略)

　抑々満洲事変，支那事変を起し，これを拡大して遂に大東亜戦争にまで導き来れるは，これら軍部内の意識的計画なりしこと，今や明瞭なりと存候。満洲事変当時，彼等が事変の目的は国内革新にありと公言せるは，有名なる事実に御座候。支那事変当時も，「事変永引くがよろしく，事変解決せば国内革新はできなくなる」と公言せしは，此の一味の中心的人物に御座候。

　これら軍部内一部の者の革新論の狙いは，必ずしも，共産革命に非ずとするも，これを取巻く一部官僚及び民間有志(之を右翼というも可，左翼というも可なり，所謂右翼は国体の衣を着けたる共産主義者なり)は，意識的に共産革命にまで引ずらんとする意図を包蔵しおり，無智単純なる軍人，これに躍らされたりと見て大過なしと存候。
(中略)

　昨今戦局の危急を告ぐると共に，一億玉砕を叫ぶ声，次第に勢を加えつつありと存候。かかる主張をなす者は所謂右翼者流なるも，背後よりこれを煽動しつつあるは，これによりて国内を混乱に陥れ，遂に革命の目釣を達せんとする共産分子なりと睨み居候。一方に於て徹底的米英撃滅を唱うる反面，親ソ的空気は次第に濃厚になりつつある様に御座候。

　[出典]　木戸日記研究会編『木戸幸一関係文書』東京大学出版会，1966年，495-498頁。

## 【106】経済封鎖への日本の反応

杉山メモ（1940年9月6日）

　茲に於きまして帝国の国力の物的弾力性は、一に帝国自体の生産力と皇軍の威力下にありまする満州、支那、仏印、泰の生産力に依るの外、予ねて蓄積せる重要物質に存することとなったのであります。従ひまして、今日の如き英米の全面的経済断交状態に於きましては、帝国の国力は日一日と其の弾撥力を弱化してくることとなるのであります。最も重要なる関係に在ります液体燃料に就きましては、民需方面にありまして極度の戦時規制を致しましても、明年六、七月頃には貯蔵が皆無となる様な情況であります。夫れでありますから、<u>左右を決しまして確乎たる経済的基礎を確立安定致すことが、帝国の自存上絶対に必要と存ずる</u>のであります。

〔出典〕『杉山メモ〔普及版〕下』原書房、2005年、189頁。

## 【107】日米交渉年表

1　背景

| 内閣 | 年代 | | おもなできごと |
|---|---|---|---|
| 近衛文麿<br>（第1次） | 1937 | 7 | 盧溝橋事件（日中戦争始まる） |
| | | 8 | 第2次上海事変 |
| | | 9 | 第2次国共合作 |
| | | 11 | 日独伊三国防共協定調印 |
| | | 12 | 日本軍、南京を占領（南京大虐殺） |
| | 1938 | 1 | 第1次近衛声明（「国民政府を相手とせず」） |
| | | 7 | 張鼓峰事件 |
| | | 10 | 日本軍が広東・武漢三鎮を占領 |
| | | 11 | 第2次近衛声明（東亜新秩序建設） |
| | | 12 | 第3次近衛声明（善隣友好など日中国交調整についての三原則） |
| 平沼騏一郎 | 1939 | 5 | ノモンハン事件 |
| | | 7 | 国民徴用令公布 |
| | | | 米、日本通商航海条約破棄を通告 |
| | | 8 | 独ソ不可侵条約に「欧州の天地は複雑怪奇」と声明、総辞職 |
| 阿部信行 | 1939 | 9 | 第二次世界大戦始まる |
| | | 10 | 価格等統制令公布 |
| | 1940 | 1 | 陸軍の支持を失い、総辞職 |
| 米内光政 | 1940 | 2 | 斎藤隆夫、反軍演説 |
| | | 3 | 汪兆銘、南京に親日政権を樹立 |
| | | 7 | 畑俊六陸相、単独辞任。後任陸相推薦得られず、総辞職 |
| 近衛文麿<br>（第2次） | 1940 | 9 | 日本軍、北部仏印に侵攻 |
| | | | 日独伊三国同盟成立 |
| | | 10 | 大政翼賛会発足 |
| | | 11 | 汪兆銘政権と日華基本条約に調印 |
| | 1941 | 4 | 日ソ中立条約調印 |
| | | | 日米交渉開始（大使　野村吉三郎） |
| | | 7 | 松岡外相更迭の目的で総辞職 |

92　Ⅰ　戦前編

2 日米交渉

1941年7月18日　第3次近衛内閣成立

7月28日　南部仏印進駐（6月25日決定）

---
＊アメリカの対抗措置

7月25日　在米日本資産を凍結

8月1日　対日石油禁輸措置

---

9月6日　御前会議　帝国国際遂行要領

　10月上旬までに日米交渉が不調の場合，対米開戦を決定

---
＊アメリカの要求

10月2日　コーデル＝ハル国務長官の4原則の確認と仏印・中国からの撤兵覚書を手交

---
＊国内で激論

近衛首相　交渉継続

東條陸相　交渉打ち切り

---

10月16日　近衛内閣内不一致で総辞職

10月18日　東条英機内閣成立　天皇の意向で交渉継続

11月5日　御前会議

　・対米交渉　甲案と乙案を決定

| 甲案 | 1．排他的通商は行わない<br>2．三国同盟の自衛権は拡大解釈しない<br>3．北支と内蒙古の撤廃は協定成立後2年以内に行う<br>4．仏印からの撤兵は日中戦争解決後即時に行う |
|---|---|
| 乙案 | 1．日米両国は，東南アジアや南太平洋への進出はしない<br>2．日米両国は，蘭印の戦略物資獲得を保証する<br>3．日米両国は，通商関係を資産凍結前の状態に戻す。石油輸出も再開する<br>4．アメリカは日中関係には介入しない |

　・来栖三郎特使の派遣決定（野村吉三郎駐米大使の交渉力を補強するため）

　・12月上旬の開戦を決定

11月7日　野村大使が甲案を提示

11月20日　野村・来栖両大使が乙案を提示

11月26日　ハル国務長官の覚書（ハル＝ノート）提示

　ハル＝ノート

1．日米英ソ蘭中タイの相互不可侵条約
2．日米英ソ蘭中タイの仏印不可侵条約，貿易・通商の自由協定
3．中国・仏印からの日本軍撤退
4．重慶の中華民国国民政府以外の中国政府・政権を認めない
5．中国における治外法権や租界の放棄
6．日米間の新通商条約締結

7．日米両国の資産凍結解除
8．三国同盟の実質的無効化

11月27日　大本営政府連絡会議でハルノートを審議。アメリカの最後通牒と結論
12月1日　御前会議（対英米開戦を決定）
12月8日　対英米戦の開始
・日本軍，マレー半島コタバル上陸（日本時間午前1時30分　マレー時間午前3時30分　山下奉文第25軍司令官指揮下の）→アメリカへの対米宣戦通告に明記されている時間以前に戦闘開始。12月10日にはマレー沖海戦でイギリスの主力艦「プリンス＝オヴ＝ウェールズ」と「レパルス」を海軍航空隊が撃沈した。
・ハワイ攻撃（日本時間午前2時19分　ハワイ時間12月7日（日）午前8時19分，択捉島を出撃した南雲忠一中将指揮下の機動部隊）→開戦通告は，この40分後となった。
　同日オアフ島沖の太平洋艦隊の戦艦9隻のうち，5隻が沈没，2隻が大破。空母3隻は出動中であった。

［出典］　詳説日本史図録編集委員会編『山川詳説日本史図録〔第6版〕』山川出版社，2013年，276頁。

## 【108】開戦の詔勅

……抑々東亞ノ安定ヲ確保シ以テ世界ノ平和ニ寄與スルハ丕顯ナル皇祖考丕承ナル皇考ノ作述セル遠猷ニシテ……而シテ列國トノ交誼ヲ篤クシ萬邦共榮ノ樂ヲ偕ニスルハ之亦帝國カ常ニ國交ノ要義ト爲ス所ナリ（後略）

中華民國政府曩ニ帝國ノ眞意ヲ解セス濫ニ事ヲ構ヘテ東亞ノ平和ヲ攪亂シ遂ニ帝國ヲシテ干戈ヲ執ルニ至ラシメ玆ニ四年有餘ヲ經タリ幸ニ國民政府更新スルアリ帝國ハ之ト善隣ノ誼ヲ結ヒ相提攜スルニ至レルモ重慶ニ殘存スル政權ハ米英ノ庇蔭ヲ恃ミテ兄弟尙未タ牆ニ相鬩クヲ悛メス米英兩國ハ殘存政權ヲ支援シテ東亞ノ禍亂ヲ助長シ平和ノ美名ニ匿レテ東洋制覇ノ非望ヲ逞ウセムトス剰ヘ與國ヲ誘ヒ帝國ノ周邊ニ於テ武備ヲ増強シテ我ニ挑戰シ更ニ帝國的平和ノ通商ニ有ラユル妨害ヲ與ヘ遂ニ經濟斷交ヲ敢テシ帝國ノ生存ニ重大ナル脅威ヲ加フ朕ハ政府ヲシテ事態ヲ平和ノ裡ニ囘復セシメムトシ隱忍久シキニ彌リタルモ彼ハ毫モ交讓ノ精神ナク徒ニ時局ノ解決ヲ遷延セシメテ此ノ間却ツテ益々經濟上軍事上ノ脅威ヲ増大シ以テ我ヲ屈從セシメムトス斯ノ如クニシテ推移セムカ東亞安定ニ關スル帝國積年ノ努力ハ悉ク水泡ニ歸シ帝國ノ存立亦正ニ危殆ニ瀕セリ事既ニ此ニ至ル帝國ハ今ヤ自存自衞ノ爲蹶然起ツテ一切ノ障礙ヲ破碎スルノ外ナキナリ（後略）

［出典］　データベース「世界と日本」（東京大学東洋文化研究所田中明彦研究室ウェブサイト）。

## 【109】 大東亜戦争

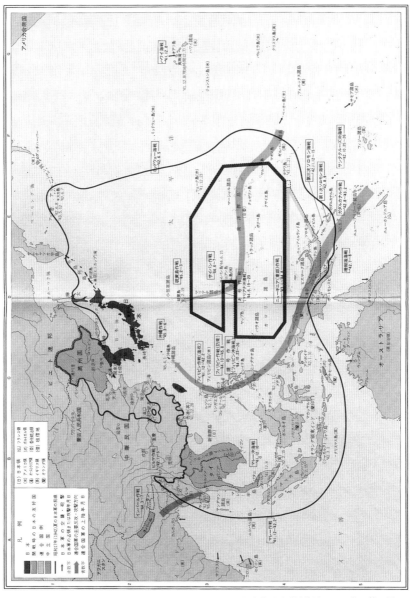

[出典] 鹿島平和研究所編『日本外交史 別巻4 地図』鹿島研究所出版会, 1974年, 第28図。

## 【110】ヨーロッパの戦争（1942–45年）

1943　2　スターリングラードでドイツ軍降伏
1943　9　イタリア降伏
1944　6　連合軍ノルマンディー上陸作戦
1945　5　ドイツが連合軍に無条件降伏

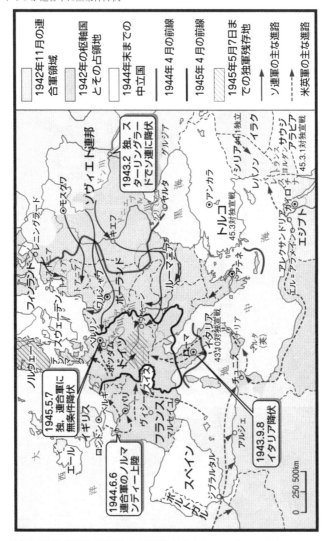

［出典］　浜島書店編集部編著『新詳世界史図説』浜島書店，2007年，205頁。

## 【111】 大東亜共同宣言 （1943年11月6日）

　抑ミ世界各國ガ各其ノ所ヲ得相倚リ相扶ケテ萬邦共榮ノ樂ヲ偕ニスルハ世界平和確立ノ根本要義ナリ

　然ルニ米英ハ自國ノ繁榮ノ爲ニハ他國家他民族ヲ抑壓シ特ニ大東亞ニ對シテハ飽クナキ侵略搾取ヲ行ヒ大東亞隷屬化ノ野望ヲ逞ウシ遂ニハ大東亞ノ安定ヲ根柢ヨリ覆サントセリ大東亞戰爭ノ原因茲ニ存ス

　大東亞各國ハ相提携シテ大東亞戰爭ヲ完遂シ大東亞ヲ米英ノ桎梏ヨリ解放シテ其ノ自存自衞ヲ全ウシ左ノ綱領ニ基キ大東亞ヲ建設シ以テ世界平和確立ニ寄與セントコヲ期ス

一，大東亞各國ハ協同シテ大東亞ノ安定ヲ確保シ道義ニ基ク共存共榮ノ秩序ヲ建設ス
一，大東亞各國ハ相互ニ自主獨立ヲ尊重シ互助敦睦ノ實ヲ擧ゲ大東亞ノ親和ヲ確立ス
一，大東亞各國ハ相互ニ其ノ傳統ヲ尊重シ各民族ノ創造性ヲ伸暢シ大東亞ノ文化ヲ昂揚ス
一，大東亞各國ハ互惠ノ下緊密ニ提携シ其ノ經濟發展ヲ圖リ大東亞ノ繁榮ヲ增進ス
一，大東亞各國ハ萬邦トノ交誼ヲ篤ウシ人種ノ差別ヲ撤廢シ普ク文化ヲ交流シ進ンデ資源ヲ開放シ以テ世界ノ進運ニ貢獻ス

　［出典］　データベース「世界と日本」（東京大学東洋文化研究所田中明彦研究室ウェブサイト）。

## 【112】 カイロ宣言 （1943年11月27日）

　三大同盟国ハ海路陸路及空路ニ依リ其ノ野蛮ナル敵国ニ対シ仮借ナキ弾圧ヲ加フルノ決意ヲ表明セリ右弾圧ハ既ニ増大シツツアリ

　三大同盟国ハ日本国ノ侵略ヲ制止シ且之ヲ罰スル為今次ノ戦争ヲ為シツツアルモノナリ右同盟国ハ自国ノ為ニ何等ノ利得ヲモ欲求スルモノニ非ス又領土拡張ノ何等ノ念ヲモ有スルモノニ非ス

　右同盟国ノ目的ハ日本国ヨリ千九百十四年ノ第一次世界戦争ノ開始以後ニ於テ日本国カ奪取シ又ハ占領シタル太平洋ニ於ケル一切ノ島嶼ヲ剝奪スルコト並ニ満洲，台湾及澎湖島ノ如キ日本国カ清国人ヨリ盗取シタル一切ノ地域ヲ中華民国ニ返還スルコトニ在リ

　日本国ハ又暴力及貧慾ニ依リ日本国ノ略取シタル他ノ一切ノ地域ヨリ駆逐セラルヘシ

　前記三大国ハ朝鮮ノ人民ノ奴隷状態ニ留意シ軈テ朝鮮ヲ自由且独立ノモノタラシムルノ決意ヲ有ス

　右ノ目的ヲ以テ右三同盟国ハ同盟諸国中日本国ト交戦中ナル諸国ト協調シ日本国ノ無条件降伏ヲ齎スニ必要ナル重大且長期ノ行動ヲ続行スヘシ

　［出典］　データベース「世界と日本」（東京大学東洋文化研究所田中明彦研究室ウェブサイト）。

## 【113】 ポツダム宣言 (1945年7月26日)

一, 吾等合衆国大統領, 中華民国政府主席及「グレート・ブリテン」国総理大臣ハ吾等ノ数億ノ国民ヲ代表シ協議ノ上日本国ニ対シ今次ノ戦争ヲ終結スルノ機会ヲ与フルコトニ意見一致セリ

二, 合衆国, 英帝国及中華民国ノ巨大ナル陸, 海, 空軍ハ西方ヨリ自国ノ陸軍及空軍ニ依リ数倍ノ増強ヲ受ケ日本国ニ対シ最後ノ打撃ヲ加フルノ態勢ヲ整ヘタリ右軍事力ハ日本国カ抵抗ヲ終止スルニ至ル迄同国ニ対シ戦争ヲ遂行スルノ一切ノ連合国ノ決意ニ依リ支持セラレ且鼓舞セラレ居ルモノナリ

三, 蹶起セル世界ノ自由ナル人民ノ力ニ対スル「ドイツ」国ノ無益且無意義ナル抵抗ノ結果ハ日本国国民ニ対スル先例ヲ極メテ明白ニ示スモノナリ現在日本国ニ対シ集結シツツアル力ハ抵抗スル「ナチス」ニ対シ適用セラレタル場合ニ於テ全「ドイツ」国人民ノ土地, 産業及生活様式ヲ必然的ニ荒廃ニ帰セシメタル力ニ比シ測リ知レサル程更ニ強大ナルモノナリ吾等ノ決意ニ支持セラルル吾等ノ軍事力ノ最高度ノ使用ハ日本国軍隊ノ不可避且完全ナル壊滅ヲ意味スヘク又同様必然的ニ日本国本土ノ完全ナル破壊ヲ意味スヘシ

四, 無分別ナル打算ニ依リ日本帝国ヲ滅亡ノ淵ニ陥レタル我儘ナル軍国主義的助言者ニ依リ日本国カ引続キ統御セラルヘキカ又ハ理性ノ経路ヲ日本国カ履ムヘキカヲ日本国カ決意スヘキ時期ハ到来セリ

(中略)

六, 吾等ハ無責任ナル軍国主義カ世界ヨリ駆逐セラルルニ至ル迄ハ平和, 安全及正義ノ新秩序カ生シ得サルコトヲ主張スルモノナルヲ以テ日本国国民ヲ欺瞞シ之ヲシテ世界征服ノ挙ニ出ツルノ過誤ヲ犯サシメタル者ノ権力及勢力ハ永久ニ除去セラレサルヘカラス

七, 右ノ如キ新秩序カ建設セラレ且日本国ノ戦争遂行能力カ破砕セラレタルコトノ確証アルニ至ルマテハ聯合国ノ指定スヘキ日本国領域内ノ諸地点ハ吾等カ茲ニ指示スル基本的目的ノ達成ヲ確保スルタメ占領セラルヘシ

八, 「カイロ」宣言ノ条項ハ履行セラルヘク又日本国ノ主権ハ本州, 北海道, 九州及四国並ニ吾等ノ決定スル諸小島ニ局限セラルヘシ

九, 日本国軍隊ハ完全ニ武装ヲ解除セラレタル後各自ノ家庭ニ復帰シ平和的且生産的ノ生活ヲ営ムノ機会ヲ得シメラルヘシ

十, 吾等ハ日本人ヲ民族トシテ奴隷化セントシ又ハ国民トシテ滅亡セシメントスルノ意図ヲ有スルモノニ非サルモ吾等ノ俘虜ヲ虐待セル者ヲ含ム一切ノ戦争犯罪人ニ対シテハ厳重ナル処罰加ヘラルヘシ日本国政府ハ日本国国民ノ間ニ於ケル民主主義的傾向ノ復活強化ニ対スル一切ノ障礙ヲ除去スヘシ言論, 宗教及思想ノ自由並ニ基本的人権ノ尊重ハ確立セラルヘシ

十一, 日本国ハ其ノ経済ヲ支持シ且公正ナル実物賠償ノ取立ヲ可能ナラシムルカ如キ産

業ヲ維持スルコトヲ許サルヘシ但シ日本国ヲシテ戦争ノ為再軍備ヲ為スコトヲ得シムルカ如キ産業ハ此ノ限ニ在ラス右目的ノ為原料ノ入手（其ノ支配トハ之ヲ区別ス）ヲ許可サルヘシ日本国ハ将来世界貿易関係ヘノ参加ヲ許サルヘシ

十二，前記諸目的カ達成セラレ且日本国国民ノ自由ニ表明セル意思ニ従ヒ平和的傾向ヲ有シ且責任アル政府カ樹立セラルルニ於テハ聯合国ノ占領軍ハ直ニ日本国ヨリ撤収セラルヘシ

十三，吾等ハ日本国政府カ直ニ全日本国軍隊ノ無条件降伏ヲ宣言シ且右行動ニ於ケル同政府ノ誠意ニ付適当且充分ナル保障ヲ提供センコトヲ同政府ニ対シ要求ス右以外ノ日本国ノ選択ハ迅速且完全ナル壊滅アルノミトス

　［出典］　同前。

## 【114】ミズーリ号上でのマッカーサーの演説（1945年9月2日）

We are gathered here, representatives of the major warring powers, to conclude a solemn agreement whereby peace may be restored. The issues, involving divergent ideals and ideologies, have been determined on the battle fields of the world and hence are not for our discussion or debate. Nor is it for us here to meet, representing as we do a majority of the people of the earth, in a spirit of distrust, malice or hatred. But rather it is for us, both victors and vanquished, to rise to that higher dignity which alone befits the sacred purposes we are about to serve, committing all our people unreservedly to faithful compliance with the obligation they are here formally to assume. It is my earnest hope and indeed the hope of all mankind that from this solemn occasion a better world shall emerge out of the blood and carnage of the past－a world founded upon faith and understanding－a world dedicated to the dignity of man and the fulfillment of his most cherished wish－for freedom, tolerance and justice.（中略）

仮訳

　われわれ主要交戦国の代表は平和を回復する厳粛な協定を締結するため、ここに集った。種々の理想と思想にかかわる争点は、既に世界各地の戦場で決着がついている。もはやわれわれが討議すべきものではない。また地球上の大多数を代表するわれわれは、不信や悪意や憎悪を抱いてここに集ったわけではない。勝者か敗者かにかかわらず、われわれはより高い尊厳をめざして立ち上がらねばならない。それはわれわれがこれから追求しようとしている神聖な目的にふさわしいものである。われわれは、我々の代表する国のすべての国民がこの責務を忠実に課すべきことを誓おう。

　この厳粛な式から、流血と虐殺の過去から解き放たれたよりよい世界、信頼と理解の上に立つ世界、人間の尊厳と人間の最も渇望している自由、寛容、正義の完成をめざす世界が生れてくることを私は心から希望している。それはまさに全人類の希望なのである。

［出典］「映像で見る占領期の日本」（京都大学文学部永井和ホームページ）、毎日新聞1945年9月3日付より筆者作成。

# II
## 戦後編

# 1　敗戦と占領

【解　題】

　1945年8月15日の敗戦，9月2日の降伏後【115】，日本は連合国による軍事占領を受けることとなる。これは，形式上は11ヶ国から構成される極東委員会の共同統治の形をとったが，実質的にはアメリカの単独占領であり，アメリカの方針が連合国の方針となった【116】。アメリカはマッカーサーを最高司令官とするGHQ（連合国軍総司令官総司令部）を東京に置き，日本政府を通じて間接統治を行った。

　占領初期におけるアメリカの対日占領政策の方針は，日本が2度とアメリカおよび世界の脅威とならないようにするための「非軍事化」と「民主化」であった【117】。この方針に沿って，軍隊の解体，財閥解体，農地改革，憲法改正といった一連の占領改革が実施された。また，天皇制は維持された。

　憲法改正については，マッカーサーおよびGHQの草案をもとに日本国憲法が1946年11月に制定された【118】【119】。日本国憲法では前文で国民主権が，9条で戦争放棄と戦力の不保持，交戦権の否認が謳われているが【120】，ここにはアメリカによる日本の非軍事化という側面とともに第一次世界大戦以後の「戦争違法化」の流れも見てとれよう。

　ところで，日本国憲法が制定された1946年前後，まだ冷戦ははっきりとは始まっておらず，非武装を謳った日本国憲法は，冷戦以前のいわば平和的な国際環境を前提としていた。しかし，皮肉にもその後，ヨーロッパで冷戦が始まり，平和的な国際環境は失われていく。第二次世界大戦末期から，ポーランドの処遇などをめぐって米英とソ連の関係はぎくしゃくし始めており，さらにソ連はルーマニア，ブルガリアといった東欧諸国に共産主義政権を打ち立てる。そうした中，アメリカの外交官ケナンは，ソ連の膨張主義的な動きに対して対抗する「封じ込め政策」を提唱した【121】。「封じ込め政策」はアメリカの実際の外交に取り入れられ，1947年3月，トルーマン・アメリカ大統領は議会で共産主義に対抗するためにギリシアとトルコに軍事援助を行うことを宣言した【122】。この「トルーマン・ドクトリン」は，いわば冷戦の公式の開戦宣言であった。

　このように1947年頃からヨーロッパで冷戦が始まるにつれて，アメリカの対日占領政策も転換を見せる。アメリカは，日本の非軍事化，民主化を徹底するよりもむしろ非懲罰的な講和，軍事基地の保持，警察力の強化，経済復興等を重要視するようになる【123】。こうして平和的な国際環境を前提とした「平和国家」日本の創造は，冷戦の開始にともなって，「反共の防波堤」日本の育成に転換していったのであった。

## 【115】 降伏文書 (1945年9月2日)

　下名ハ茲ニ合衆国，中華民国及「グレート，ブリテン」国ノ政府ノ首班ガ千九百四十五年七月二十六日「ポツダム」ニ於テ発シ後ニ「ソヴィエト」社会主義共和国聯邦ガ参加シタル宣言ノ条項ヲ日本国天皇，日本国政府及日本帝国大本営ノ命ニ依リ且之ニ代リ受諾ス右四国ハ以下之ヲ聯合国ト称ス

　下名ハ茲ニ日本帝国大本営並ニ何レノ位置ニ在ルヲ問ハズ一切ノ日本国軍隊及日本国ノ支配下ニ在ル一切ノ軍隊ノ聯合国ニ対スル無条件降伏ヲ布告ス

　下名ハ茲ニ何レノ位置ニ在ルヲ問ハズ一切ノ日本国軍隊及日本国臣民ニ対シ敵対行為ヲ直ニ終止スルコト，一切ノ船舶，航空機並ニ軍用及非軍用財産ヲ保存シ之ガ毀損ヲ防止スルコト及聯合国最高司令官又ハ其ノ指示ニ基キ日本国政府ノ諸機関ノ課スベキ一切ノ要求ニ応ズルコトヲ命ズ

　下名ハ茲ニ日本帝国大本営ガ何レノ位置ニ在ルヲ問ハズ一切ノ日本国軍隊及日本国ノ支配下ニ在ル一切ノ軍隊ノ指揮官ニ対シ自身及其ノ支配下ニ在ル一切ノ軍隊ガ無条件ニ降伏スベキ旨ノ命令ヲ直ニ発スルコトヲ命ズ

（中略）

　下名ハ茲ニ「ポツダム」宣言ノ条項ヲ誠実ニ履行スルコト並ニ右宣言ヲ実施スル為聯合国最高司令官又ハ其ノ他特定ノ聯合国代表者ガ要求スルコトアルベキ一切ノ命令ヲ発シ且斯ル一切ノ措置ヲ執ルコトヲ天皇，日本国政府及其ノ後継者ノ為ニ約ス

（中略）

　天皇及日本国政府ノ国家統治ノ権限ハ本降伏条項ヲ実施スル為適当ト認ムル措置ヲ執ル聯合国最高司令官ノ制限ノ下ニ置カルルモノトス

（以下略）

　［出典］　データベース「世界と日本」（東京大学東洋文化研究所田中明彦研究室ウェブサイト）。

## 【116】日本管理に関する命令系統

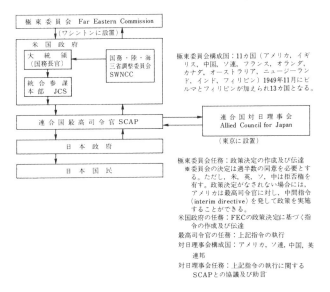

［出典］ 細谷千博・丸山直起編『国際政治ハンドブック——解説と資料〔増補改訂版〕』有信堂高文社，1991年，17頁。

## 【117】降伏後ニ於ケル米国ノ初期ノ対日方針（1945年9月6日）

本文書ノ目的

本文書ハ降伏後ノ日本国ニ対スル初期ノ全般的政策ニ関スル声明ナリ本文書ハ大統領ノ承認ヲ経タルモノニシテ聯合国最高司令官及米国関係各省及機関ニ対シ指針トシテ配布セラレタリ本文書ハ日本国占領ニ関スル諸問題中政策決定ヲ必要トスル一切ノ事項ヲ取扱ヒ居ルモノニ非ズ本文書ニ含マレズ又ハ充分尽サレ居ラザル事項ハ既ニ別個ニ取扱ハレ又ハ将来別個ニ取扱ハルベシ

第一部　究極ノ目的

日本国ニ関スル米国ノ究極ノ目的ニシテ初期ニ於ケル政策ガ従フベキモノ左ノ如シ

(イ)　日本国ガ再ビ米国ノ脅威トナリ又ハ世界ノ平和及安全ノ脅威トナラザルコトヲ確実ニスルコト

(ロ)　他国家ノ権利ヲ尊重シ国際聯合憲章ノ理想ト原則ニ示サレタル米国ノ目的ヲ支持スベキ平和ノ且責任アル政府ヲ究極ニ於テ樹立スルコト，米国ハ斯ル政府ガ出来得ル限リ民主主義的ノ自治ノ原則ニ合致スルコトヲ希望スルモ自由ニ表示セラレタル国民ノ意思ニ支持セラレザル如何ナル政治形態ヲモ日本国ニ強要スルコトハ聯合国ノ責任ニ非ズ

此等ノ目的ハ左ノ主要手段ニ依リ達成セラルベシ
(イ) 日本国ノ主権ハ本州，北海道，九州，四国並ニ「カイロ」宣言及米国ガ既ニ参加シ又ハ将来参加スルコトアルベキ他ノ協定ニ依リ決定セラルベキ周辺ノ諸小島ニ限ラルベシ
(ロ) 日本国ハ完全ニ武装解除セラレ且非軍事化セラルベシ軍国主義者ノ権力ト軍国主義ノ影響力ハ日本国ノ政治生活，経済生活及社会生活ヨリ一掃セラルベシ軍国主義及侵略ノ精神ヲ表示スル制度ハ強力ニ抑圧セラルベシ
(ハ) 日本国国民ハ個人ノ自由ニ対スル欲求並ニ基本的人権特ニ信教，集会，言論及出版ノ自由ノ尊重ヲ増大スル様奨励セラルベク且民主主義的及代議的組織ノ形成ヲ奨励セラルベシ
(ニ) 日本国国民ハ其ノ平時ノ需要ヲ充シ得ルガ如キ経済ヲ自力ニ依リ発達セシムベキ機会ヲ与ヘラルベシ
　　第二部　聯合国ノ権限
一　軍事占領
降伏条項ヲ実施シ上述ノ究極目的ノ達成ヲ促進スル為日本国本土ハ軍事占領セラルベシ右占領ハ日本国ト戦争状態ニ在ル聯合国ノ利益ノ為行動スル主要聯合国ノ為ノ軍事行動タルノ性質ヲ有スベシ右ノ理由ニ因リ対日戦争ニ於テ指導的ノ役割ヲ演ジタル他ノ諸国ノ軍隊ノ占領ヘノ参加ハ歓迎セラレ且期待セラルルモ占領軍ハ米国ノ任命スル最高司令官ノ指揮下ニ在ルモノトス
（中略）
二　日本国政府トノ関係
天皇及日本国政府ノ権限ハ降伏条項ヲ実施シ且日本国ノ占領及管理ノ施行ノ為樹立セラレタル政策ヲ実行スル為必要ナル一切ノ権力ヲ有スル最高司令官ニ従属スルモノトス日本社会ノ現在ノ性格並ニ最小ノ兵力及資源ニ依リ目的ヲ達成セントスル米国ノ希望ニ鑑ミ最高司令官ハ米国ノ目的達成ヲ満足ニ促進スル限リニ於テハ　天皇ヲ含ム日本政府機構及諸機関ヲ通ジテ其権限ヲ行使スベシ日本国政府ハ最高司令官ノ指示ノ下ニ国内行政事項ニ関シ通常ノ政治機能ヲ行使スルコトヲ許容セラルベシ但シ右方針ハ
　天皇又ハ他ノ日本国ノ権力者ガ降伏条項実施上最高司令官ノ要求ヲ満足ニ果サザル場合最高司令官ガ政府機構又ハ人事ノ変更ヲ要求シ又ハ直接行動スル権利及義務ニ依リ制限セラルルモノトス
（中略）
　　第三部　政治
一　武装解除及非軍事化
武装解除及非軍事化ハ軍事占領ノ主要任務ニシテ即時且断乎トシテ実行セラルベシ（中略）日本国ハ陸海空軍，秘密警察組織又ハ何等ノ民間航空ヲモ保有スルコトナシ
（中略）

第四部　経済
一　経済上ノ非軍事化
日本軍事力ノ現存経済基礎ハ破壊セラレ且再興ヲ許与セラレザルヲ要ス従テ特ニ下記諸項ヲ含ム計画ガ実施セラルベシ
　軍隊又ハ軍事施設ノ装備，維持又ハ使用ヲ目的トスル一切ノ物資ノ生産ノ即時停止及将来ニ於ケル禁止
（中略）
　日本国ニトリ其ノ価値ガ主トシテ戦争準備ニ在ルガ如キ特定産業又ハ生産部門ノ除去
　戦争遂行力ノ増進ニ指向セラレタル専門的研究及教育ノ禁止
　将来ノ平和的需要ノ限度ニ日本重工業ノ規模及性格ヲ制限スルコト
（中略）
四　賠償及返還
　賠償
　日本国ノ侵略ニ対スル賠償方法ハ左ノ如シ
(イ)　日本国ノ保有スベキ領域外ニ在ル日本国財産ヲ関係聯合国当局ノ決定ニ従ヒ引渡スコト
(ロ)　平和的日本経済又ハ占領軍ニ対スル補給ノ為必要ナラザル物資又ハ現存資本設備及施設ヲ引渡スコト
（以下略）
　　［出典］　データベース「世界と日本」（東京大学東洋文化研究所田中明彦研究室ウェブサイト）。

## 【118】マッカーサー元帥の幣原首相に対する五大改革指示（1945年10月11日）

日本政府に対する改革要求意見表明
　ポツダム宣言の達成によって，日本国民が数世紀にわたって隷属させられてきた伝統的社会秩序は矯正されるだろう。このことが憲法の自由主義化を包含することは当然である。
　人民はその精神を事実上の奴隷状態においた日常生活に対する官憲的秘密審問から解放され，思想の自由，言論の自由及び宗教の自由を抑圧せんとするあらゆる形態の統制から解放されねばならぬ（中略）
　これら要求の履行において並びにそれによって企図された諸目的を達成するために，（中略）速やかに次の如き諸改革を開始し，これを達成することを期待する。
一，選挙権賦与による日本婦人の解放…（中略）
二，労働組合の組織化促進…（中略）
三，より自由な教育を行うための諸学校の開設…（中略）
四，秘密の検察及びその濫用によって国民を絶えず恐怖の状態にさらしてきた如き諸制度の廃止…（中略）

五，生産及び貿易手段の収益及び所有を広汎に分配するが如き方法の発達により，独占的産業支配が改善されるよう日本の経済機構が民主主義化せられること。
(以下略)

　　［出典］　歴史学研究会編『日本史史料5　現代』岩波書店，1997年，157-58頁。

## 【119】マッカーサーの憲法改正の必須要件（1946年2月）

一，天皇は，国の最上位にある［at the head of the state］。(中略)
二，国権の発動たる戦争は廃止する。日本は，紛争解決の手段として，さらには自らの安全維持の手段としても戦争を放棄する。(中略) 日本は，陸・海・空軍のいずれを保有することも認められず，また，いかなる日本の武力にも交戦権が与えられることはない。
三，日本の封建制度は廃止される。
(以下略)

　　［出典］　歴史学研究会編『日本史史料5　現代』岩波書店，1997年，176頁。

## 【120】日本国憲法（1946年11月3日）

　日本国民は，正当に選挙された国会における代表者を通じて行動し，われらとわれらの子孫のために，諸国民との協和による成果と，わが国全土にわたつて自由のもたらす恵沢を確保し，政府の行為によつて再び戦争の惨禍が起ることのないやうにすることを決意し，ここに主権が国民に存することを宣言し，この憲法を確定する。
(中略)
　日本国民は，恒久の平和を念願し，人間相互の関係を支配する崇高な理想を深く自覚するのであつて，平和を愛する諸国民の公正と信義に信頼して，われらの安全と生存を保持しようと決意した。われらは，平和を維持し，専制と隷従，圧迫と偏狭を地上から永遠に除去しようと努めてゐる国際社会において，名誉ある地位を占めたいと思ふ。われらは，全世界の国民が，ひとしく恐怖と欠乏から免かれ，平和のうちに生存する権利を有することを確認する。
(中略)
第2章　戦争の放棄

第9条　1　日本国民は，正義と秩序を基調とする国際平和を誠実に希求し，国権の発動たる戦争と，武力による威嚇又は武力の行使は，国際紛争を解決する手段としては，永久にこれを放棄する。
　2　前項の目的を達するため，陸海空軍その他の戦力は，これを保持しない。国の交戦権は，これを認めない。(以下略)

　　［出典］　法令データ提供システムウェブサイト。

## 【121】 X論文

　近い将来ソヴェト政権と政治的に親交をむすび得ようなど，アメリカが期待できないのは明らかである。アメリカはソ連邦を世界政治における協力者としてではなく，対抗者だと考えてゆかねばならない。(中略)
　この事実とともに考慮されるべきものは，ロシアが西側世界全体と対比すれば，まだ遙かに弱い相手であること，ソヴェトの政策がきわめて柔軟性をもっていること，ソヴェトの社会がやがて自分の潜在力を弱めてしまうような欠陥をその内にふくんでいるように見えることである。これらのことは（中略）アメリカが，断固たる対抗力をもってロシアに対処するために計画された確固とした封じ込め政策を，十分な自信をもって始めることの妥当性を示すものである。(以下略)

　　[出典]　ジョージ・F・ケナン「ソヴェトの行動の源泉」『アメリカ外交50年』近藤晋一ほか訳，岩波書店，2000年，187頁［X, "The Sources of Soviet Conduct," *Foreign Affairs*, July 1947］．

## 【122】 トルーマン・ドクトリン (1947年3月)

　合衆国はギリシア政府から，財政および経済援助を求める緊急要請を受けとった。(中略)
　ギリシアの国家としての存在そのものが，今日，共産主義者に率いられた数千の武装した人びとのテロ活動によって脅かされている。(中略)
　合衆国が援助を与えなければならない。(中略)
　民主主義ギリシアが頼れる国はほかにはない。(中略)
　世界史の現時点において，ほとんどすべての国が，二つの生活様式のうちいずれかを選ぶように迫られている。しかもその選択は自由でないことがあまりにも多い。
　一方の生活様式は多数者の意志にもとづき，自由な諸制度，代議政体，自由選挙，個人の自由の保障，言論・信仰の自由，政治的抑圧からの自由によって特徴づけられる。
　第二の生活様式は，多数者に対して強制される少数者の意志にもとづく。それは恐怖と圧制，出版と放送の統制，形だけの選挙，個人の自由の抑圧に依存している。
　私は，武装した少数者または外務の圧力による制服の企てに抵抗している自由な諸国民を支援することが，合衆国の政策でなければならないと信じる。(中略)
　私は，この支援が主に経済および財政援助を通じてなされるべきだと信じる。(中略)
　もし，われわれが，この運命的なときにあって，ギリシアとトルコに援助を与えることができなければ，その影響は東洋に対してと同じく西洋に対しても深刻なものとなろう。(以下略)

　　[出典]　大下尚一・有賀貞ほか編『史料が語るアメリカ――メイフラワーから包括通商法まで1584-1988』有斐閣，1989年，198-199頁．

## 【123】米国家安全保障会議文書第13号の2 「アメリカの対日政策に関する勧告」(1948年10月7日)

講和条約
(1) 時期および手続き

　　対日講和条約の手続き，および内容をめぐり明らかになった関係諸国間の見解の相違，ならびにソ連による侵略的共産主義勢力の膨張政策によって引き起こされた深刻な国際情勢に照らして，アメリカ政府は現時点では講和条約を推進するべきではない。もし連合国の間で一般的に受容された投票手続きに関する合意がみられるのであるならば，政府はそのような投票手続きのもとでの交渉を進める準備を行うべきである。われわれは，講和会議に実際に参加する前に，外交チャンネルをとおして，講和条約に望む主要点について参加諸国の多数の同意を得るように努めるべきである。この間，われわれは最終的な占領統治の解消に対する日本側の準備に関心を集中するべきである。

(2) 講和条約の性質

　　最終的に取り決められる条約は，できる限り簡潔で，一般的で，非懲罰的なものとすることをわれわれの目的とするべきである。このために，われわれは，条約締結までの間に解決しなければ，平和条約に含まれると予想される問題をできる限り多く解決するように努めるべきである。われわれの目的は講和条約で取り扱われる問題の数をできる限り少なくすることである。これはとりわけ財産権，賠償等といった問題に該当する。今後われわれの政策はこのことに特に留意して形成されるべきである。

安全保障問題
(3) 講和条約前の体制

　　この政策文書で示されている占領任務のしかるべき履行，および軍事的な安全保障と士気に合致するあらゆる努力が，日本国民に対する占領軍のプレゼンスの心理的影響を最小のものとするために支払われるべきである。(中略)

(4) 講和条約後の体制

　　アメリカの戦術部隊は講和条約の発効まで日本において保持されるべきである。条約後の日本の軍事的な安全保障体制に対するアメリカの最終的立場は，講和交渉が始まるまで，明確に決められるべきではない。それは，その時点での支配的な国際情勢と日本において達成された国内的安定の程度に照らして，明確に決められるべきである。

(5) 琉球諸島

(この問題に関する勧告は別に提出される。)

(中略)

占領政策

(中略)

(15) 経済復興

　アメリカの安全保障上の利益を除いては，経済復興が今後のアメリカの対日政策の主要目標とされるべきである。この目標は規模は漸減しながらも数年にわたる物資供与とクレジットを想定するアメリカの援助計画をとおし，さらには商船隊の復活規定と並んで日本の対外貿易を再興するために既存の障害を除去し，日本の輸出の回復と発展を容易にするために，アメリカ政府のすべての関係する機関，省庁の活発な協力によって，達成されるべきである。(中略) われわれは日本政府に対して，復興計画の成功の大部分が，生産を拡大し，厳しい労働，最少の労働停止，国内の耐乏措置，そしてできる限り早急に均衡財政を達成する努力を含むインフレ傾向に対する断固たる戦いをとおして高い輸出水準を維持する日本側の努力にかかっていることを，明確にするべきである。

(以下略)

［出典］　細谷千博ほか編『日米関係資料集──1945-97』東京大学出版会，1999年，55-58頁。

## 2　サンフランシスコ講和

【解　題】

　ヨーロッパで始まった冷戦はアジアに波及する。1949年，中国では共産党と国民党との内戦で共産党が勝利し，中華人民共和国が成立した。翌1950年には中華人民共和国はソ連と同盟を結ぶ。他方，台湾に敗走した国民党は中華民国を称し，自らが中国の正統政府であると主張した【124】。南北に分割されていた朝鮮半島では1950年6月，北朝鮮が北緯38度線を越えて韓国に侵攻し，朝鮮戦争が始まる。アメリカは国連軍として韓国側から介入し【125】，中国は人民義勇軍として北朝鮮側から介入し，以後，米ソ対立ともに米中対決が東アジアの冷戦構造を規定するようになる【126】。朝鮮戦争は，日本に特需景気をもたらし，その後の経済成長に先鞭をつけるとともに【127】，日本の戦略上の地位を高めた。このように冷戦がアジアに波及し，しかも熱戦化するという状況の中でアメリカは日本を西側につなぎ止めるためにも講和・独立に向けて動きだす【128】。

　講和における最大の問題は独立後の日本の安全保障であった。吉田首相は講和・独立後の安全保障をアメリカに託すという考えを固めていた【129】。これは日本の独立後も基地を維持したいとするアメリカにも好都合であった。しかし，問題となったのは日本の再軍備である。1951年1月，アメリカの特使ダレスは，吉田との交渉において，自由世界への貢献として再軍備を持ち出すが，吉田はこれを拒否した。吉田はまず「自主経済」すなわち経済復興を優先すべきだと考えていた【130】。結局のところ日本の再軍備については，講和後に限定的な再軍備を行うことで決着がつく。このような吉田の軽軍備・経済優先路線は以後1980年代になって，吉田ドクトリンと呼ばれた【131】。

　また，日本の独立は国論の分裂を招いた。日本国内では，冷戦に与せずソ連をはじめとした社会主義国も含めた全ての国と講和を結ぶべきだという全面講和論と，アメリカを中心とした西側諸国とのみ講和を結ぶべきだとする単独講和論に分裂した【132】。

　1951年4月，サンフランシスコ講和会議が開かれた。サンフランシスコ平和条約には参加国の多くが署名し，日本は約7年にわたった占領から独立した。日本は植民地以外の領土の割譲はほとんどなく，また賠償も放棄された「寛大な講和」であった【133】。しかし，南北朝鮮と「2つの中国」は講和会議に招請されず，またソ連は会議には出席したものの，条約には署名しなかったため，これらの国々との賠償や領土に関する問題は後の課題として残された。同日，日本とアメリカの間に米軍の駐留を前提とした安全保障条約が結ばれた【134】。ここに冷戦という国際環境から生まれた日米安保条約と冷戦以前の国際環境を前提とした憲法9条が共存することとなり「9条－安保体制」は以後の日本の外交・安全保障政策を拘束することとなる。

## 【124】 極東での出来事1945-49年

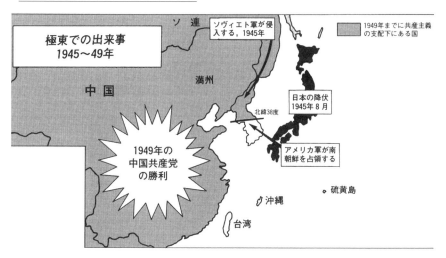

[出典] ブライアン・キャッチポール，辻野功ほか訳『アトラス現代史1 激動の20世紀』創元社，1988年，125頁。

## 【125】 トルーマンの朝鮮戦争介入についての声明 (1950年6月27日)

　朝鮮で国境侵犯を防ぎ国内治安を守るために武装した政府軍が，北朝鮮の侵略軍によって攻撃された。この侵略に対して国連安全保障理事会は，停戦し38度線まで撤退するよう要求した。しかし，侵略軍はこの要求に応じるどころか，反対に攻撃を強化している。安全保障理事会は，決議を履行するために国連のすべての参加国に対して国連をあらゆる形で支援するよう要請した。このような状況のなかで，私は合衆国の空海両軍に対して韓国政府を援護し支援するよう命じた。

　（中略）共産勢力は，国際平和と安全を確保するために国連安全保障理事会が発した命令に挑戦してきたのである。このような状況の下では，共産軍による台湾の占領も，太平洋地域の安全とこの地域で合法的かつ不可欠な任務を果たしている合衆国軍に対して，直接的な脅威になるものである。

　それゆえ，私は第七艦隊に台湾に対する攻撃を防ぐように命じた。（中略）将来の台湾に対する地位に関する決定は，太平洋の安全の回復，日本との講和，あるいは国連の審議を待たねばならない。

（以下略）

[出典] 大下尚一・有賀貞ほか編『史料が語るアメリカ——メイフラワーから包括通商法まで1584-1988』有斐閣，1989年，202-203頁。

【126】 1950年の東アジア

［出典］ 松岡完・広瀬佳一・竹中佳彦編著『冷戦史――その起源・展開・終焉と日本』同文館出版，2003年，38頁。

## 【127】 朝鮮特需の経済効果

| | 1949 | 1950 | 1951 | 1952 | 1953 | 1954 | 1955 | 1956 |
|---|---|---|---|---|---|---|---|---|
| 輸　　　　　出（百万ドル） | 510 | 820 | 1,355 | 1,273 | 1,275 | 1,629 | 2,011 | 2,501 |
| 特　需　収　入（　〃　） | — | 592 | | 824 | 809 | 597 | 557 | 595 |
| 輸　　　　　入（　〃　） | 905 | 975 | 1,955 | 2,028 | 2,410 | 2,399 | 2,471 | 3,230 |
| 鉱工業生産指数（1960年 100） | 18.2 | 22.3 | 30.8 | 33.0 | 40.3 | 43.7 | 47.0 | 57.5 |
| 使用総資本収益率（上期－下期．%） | | 2.8-5.1 | 10.6-6.7 | 4.8-4.2 | 4.2-4.6 | 3.2-2.4 | 3.0-3.6 | 4.1-4.5 |
| 製造業常用雇用指数（1960年 100） | 50.7 | 48.3 | 51.9 | 53.1 | 55.6 | 58.7 | 60.4 | 66.2 |
| 卸売物価指数（　〃　） | 59.3 | 70.1 | 97.3 | 99.2 | 99.9 | 99.2 | 97.4 | 101.7 |
| 消費者物価指数（　〃　） | 72.6 | 67.6 | 78.7 | 82.6 | 88.0 | 93.7 | 92.7 | 93.0 |
| 製造業名目賃金指数（　〃　） | 33.1 | 40.2 | 51.6 | 60.7 | 68.1 | 71.7 | 74.5 | 86.4 |
| 製造業実質賃金指数（　〃　） | 45.6 | 59.5 | 65.6 | 73.5 | 77.4 | 76.5 | 80.5 | 87.5 |

注）　輸出入は大蔵省通関統計，特需は日本銀行，生産指数は通産省，収益率は三菱経済研究所，消費者物価指数は総理府統計局．雇用指数・賃金指数は労働省の公表数字．

［出典］　増田弘・佐藤晋編著『新版 日本外交史ハンドブック――解説と資料』有信堂高文社，2007年，127頁．

## 【128】 対日講和7原則（1950年11月24日）

　合衆国は，戦争状態を終結させ日本に主権を回復し，日本を自由な諸国民からなる〔国際〕社会にその対等な構成員として復帰させるための，日本との条約を提案する。個別的な事項に関しては，条約は以下で提示する諸原則に沿うものとすべきである。

一，当事国　日本と戦争状態にあるいずれか，あるいはすべての国で，〔ここに示された〕提案を基礎にして合意を確保し講和を成立させる意志があるもの。

二，国際連合　日本の加盟は検討されることになる。

三，領土　日本は，(a) 朝鮮の独立を承認し，(b) 合衆国を施政権者とする琉球諸島および小笠原諸島の国際連合による信託統治に同意し，(c) 台湾，澎湖諸島，南樺太および千島列島の地位に関する，イギリス，ソヴェト連邦，カナダ，合衆国の将来の決定を受諾しなければならない。条約発効後一年以内に何の決定もなされない場合には，国際連合総会が決定する。〔日本は，〕中国における特殊な権利および権益を放棄しなければならない。

四，安全保障　国際連合による実効的な責任の負担というような別の形での満足できる安全保障上の取決めが達成されるまでの期間，日本地域の国際的な平和と安全保障を維持するために，この条約は，日本の諸施設と合衆国および恐らくは他の諸国の軍隊との間に，継続して協調的な責任〔関係〕が存続するように配慮しなければならない。

五，政治上および通商上の取決め　日本は，麻薬および漁業に関する多国間の条約に加入することに同意しなければならない。戦前の二ヵ国間の条約は，相互の合意を

通じて復活させることができる。新しい通商条約が締結されるまでの期間、日本は通常の例外措置には従うものとして最恵国待遇を与えることができる。
六，請求権　すべての当事国は，一九四五年九月二日以前の戦争行為から生じた請求権を放棄する。ただし，（a）連合国がそれぞれの領土内において日本人の財産を一般的に取り押えている場合，および（b）日本が連合諸国〔の人々〕の財産を返還する場合，あるいは原状に戻すことができない場合に損害額に関する協定で合意された一定の比率を円で補償する場合は，除くものとする。
七，係争　請求権に関する係争は，国際司法裁判所長が設置する特別中立裁判所で解決する。その他の係争は，外交的な解決あるいは国際司法裁判所に委ねる。
［出典］　細谷千博ほか編『日米関係資料集――1945-97』東京大学出版会，1999年，82頁。

## 【129】池田ミッション（1950年4月）

　自分［池田勇人］は吉田総理大臣からの伝言として、次のことをお伝えしたい。《日本政府はできるだけ早い機会に講和条約を結ぶことを希望する。そしてこのような講和条約ができても、おそらくはそれ以後の日本及びアジア地域の安全を保障するために、アメリカの軍隊を日本に駐留させる必要があるだろうが、アメリカ側からそのような希望を申し出にくいならば、日本政府としては日本側からそれをオファするような持ち出し方を研究してもよろしい。この点について、いろいろ憲法学者の研究を参照しているけれども、アメリカ軍を駐留させるという条項がもし講和条約自身の中に設けられれば、憲法上はその方が問題が少ないであろうけれども、日本側から別の形で駐留の依頼を申出ることも、日本憲法に違反するものではない、というふうに憲法学者は申しておる》

［出典］　宮澤喜一『東京――ワシントンの密談』中央公論社，1999年，55-56頁。

## 【130】吉田＝ダレス会談（1951年1月）

(1)　講和問題に関する吉田茂首相とダレス米特使会談，日本側記録（1951年1月29日）
ダレス大使はそれはそうであろうが、日本は独立回復ばかりを口にする。独立を回復して自由世界の一員となろうとする以上、日本は、自由世界の強化にいかなる貢献をなそうとするのか、今米国は世界の自由のために戦っている。自由世界の一員たるべき日本は、この戦いにいかなる貢献をなさんとするか。
と反問す。
　いかなる貢献をなすかといわれるが、日本に再軍備の意ありやを知られたいのであろう。今日の日本はまず独立を回復したい一心であって、どんな協力をいたすかの質問は過早である。自主独立の国になれるかどうかが、今、問題であって、それが実現をみた後で、初めて日本がどんな寄与をなせるか、なす心算であるかが答えられるのである。再軍備は日本の自主経済を不能にする。対外的にも、日本の再侵略に対する危惧があ

る。内部的にも軍閥再現の可能性が残っている。再軍備は問題である。(中略)…と答え，ダレス大使甚だ不興な気色を示す。

　　［出典］　データベース「世界と日本」(東京大学東洋文化研究所田中明彦研究室ウェブサイト)。

(2)　わが方見解（1951年1月30日）
（中略）……
　　　　二，安全保障
　安全保障に関する日本政府の見解は，次のとおりである。
一，日本，国内の安全を自力で確保する。
二，対外的安全保障に関しては，適当な方法によって，国際連合，とくに合衆国の協力を希望する。
三，このための取極は，平等の協同者としての日米両国間における相互の安全保障のための協力を規定するものとして，平和条約とは別個に作成されるべきである。
　　　　三，再軍備
一，当面の問題として，再軍備は，日本にとって不可能である。
（以下略）

　　［出典］　細谷千博ほか編『日米関係資料集——1945-97』東京大学出版会，1999年，84-85頁。

## 【131】吉田ドクトリン

　周知のように吉田は1950年から51年にかけての交渉において再軍備を求めるダレス（John Foster Dulles）の要求を断わしし，そこに最大の業績があることも広く認められているところである。それは基本的には，経済力もないのに軍備をするのは愚かであるという理由によるものであった。また，米ソの軍事力が圧倒的に強い以上，アメリカに頼る以外に安全を獲得する方途がないと，徹底したリアリズムから考えていたことも作用している。（中略）
　以上に述べた考え方は「吉田ドクトリン」の基本原則となった，すなわち(i)アメリカとの同盟関係を基本とし，それによって安全を保障する。(ii)したがって，自国の防衛力は低く抑える。(iii)そうして得られた余力を経済活動にあて，通商国家として活路を求める。それを日本外交の基本的特徴とすることは，今日では通説といってよい。

　　［出典］　高坂正堯「日本外交の弁証」有賀貞ほか編『講座国際政治4　日本の外交』東京大学出版会，1989年，298-299頁。

## 【132】講和論争

(1)　「講和問題についての平和問題談話会声明」(1950年1月)
　一年前，戦争の原因及び平和の基礎について共通の見解を内外に表明したわれわれは，講和及び講和後の保証に関する最近の問題について再びここに声明を発する。

（中略）

　今や講和の確立及び占領の終結は一切の日本国民の切迫した必要であり要求である。けれども講和が真実の意義を有し得るには，形式内容共に完全なものであることを要し，然らざる限り，仮令名目は講和であっても，実質は却って新たに戦争の危杌を増大するものとなろう。この意味に於いて，講和は必然的に全面講和たるべきものである。この全面講和を困難ならしめる世界的対立の存することは明らかであるが，かの国際軍事裁判に発揮せられた如き国際的正義或は国際的道義がなお脈々としてこの対立の底を流れていることは，われわれを限りなく励ますものである。更に日本がポツダム宣言を受諾して全連合国に降服した所以を思えば，われわれが全連合国との間に平和的関係の回復を願うは，蓋し当然の要求と見るべきものである。

（中略）

一，日本の経済的自立は，日本がアジア諸国，特に中国との間に広汎，緊密，自由なる貿易関係を持つことを最も重要な条件とし，言うまでもなく，この条件は全面講和の確立を通じてのみ充たされるであろう。伝えられる如き単独講和は，日本と中国その他の諸国との関連を切断する結果となり，自ら日本の経済を特定国家への依存及び隷属の地位に立たしめざるを得ない。経済的自立が延いて政治的自立の喪失の基蘗となることは，論議を要せぬところであり，国民生活の低下は固より，また日本は自ら欲せずして平和への潜在的脅威となるであろう。われわれは，単独講和が約束するかに見える目前の利点よりも，日本の経済的及び政治的独立を重しとするものである。

二，講和に関する種々の論議が二つの世界の存在という事実に由来することは言を俟たない。併しながら，両者の間に一般的調整のための，また対日全面講和のための不断の努力が続けられていることは，両者の平和的共存に対するわれわれの信念を，更に全面講和に対するわれわれの願望を力強く支持するものである。抑々わが憲法の平和的精神を忠実に守る限り，われわれは国際政局の動揺のままに受身の態度を以て講和の問題に当るのでなく進んで二つの世界の調和を図るという積極的態度を以て当ることを要求せられる。（中略）

三，講和後の保障については，われわれは飽くまでも中立不可侵を希い，併せて国際連合への加入を欲する。国際連合は，少くともその憲章の示すところについて見れば，人類が遠い昔から積み重ねて来た平和への努力の現代に於ける結晶であり，平和を祈る世界の一切の人々と共に，われわれもまたこれに多大の信頼と期待とを寄せるものである。（中略）中立不可侵も国際連合への加入も，凡て全面講和を前提とすることは明らかである。単独講和または事実上の単独講和状態に附随して生ずべき特定国家との軍事協定，特定国家のための軍事基地の提供の如きは，その名目が何であるにせよ，わが憲法の前文及び第九条に反し，日本及び世界の破滅に力を藉すものであって，われわれは到底これを承諾することは出来ない。日本の運命は，日本が平和の精神に徹しつつ，而も毅然として自主独立の道を進む時のみ開かれる。

(以下略)

　　［出典］　大嶽秀夫編・解説『戦後日本防衛問題資料集　第一巻　非軍事化から再軍備へ』三一書房，1991年，362-363頁。

(2)　講和問題に関しての吉田首相談
一，講和問題についてしきりに全面講和を唱えているものがある，南原［繁］東大総長などもその一人だが，南原君がどういう理由で全面講和を説いているのか私にはわからない，とくに米国などとの事実上のいわゆる単独講和はすでにできている，米国からのあらゆる面での援助がそれを如実に示している，それがいけないというのなら仕方がない，しかしわれわれとしてはこの事実上の講和をまず法的に条約締結というところに推し進めてゆかねばならないと考えている
一，南原総長が秘密議員総会での私の発言について反論声明を出したようだが，南原君が反論しようとしまいとそれはご当人の勝手で私の知ったことではない，もちろん南原君のような全面講和一点張りの所論には私としては異論があるが，どうして伝えきいたのか，秘密会での発言をとらえての反論については私としてはこれに答える必要もなく責任ももたない．

(以下略)
　　［出典］　朝日新聞1950年5月9日付．

## 【133】 サンフランシスコ平和条約（1951年9月）

(1)　サンフランシスコ平和条約
　　連合国及び日本国は，両者の関係が，今後，共通の福祉を増進し且つ国際の平和及び安全を維持するために主権を有する対等のものとして友好的な連携の下に協力する国家の間の関係でなければならないことを決意し，よつて，両者の間の戦争状態の存在の結果として今なお未決である問題を解決する平和条約を締結することを希望するので，日本国としては，国際連合への加盟を申請し且つあらゆる場合に国際連合憲章の原則を遵守し，世界人権宣言の目的を実現するために努力し，国際連合憲章第五十五条及び第五十六条に定められ且つ既に降伏後の日本国の法制によつて作られはじめた安定及び福祉の条件を日本国内に創造するために努力し，並びに公私の貿易及び通商において国際的に承認された公正な慣行に従う意思を宣言するので，
　　連合国は，前項に掲げた日本国の意思を歓迎するので，
　　よつて，連合国及び日本国は，この平和条約を締結することに決定し，これに応じて下名の全権委員を任命した。これらの全権委員は，その全権委任状を示し，それが良好妥当であると認められた後，次の規定を協定した。
　　　第一章　平和
　　　第一条

(a) 日本国と各連合国との間の戦争状態は，第二十三条の定めるところによりこの条約が日本国と当該連合国との間に効力を生ずる日に終了する。
(b) 連合国は，日本国及びその領水に対する日本国民の完全な主権を承認する。

第二章　領域
第二条
(a) 日本国は，朝鮮の独立を承認して，済州島，巨文島及び欝陵島を含む朝鮮に対するすべての権利，権原及び請求権を放棄する。
(b) 日本国は，台湾及び澎湖諸島に対するすべての権利，権原及び請求権を放棄する。
(c) 日本国は，千島列島並びに日本国が千九百五年九月五日のポーツマス条約の結果として主権を獲得した樺太の一部及びこれに近接する諸島に対するすべての権利，権原及び請求権を放棄する。
(d) 日本国は，国際連盟の委任統治制度に関連するすべての権利，権原及び請求権を放棄し，且つ，以前に日本国の委任統治の下にあつた太平洋の諸島に信託統治制度を及ぼす千九百四十七年四月二日の国際連合安全保障理事会の行動を受諾する。
(e) 日本国は，日本国民の活動に由来するか又は他に由来するかを問わず，南極地域のいずれの部分に対する権利若しくは権原又はいずれの部分に関する利益についても，すべての請求権を放棄する。
(f) 日本国は，新南群島及び西沙群島に対するすべての権利，権原及び請求権を放棄する。

第三条
日本国は，北緯二十九度以南の南西諸島（琉球諸島及び大東諸島を含む。）孀婦岩の南の南方諸島（小笠原群島，西之島及び火山列島を含む。）並びに沖の鳥島及び南鳥島を合衆国を唯一の施政権者とする信託統治制度の下におくこととする国際連合に対する合衆国のいかなる提案にも同意する。このような提案が行われ且つ可決されるまで，合衆国は，領水を含むこれらの諸島の領域及び住民に対して，行政，立法及び司法上の権力の全部及び一部を行使する権利を有するものとする。
（以下略）

［出典］　データベース「世界と日本」（東京大学東洋文化研究所田中明彦研究室ウェブサイト）。

(2) 平和条約の規定による日本の領土

[出典] 石井進ほか『詳説日本史B』山川出版社, 360頁。

## 【134】日米安全保障条約（1951年9月）

日米安全保障条約（旧）（日本国とアメリカ合衆国との間の安全保障条約）（1951年9月8日作成, 1952年4月28日発効）

　日本国は, 本日連合国との平和条約に署名した。日本国は, 武装を解除されているので, 平和条約の効力発生の時において固有の自衛権を行使する有効な手段をもたない。

　無責任な軍国主義がまだ世界から駆逐されていないので, 前記の状態にある日本国には危険がある。よつて, 日本国は平和条約が日本国とアメリカ合衆国の間に効力を生ずるのと同時に効力を生ずべきアメリカ合衆国との安全保障条約を希望する。

　平和条約は, 日本国が主権国として集団的安全保障取極を締結する権利を有することを承認し, さらに, 国際連合憲章は, すべての国が個別的及び集団的自衛の固有の権利を有することを承認している。

　これらの権利の行使として, 日本国は, その防衛のための暫定措置として, 日本国に対する武力攻撃を阻止するため日本国内及びその附近にアメリカ合衆国がその軍隊を維持することを希望する。

　アメリカ合衆国は, 平和と安全のために, 現在, 若干の自国軍隊を日本国内及びその附近に維持する意思がある。但し, アメリカ合衆国は, 日本国が, 攻撃的な脅威となり又は国際連合憲章の目的及び原則に従つて平和と安全を増進すること以外に用いられうべき軍備をもつことを常に避けつつ, 直接及び間接の侵略に対する自国の防衛のため漸増的に自ら責任を負うことを期待する。

　よつて, 両国は, 次のとおり協定した。

第一条
　平和条約及びこの条約の効力発生と同時に，アメリカ合衆国の陸軍，空軍及び海軍を日本国内及びその附近に配備する権利を，日本国は，許与し，アメリカ合衆国は，これを受諾する。この軍隊は，極東における国際の平和と安全の維持に寄与し，並びに，一又は二以上の外部の国による教唆又は干渉によつて引き起された日本国における大規模の内乱及び騒じようを鎮圧するため日本国政府の明示の要請に応じて与えられる援助を含めて，外部からの武力攻撃に対する日本国の安全に寄与するために使用することができる。
第二条
　第一条に掲げる権利が行使される間は，日本国は，アメリカ合衆国の事前の同意なくして，基地，基地における若しくは基地に関する権利，権力若しくは権能，駐兵若しくは演習の権利又は陸軍，空軍若しくは海軍の通過の権利を第三国に許与しない。
第三条
　アメリカ合衆国の軍隊の日本国内及びその附近における配備を規律する条件は，両政府間の行政協定で決定する。
第四条
　この条約は，国際連合又はその他による日本区域における国際の平和と安全の維持のため充分な定をする国際連合の措置又はこれに代る個別的若しくは集団的の安全保障措置が効力を生じたと日本国及アメリカ合衆国の政府が認めた時はいつでも効力を失うものとする。(以下略)

　[出典]　データベース「世界と日本」(東京大学東洋文化研究所田中明彦研究室ウェブサイト)。

## 3　旧安保から新安保へ

【解　題】

　1956年の日ソ国交正常化に伴い，日本は国連加盟を認められた。重光葵外相は国連本部で加盟受諾演説を行い，「東西のかけ橋」論を唱えた【135】。短命の石橋政権を挟んで，岸政権が登場すると，外務省は初めての『外交青書』を発刊し，その中で「外交活動の3原則」を打ち出した。すなわち，①国連中心主義，②自由主義諸国との協調，③アジアの一員としての立場の堅持，である【136】。国連加盟直後の日本が国連にいかに大きな期待を抱いていたかがうかがえるが，しかし米ソ冷戦により国連は機能不全に陥っていた。そこで日本は，アメリカを中心とする自由主義陣営の一員に自国を位置づけることで安全を確保しようとした。

　岸信介首相は必ずしも「親米派」ではなかったが，軍備に乏しい日本は冷戦下では中立はとりえないとして，日米協調を重要視した。重光＝ダレス会談で安保改定提案が拒絶される場面に同席した岸は，周到な準備を行った。初の訪米に先立ち，岸は「国防の基本方針」を閣議決定し，日米安保により日本を守る，という方向性を明確にした【137】。そして岸は不平等であるという不満の強かった日米安保条約の改定にこぎつけた【138】。新安保条約は国連憲章に定める集団的自衛権に基づく取り決めであることが明らかにされ，条約名に「相互協力」が入り，経済協力条項が設けられて軍事色が薄められた。その一方，アメリカによる日本の防衛義務が明記され，日本政府の要請があれば日本国内の騒擾鎮圧に米軍が出動できるとする「内乱条項」と，アメリカ以外の国に対する基地貸与を禁じた3条は削除され，条約に期限が設けられた。日米行政協定は日米地位協定に置き換えられた。こうして旧安保条約の不平等性はかなり改善された。

　しかし，岸は安保改定と並行して警察官職務執行法を改正しようとして国民から警戒され，さらに新条約の国会審議を強引に進めたため，野党や世論が反発し，空前のデモを招いた。アイゼンハワー大統領の訪日を延期せざるをえなくなり，岸は条約の批准と引き換えに退陣した。なお，新安保条約の交換公文で，領域外への米軍の戦闘行動や，米軍の配置や装備の重要な変更に関する事前協議制が設けられた。しかし，①米軍機の飛来や核搭載艦船の寄港は事前協議の対象にしない，②朝鮮半島有事の際の在日米軍の出撃が国連軍としての行動であれば事前協議を迂回できる，という2つの密約が交わされていたことが，近年裏付けられた。

## 【135】 国際連合第11総会における重光外務大臣の演説 (1956年12月18日)

（前略）わが国の今日の政治，経済，文化の実質は，過去一世紀にわたる欧米及びアジア両文明の融合の産物であつて，日本はある意味において東西のかけ橋となり得るのであります。このような地位にある日本は，その大きな責任を充分自覚しておるのであります。（以下略）

［出典］ 外務省ウェブサイト。

## 【136】 外交活動の3原則

（前略）…今や世界の列国に伍するわが国は，その新たな発言権をもつて，世界平和確保のため積極的な努力を傾けようとするものであるが，このような外交活動の基調をなすものは，「国際連合中心」，「自由主義諸国との協調」および「アジアの一員としての立場の堅持」の三大原則である。（中略）

…国際連合がその崇高な目標にもかかわらず，その所期の目的を十分に果すに至つていないことは，国際政治の現実として遺憾ながらこれを認めざるを得ない。このような際に，わが国としては，一方において国際連合の理想を追求しつつも，他方において，わが国の安全を確保し，ひいては世界平和の維持に貢献するための現実的な措置として，自由民主諸国との協調を強化してきた。

すでに述べた通り，現下の国際情勢が不安定ながら一応長期的な平和の時期を迎えているのは，自由民主諸国が共産諸国に対してよく結束を保つている結果であつて，この結束が乱れるようなことがあれば，世界戦争の危険もないとはいえない。世界の自由民主諸国はよくこの事態を認識して，着々と団結を固めつつあり，等しく自由民主主義を国是とするわが国としては，その団結の一翼を担う責務を有するものである。

さらにわが国は，その外交活動を進めるに当つて，アジアの一員として，アジアと共に進む立場を取つている。わが国にとり，世界平和の確立に最も重要な条件は，アジア地域における平和を確保することである。それには，アジアの平和をおびやかす要素を除去するとともに内部における社会的不安を一掃することが必要であり，そのためには友好国が協力してアジアに繁栄を実現しなければならない。（以下略）

［出典］『わが外交の近況』第1号，1957年，7-8頁。

## 【137】 国防の基本方針 （1957年5月20日，国防会議決定・閣議決定）

　国防の目的は，直接及び間接の侵略を未然に防止し，万一侵略が行われるときはこれを排除し，もって民主主義を基調とするわが国の独立と平和を守ることにある。この目的を達成するための基本方針を次のとおり定める。
(1)　国際連合の活動を支持し，国際間の協調をはかり，世界平和の実現を期する。
(2)　民生を安定し，愛国心を高揚し，国家の安全を保障するに必要な基盤を確立する。
(3)　国力国情に応じ自衛のため必要な限度において，効率的な防衛力を漸進的に整備する。
(4)　外部からの侵略に対しては，将来国際連合が有効にこれを阻止する機能を果し得るに至るまでは，米国との安全保障体制を基調としてこれに対処する。
　［出典］　外務省ウェブサイト。

## 【138】 日本国とアメリカ合衆国との間の相互協力及び安全保障条約

（1960年1月19日署名，同年6月23日発効）

　日本国及びアメリカ合衆国は，
　両国の間に伝統的に存在する平和及び友好の関係を強化し，並びに民主主義の諸原則，個人の自由及び法の支配を擁護することを希望し，
　また，両国の間の一層緊密な経済的協力を促進し，並びにそれぞれの国における経済的安定及び福祉の条件を助長することを希望し，
　国際連合憲章の目的及び原則に対する信念並びにすべての国民及びすべての政府とともに平和のうちに生きようとする願望を再確認し，
　両国が国際連合憲章に定める個別的又は集団的自衛の固有の権利を有していることを確認し，
　両国が極東における国際の平和及び安全の維持に共通の関心を有することを考慮し，
　相互協力及び安全保障条約を締結することを決意し，
　よつて，次のとおり協定する。
第1条　締約国は，国際連合憲章に定めるところに従い，それぞれが関係することのある国際紛争を平和的手段によつて国際の平和及び安全並びに正義を危うくしないように解決し，並びにそれぞれの国際関係において，武力による威嚇又は武力の行使を，いかなる国の領土保全又は政治的独立に対するものも，また，国際連合の目的と両立しない他のいかなる方法によるものも慎むことを約束する。
　　　締約国は，他の平和愛好国と協同して，国際の平和及び安全を維持する国際連合の任務が一層効果的に遂行されるように国際連合を強化することに努力する。
第2条　締約国は，その自由な諸制度を強化することにより，これらの制度の基礎をなす原則の理解を促進することにより，並びに安定及び福祉の条件を助長することによつて，平和的かつ友好的な国際関係の一層の発展に貢献する。締約国は，その国際経

済政策におけるくい違いを除くことに努め，また両国の間の経済的協力を促進する。

第3条　締約国は，個別的に及び相互に協力して，継続的かつ効果的な自助及び相互援助により，武力攻撃に抵抗するそれぞれの能力を，憲法上の規定に従うことを条件として，維持し発展させる。

第4条　締約国は，この条約の実施に関して随時協議し，また，日本国の安全又は極東における国際の平和及び安全に対する脅威が生じたときはいつでも，いずれか一方の締約国の要請により協議する。

第5条　各締約国は，日本国の施政の下にある領域における，いずれか一方に対する武力攻撃が自国の平和及び安全を危うくするものであることを認め，自国の憲法上の規定及び手続に従つて共通の危険に対処するように行動することを宣言する。

　　　前記の武力攻撃及びその結果として執つたすべての措置は，国際連合憲章第51条の規定に従つて直ちに国際連合安全保障理事会に報告しなければならない。その措置は，安全保障理事国が国際の平和及び安全を回復し及び維持するために必要な措置を執つたときは，終止しなければならない。

第6条　日本国の安全に寄与し，並びに極東における国際の平和及び安全の維持に寄与するため，アメリカ合衆国は，その陸軍，空軍及び海軍が日本国において施設及び区域を使用することを許される。

　　　前記の施設及び区域の使用並びに日本国における合衆国軍隊の地位は，1952年2月28日に東京で署名された日本国とアメリカ合衆国との間の安全保障条約第3条に基く行政協定（改正を含む）に代わる別個の協定及び合意される他の取極により規律される。

第7条　この条約は，国際連合憲章に基づく締約国の権利及び義務又は国際の平和及び安全を維持する国際連合の責任に対しては，どのような影響も及ぼすものではなく，また，及ぼすものと解釈してはならない。

第8条　この条約は，日本国及びアメリカ合衆国により各自の憲法上の手続に従つて批准されなければならない。この条約は，両国が東京で批准書を交換した日に効力を生ずる。

第9条　1951年9月8日にサン・フランシスコ市で署名された日本国とアメリカ合衆国との間の安全保障条約は，この条約の効力発生の時に効力を失う。

第10条　この条約は，日本区域における国際の平和及び安全の維持のため十分な定めをする国際連合の措置が効力を生じたと日本国政府及びアメリカ合衆国政府が認める時まで効力を有する。

　　　もつとも，この条約が10年間効力を存続した後は，いずれの締約国も，他方の締約国に対しこの条約を終了させる意思を通告することができ，その場合には，この条約は，そのような通告が行なわれた後1年で終了する。（以下略）

［出典］　外務省ウェブサイト。

# 4　日ソ日ロ関係

【解　題】

　第二次世界大戦末期，ヤルタ密約に基づき，ソ連は中立条約を破棄し対日参戦した。満州になだれ込んだソ連軍に対し関東軍は壊走し，多数の日本人が捕虜となった。シベリアなどに連行された日本人は，強制労働に従事させられ，その多くが祖国に帰ることなく死亡した。日本がポツダム宣言を受諾した後も，ソ連は南樺太や千島列島に侵攻した。アメリカの反対でソ連は日本占領に参加しなかったため，日本は東西ドイツや南北朝鮮のような分断国家になることを免れた。アメリカ主導で講和会議がサンフランシスコで開催され，ソ連は出席したものの署名しなかった。このため，日ソ間の戦争状態は継続された。［２の【133】を参照］

　吉田茂から鳩山一郎へ政権が代わると，ソ連はこれを歓迎した。ロンドン交渉では，ソ連側が日本の軍事同盟禁止を撤回し，色丹・歯舞群島の返還を示唆した。しかし，本国の重光外相が二島に加えて択捉・国後の返還も要求するよう訓令したため，ソ連側が硬化した。次いで重光外相自身がモスクワ交渉に臨んだが，ソ連側は譲歩せず，２島での妥結止む無し，と決断した。ところが，重光がスエズ問題に関する会議出席のためロンドンを訪れ，ダレス国務長官に日ソ交渉について報告したところ，日本がソ連に対して千島と南樺太の主権を承認した場合は，アメリカも沖縄の永久的所有権を主張できる，という恫喝を受けた。日本国内においても，重光の「豹変」に対する批判が沸騰した。結局，西ドイツが領土問題を棚上げしてソ連と国交を正常化した「アデナウアー方式」に習い，鳩山自身が訪ソし，日ソ共同宣言に調印して国交を正常化するとともに，国連加盟を勝ち取った【139】【140】。しかし，歯舞群島および色丹島は「平和条約が締結された後に現実に引き渡される」とされた。

　鳩山引退後，岸政権が安保改定を行うと，ソ連は２島返還の約束を反故にした【141】。その後，ソ連と対立する中国が日米に接近すると，日米中による包囲を嫌ったソ連が対日接近を図ったが，平和条約が実ることはなかった。1989年，冷戦は終結し，1991年にはソ連邦が解体した。新生ロシアのエリツィン大統領は来日して細川護熙首相と会談し，東京宣言に署名した【142】。橋本龍太郎首相はエリツィンと親密な関係を築いたが，平和条約締結には至らなかった。

## 【139】日ソ共同宣言（日本国とソヴィエト社会主義共和国連邦との共同宣言）**抜粋**

(1956年10月19日署名，同年12月12日発効)

(前略)

1　日本国とソヴィエト社会主義共和国連邦との間の戦争状態は，この宣言が効力を生ずる日に終了し，両国の間に平和及び友好善隣関係が回復される。

3　日本国及びソヴィエト社会主義共和国連邦は，相互の関係において，国際連合憲章の諸原則，なかんずく同憲章第2条に掲げる次の原則を指針とすべきことを確認する。
　　(a)　その国際紛争を，平和的手段によつて，国際の平和及び安全並びに正義を危くしないように，解決すること。
　　(b)　その国際関係において，武力による威嚇又は武力の行使は，いかなる国の領土保全又は政治的独立に対するものも，また，国際連合の目的と両立しない他のいかなる方法によるものも慎むこと。
　日本国及びソヴィエト社会主義共和国連邦は，それぞれ他方の国が国際連合憲章第51条に掲げる個別的又は集団的自衛の固有の権利を有することを確認する。
　日本国及びソヴィエト社会主義共和国連邦は，経済的，政治的又は思想的のいかなる理由であるとを問わず，直接間接に一方の国が他方の国の国内事項に干渉しないことを，相互に，約束する。
4　ソヴィエト社会主義共和国連邦は，国際連合への加入に関する日本国の申請を支持するものとする。
5　ソヴィエト社会主義共和国連邦において有罪の判決を受けたすべての日本人は，この共同宣言の効力発生とともに釈放され，日本国へ送還されるものとする。
　また，ソヴィエト社会主義共和国連邦は，日本国の要請に基いて，消息不明の日本人について引き続き調査を行うものとする。
6　ソヴィエト社会主義共和国連邦は，日本国に対し一切の賠償請求権を放棄する。
　日本国及びソヴィエト社会主義共和国連邦は，1945年8月9日以来の戦争の結果として生じたそれぞれの国，その団体及び国民のそれぞれ他方の国，その団体及び国民に対するすべての請求権を，相互に，放棄する。
8　1956年5月14日にモスクワで署名された北西太平洋の公海における漁業に関する日本国とソヴィエト社会主義共和国連邦との間の条約及び海上において遭難した人の救助のための協力に関する日本国とソヴィエト社会主義共和国連邦との間の協定は，この宣言の効力発生と同時に効力を生ずる。(中略)
9　日本国及びソヴィエト社会主義共和国連邦は，両国間に正常な外交関係が回復された後，平和条約の締結に関する交渉を継続することに同意する。
　ソヴィエト社会主義共和国連邦は，日本国の要請にこたえかつ日本国の利益を考慮して，歯舞諸島及び色丹島を日本国に引き渡すことに同意する。ただし，これらの諸島は，日本国とソヴィエト社会主義共和国連邦との間の平和条約が締結された後に現実に引き渡されるものとする。(以下略)
　　［出典］　鹿島平和研究所編『日本外交主要文書・年表』第1巻，原書房，1983年，784-786頁。

## 【140】北方領土の地図

(1) 日ロ国境の変遷

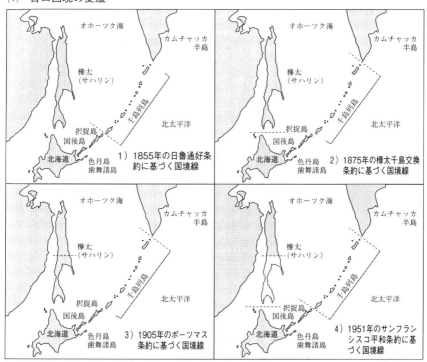

(2) ソ連軍の侵攻図

[注] ロシア政府は，第二次世界大戦の結果，南樺太，北方四島を含む千島列島はロシアの領土の一部になったとし，国後島と色丹島の占領は，1945年9月1日（日本政府が降伏文書に調印した1945年9月2日の前日）に終了したと主張している。

［出典］「われらの北方領土 2013年版 資料編」（外務省ウェブサイト）。

## 【141】 日米安保条約および歯舞・色丹返還の条件に関するソ連覚書

(1960年1月27日)

(前略)…ソ連邦は極東における平和機構を害し，ソ日関係の発展に対して支障をつくり出す新らしい軍事条約が日本によつて締結せられるようなステップを黙過することはもちろんできない。この条約が事実上日本の独立を奪い取り，日本の降服の結果日本に駐屯している外国軍隊が日本領土に駐屯を続けることに関連して，歯舞，および色丹諸島を日本に譲り渡すというソ連政府の約束の実現を不可能とする新らしい情勢がつくり出されている。

平和条約調印後日本に対し右諸島を譲渡することを承諾したのは，ソ連政府が日本の希望に応じ，ソ日交渉当時日本政府によつて表明せられた日本国の国民的利益と平和愛好の意図を考慮したがためである。

しかしソ連邦は，日本政府によつて調印せられた新条約がソ連邦と中華人民共和国に向けられたものであることを考慮し，これらの諸島を日本に譲り渡すことによつて外国軍隊によつて使用せられる領土が拡大せられるがごときを促進することはできない。

よつてソ連政府は日本領土から全外国軍隊の撤退およびソ日間平和条約の調印を条件としてのみ歯舞および色丹が1956年10月19日付ソ日共同宣言によつて規定されたとおり，日本に引き渡されるだろうということを声明することを必要と考える。

以上によつて明らかなとおり，日本政府には極東における平和保障の利益に反する軍事条約の署名に関連して生ずる一切の結果に対して重い責任がある。

[出典] 鹿島平和研究所編『日本外交主要文書・年表』第1巻，原書房，1983年，944頁。

## 【142】 日露関係に関する東京宣言 (1993年10月13日)

1　日本国総理大臣及びロシア連邦大統領は，ロシア連邦で行われている民主的変革と経済改革が，同国の国民のみならず世界全体にとって極めて重要な意義を有しているとの認識を共有するとともに，同国が真の市場経済への移行に成功し，民主的な国際社会に円滑に統合されることが，世界の安定を強化し，新しい国際秩序の形成過程を不可逆的なものとする上で，不可欠の要因であるとの見解を有する。(中略)

2　日本国総理大臣及びロシア連邦大統領は，両国関係における困難な過去の遺産は克服されなければならないとの認識を共有し，択捉島，国後島，色丹島及び歯舞群島の帰属に関する問題について真剣な交渉を行った。双方は，この問題を歴史的・法的事実に立脚し，両国の間で合意の上作成された諸文書及び法と正義の原則を基礎として解決することにより平和条約を早期に締結するよう交渉を継続し，もって両国間の関係を完全に正常化すべきことに合意する。この関連で，日本国政府及びロシア連邦政府は，ロシア連邦がソ連邦と国家としての継続性を有する同一の国家であり，日本国とソ連邦との間のすべての条約その他の国際約束は日本国とロシア連邦との間で引き続き適用されることを確認する。(以下略)　　[出典]『外交青書 (1993年版)』220-221頁。

# 5 日韓日朝関係

【解　題】

　1910年に大韓帝国を併合して以来，日本は1945年まで朝鮮を植民地統治した。日本からの解放後，北部にはソ連が進駐し，南部はアメリカがおさえた。米ソ冷戦の勃発を受け，南部には李承晩を大統領とする大韓民国（韓国）が，北部には金日成率いる朝鮮民主主義人民共和国（北朝鮮）が成立した。1950年，北朝鮮が韓国に侵攻すると，アメリカを主力とする「国連軍」が参戦し，中国も義勇兵が出兵した。朝鮮戦争中に開催されたサンフランシスコ講和会議には韓国，北朝鮮のいずれも招かれなかった。李承晩は「平和線」（李承晩ライン）を一方的に設定して日本漁船を拿捕するとともに，竹島（韓国名：独島）を自国領内に含めた。日韓会談が行われたが，日本側の久保田貫一郎が日本の朝鮮統治には良い側面もあった旨発言すると，韓国側が反発した【143】。

　1960年，李が亡命したことで，転機が訪れる。1961年，朴正煕がクーデターを起こし政権を掌握すると，対日関係改善に乗り出す。こうして日韓基本条約が締結され，日本は韓国を朝鮮半島の唯一の合法政府と認め，国交を樹立したが，竹島の帰属については先送りされた【144】【145】。日韓法的地位協定，日韓漁業協定，文化財及び文化協力に関する協定と並んで締結された日韓請求権並びに経済協力協定に基づき，日本は韓国に対し5億ドル（無償3億ドル，有償2億ドル）および民間融資3億ドルの経済協力を行い韓国の近代化を支援する一方，北朝鮮とは不正常な関係が続いた。

　1979年に朴大統領が側近に暗殺された後も軍事独裁は続いたが，1980年代後半に民主化した。韓国がソ連，中国と国交を回復する「北方外交」を展開すると，これに危機感を強めた北朝鮮は日本に秋波を送った。1990年，自民党と社会党からなる超党派の議員団が訪朝し，金日成と会談したが，日本側は36年間の植民地期だけでなく，分断期の責任を認める「素人外交」を露呈した【146】。

　1998年，来日した金大中大統領は小渕恵三首相と会談した。日本は過去の植民地支配について文書で謝罪したのに対し，韓国は今後歴史問題を韓国側から提起しない，とした【147】。ところが，小泉純一郎首相による靖国参拝を受け，韓国は再び歴史問題を追及し始める。一方，小泉は2002年，電撃的に訪朝し，金正日と会談した。金は日本人拉致を認めて謝罪し，国交正常化に向けて交渉することで合意した【148】。しかし，その後，北朝鮮の核開発疑惑もあり，日朝関係は停滞を続けている。

## 【143】 久保田発言（1953年10月15日，財産請求権委員会）

〔久保田〕韓国側で国会の意見があるからと，そのような請求権を出すというならば，日本としても朝鮮の鉄道や港を造ったり，農地を造成したりしたし，大蔵省は，当時，多い年で2000万円も持出していた。これらを返せと主張して韓国側の政治的請求権と相殺しようということになるのではないか（韓国側各委員に興奮の表情があらわれ，各自バラバラに発言する）。

〔洪〕あなたは，日本人が来なければ，韓人は眠っていたという前提で話をしているのか。日本人が来なければ，われわれはもっとよくやっていたかも知れない。

〔久保田〕よくなっていたかも知れないが，まずくなっていたかも知れない。これから先いうことは，記録をとらないでほしいが……私見としていうが，自分が外交史の研究をしたところによれば，当時日本が行かなかったら中国かロシアが入っていたかも知れないと考えている。

〔張〕1000万円とか2000万円とかの補助金は韓人のために出したのではなく，日本人のために出したので，その金で警察や刑務所をつくったではないか。

〔柳〕久保田さん，そういうことをいえばお話にならない。日本側で昔のことは水に流して，すまなかった，という気持で話をしようというなら別だ。

〔久保田〕お互いに将来のことを考えてやりたい。法律的な請求権の問題で話をしてゆきたい。

〔洪〕法律的なものといっても，当時の日本人の私有財産が，韓人と同等の立場で蓄積されたと考えるのか。

〔久保田〕こまかいことをいえばキリがなくなる。ただ，36年間というものは資本主義経済機構の下で平等に扱われたものである。時代を考えてほしい。

〔洪〕なぜカイロ宣言に「朝鮮人民の奴隷状態」という言葉が使われているのか。

〔久保田〕私見であるが，それは戦争中の興奮した心理状態で書かれたもので，私は奴隷とは考えない。

〔張〕日本が財産をふやしたのは，投資や経営能力が良かったためだと考えるのか。日本人が土地を買ったのは，東拓などが総督府の政策で買ったもので，機会均等ではなかった。

〔久保田〕日本のためのみではない。朝鮮の経済のためにも役立っているはずだ。

〔洪〕久保田さんは互譲の精神とか歩み寄りとかいっているが，当方は歩み寄りの余地はない。

　　［出典］『法律時報』1965年9月，48-49頁。

## 【144】日韓基本条約（日本国と大韓民国との間の基本関係に関する条約）

(1965年6月22日署名，同年12月18日発効)

（前略）
第1条　両締約国間に外交及び領事関係が開設される。両締約国は，大使の資格を有する外交使節を遅滞なく交換するものとする。また，両締約国は，両国政府により合意される場所に領事館を設置する。
第2条　1900年8月22日以前に大日本帝国と大韓帝国との間で締結されたすべての条約及び協定は，もはや無効であることが確認される。
第3条　大韓民国政府は，国際連合総会決議第195号（Ⅲ）に明らかに示されているとおりの朝鮮にある唯一の合法的な政府であることが確認される。
（以下略）
［出典］　鹿島平和研究所編『日本外交主要文書・年表』第2巻，原書房，1984年，570-571頁。

## 【145】竹島の地図

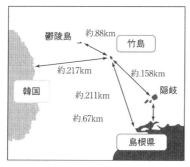

［出典］「竹島」（外務省ウェブサイト）。

## 【146】日朝関係に関する日本の自由民主党，日本社会党，朝鮮労働党の共同宣言 (1990年9月28日)

（前略）
(1)　三党は，過去に日本が36年間朝鮮人民に与えた大きな不幸と災難，戦後45年間朝鮮人民が受けた損失について，朝鮮民主主義人民共和国に対し，公式的に謝罪を行い十分に償うべきであると認める。自由民主党海部俊樹総裁は，金日成主席に伝えたその親書で，かつて朝鮮に対して日本が与えた不幸な過去が存在したことにふれ，「そのような不幸な過去につきましては，竹下元総理が，昨年3月国会におきまして深い反省と遺憾の意を表明しておりますが，私も内閣総理大臣として，それと全く同じ考えである」ということを明らかにして，日朝両国間の関係を改善する希望を表明した。

自由民主党代表団団長である金丸信衆議院議員も朝鮮人民に対する日本の過去の植民地支配に対して深く反省する謝罪の意を表明した。三党は，日本政府が国交関係を樹立すると同時に，かつて朝鮮民主主義人民共和国の人民に被らせた損害に対して十分に償うべきであると認める。
(2)　三党は，日朝両国間に存在している不正常な状態を解消し，できるだけ早い時期に国交関係を樹立すべきであると認める。
（後略）
　［出典］　データベース「世界と日本」（東京大学東洋文化研究所田中明彦研究室ウェブサイト）。

## 【147】日本と韓国の共同宣言，21世紀に向けた新たな日本と韓国のパートナーシップ（1998年10月8日）

（前略）
(2)　…小渕総理大臣は，今世紀の日韓両国関係を回顧し，我が国が過去の一時期韓国国民に対し植民地支配により多大の損害と苦痛を与えたという歴史的事実を謙虚に受けとめ，これに対し，痛切な反省と心からのお詫びを述べた。
　　　金大中大統領は，かかる小渕総理大臣の歴史認識の表明を真摯に受けとめ，これを評価すると同時に，両国が過去の不幸な歴史を乗り越えて和解と善隣友好協力に基づいた未来志向的な関係を発展させるためにお互いに努力することが時代の要請である旨表明した。
　　　また，両首脳は，両国国民，特に若い世代が歴史への認識を深めることが重要であることについて見解を共有し，そのために多くの関心と努力が払われる必要がある旨強調した。
(3)　両首脳は，過去の長い歴史を通じて交流と協力を維持してきた日韓両国が，1965年の国交正常化以来，各分野で緊密な友好協力関係を発展させてきており，このような協力関係が相互の発展に寄与したことにつき認識を共にした。小渕総理大臣は，韓国がその国民のたゆまざる努力により，飛躍的な発展と民主化を達成し，繁栄し成熟した民主主義国家に成長したことに敬意を表した。金大中大統領は，戦後の日本の平和憲法の下での専守防衛及び非核三原則を始めとする安全保障政策並びに世界経済及び開発途上国に対する経済支援等，国際社会の平和と繁栄に対し日本が果たしてきた役割を高く評価した。両首脳は，日韓両国が，自由・民主主義，市場経済という普遍的理念に立脚した協力関係を，両国国民間の広範な交流と相互理解に基づいて今後更に発展させていくとの決意を表明した。（後略）
　［出典］　『外交青書（1999年版）』311-312頁。

## 【148】 日朝平壌宣言 （2002年9月17日）

　小泉純一郎日本国総理大臣と金正日朝鮮民主主義人民共和国国防委員長は，2002年9月17日，平壌で出会い会談を行った。
　両首脳は，日朝間の不幸な過去を清算し，懸案事項を解決し，実りある政治，経済，文化的関係を樹立することが，双方の基本利益に合致するとともに，地域の平和と安定に大きく寄与するものとなるとの共通の認識を確認した。
(1)　双方は，この宣言に示された精神及び基本原則に従い，国交正常化を早期に実現させるため，あらゆる努力を傾注することとし，そのために2002年10月中に日朝国交正常化交渉を再開することとした。
　双方は，相互の信頼関係に基づき，国交正常化の実現に至る過程においても，日朝間に存在する諸問題に誠意をもって取り組む強い決意を表明した。
(2)　日本側は，過去の植民地支配によって，朝鮮の人々に多大の損害と苦痛を与えたという歴史の事実を謙虚に受け止め，痛切な反省と心からのお詫びの気持ちを表明した。
　双方は，日本側が朝鮮民主主義人民共和国側に対して，国交正常化の後，双方が適切と考える期間にわたり，無償資金協力，低金利の長期借款供与及び国際機関を通じた人道主義的支援等の経済協力を実施し，また，民間経済活動を支援する見地から国際協力銀行等による融資，信用供与等が実施されることが，この宣言の精神に合致するとの基本認識の下，国交正常化交渉において，経済協力の具体的な規模と内容を誠実に協議することとした。
　双方は，国交正常化を実現するにあたっては，1945年8月15日以前に生じた事由に基づく両国及びその国民のすべての財産及び請求権を相互に放棄するとの基本原則に従い，国交正常化交渉においてこれを具体的に協議することとした。
　双方は，在日朝鮮人の地位に関する問題及び文化財の問題については，国交正常化交渉において誠実に協議することとした。
(3)　双方は，国際法を遵守し，互いの安全を脅かす行動をとらないことを確認した。また，日本国民の生命と安全にかかわる懸案問題については，朝鮮民主主義人民共和国側は，日朝が不正常な関係にある中で生じたこのような遺憾な問題が今後再び生じることがないよう適切な措置をとることを確認した。
(4)　双方は，北東アジア地域の平和と安定を維持，強化するため，互いに協力していくことを確認した。
　双方は，この地域の関係各国の間に，相互の信頼に基づく協力関係が構築されることの重要性を確認するとともに，この地域の関係国間の関係が正常化されるにつれ，地域の信頼醸成を図るための枠組みを整備していくことが重要であるとの認識を一にした。
　双方は，朝鮮半島の核問題の包括的な解決のため，関連するすべての国際的合意を遵

守することを確認した。また，双方は，核問題及びミサイル問題を含む安全保障上の諸問題に関し，関係諸国間の対話を促進し，問題解決を図ることの必要性を確認した。

　朝鮮民主主義人民共和国側は，この宣言の精神に従い，ミサイル発射のモラトリアムを2003年以降も更に延長していく意向を表明した。

　双方は，安全保障にかかわる問題について協議を行っていくこととした。

　［出典］　外務省ウェブサイト。

# 6　日中日台関係

【解　題】

　日中戦争の終了後，中国大陸では蔣介石率いる国民党と，毛沢東らの共産党との間で内戦となった。日清戦争後，日本が植民地統治した台湾は，中華民国に引き渡された。1949年10月，内戦に勝利した共産党は中華人民共和国を建国し，敗れた国民党は台湾に撤退した。1950年6月に朝鮮戦争が勃発し，国連軍率いる米軍と北朝鮮を助けて参戦した中国は交戦し，米中対立は決定的となった。アメリカは，中国を国家承認した英国と講和会議に中台どちらを招くかで意見が対立し，結局双方とも招かれなかった。1951年，吉田茂首相はダレス特使に対し，中華民国（台湾）を国家承認する意思を表明した【149】。講和条約が発効した1952年4月28日，日本は台湾と日華平和条約を締結した【150】。

　1950年代，日本は国交のない中国と民間貿易を開始したが，岸政権の時代，長崎国旗事件を契機として関係断絶に至る。1960年代になるとLT貿易が始まったが，1965年頃から中国は文化大革命の混乱で対外関係がほぼ途絶えた。1969年，中国はソ連と国境で武力衝突を起こし，中ソ対立は頂点に達する。そこで中国はアメリカに接近を図り，またアメリカもベトナム戦争を終結に導くべく，中国と歩み寄る。1971年7月，ニクソン大統領は翌年中国を訪問すると発表し，世界を驚かせた【151】。

　「ニクソン・ショック」を受けた佐藤政権は身動きがとれず，後継の田中角栄首相が大平正芳外相と訪中し，日中共同宣言に調印，国交を正常化した【152】。中国は賠償放棄に同意したが，台湾問題には固執した。日本は，台湾を不可分の領土であるとする中国の立場を「十分理解し，尊重」するという態度をとった。中国はまたソ連を念頭に「覇権条項」の挿入にこだわったが，ソ連を刺激したくない日本はこれが「第三国に対するものではない」という文言を併記させた。なお，この頃，台湾や中国が自国領と主張し始めていた尖閣諸島について，田中首相は周首相に「どう思うか」と尋ねたが，周は「今はなすのはよくない」と議論自体を拒否した【153】【154】。台湾には自民党副総裁の椎名悦三郎が訪問し，大平外相の声明をもって，両国は国交を断絶した【155】。しかし，民間交流は継続されて今日に至る。

　日中共同声明をふまえて航空・海運・貿易・漁業に関する実務協定が締結された後，1978年，日中平和友好条約が調印された【156】。批准書を携えて来日した鄧小平は，中国近代化への日本の助力を希望した。これに応えて日本企業が中国に進出し，大平政権以降は円借款が供与されていく。

## 【149】国民政府との講和に関する吉田書簡（1951年12月24日）

　（前略）国際連合において中国の議席，発言権及び投票権をもち，若干の領域に対して現実に施政の権能を行使し，及び国際連合加盟国の大部分と外交関係を維持している

中華民国国民政府とこの種の関係を発展させて行くことが現在可能であると考えます。この目的のためわが政府は，1951年11月17日，中国国民政府の同意をえて日本政府在外事務所を台湾に設置しました。これは，かの多数国間平和条約が効力を生ずるまでの間，現在日本に許されている外国との関係の最高の形態であります。在台湾日本政府在外事務所に重要な人員を置いているのも，わが政府が中華民国国民政府との関係を重視していることを示すものであります。わが政府は，法律的に可能となり次第，中国国民政府が希望するならば，これとの間に，かの多数国間平和条約に示された諸原則に従つて両政府の間に正常な関係を再開する条約を締結する用意があります。この二国間条約の条項は，中華民国に関しては，中華民国国民政府の支配下に現にあり又は今後入るべきすべての領域に適用があるものであります。われわれは，中国国民政府とこの問題をすみやかに探究する所存であります。

　中国の共産政権に関しては，この政権は，国際連合により侵略者なりとして現に非難されており，その結果，国際連合は，この政権に対するある種の措置を勧告しました。日本は，現在これに同調しつつあり，また，多数国間平和条約の効力発生後も，その第5条（a）（ⅲ）の規定に従つてこれを継続するつもりであります。この規定により，日本は，「国際連合が憲章に従つてとるいかなる行動についても国際連合にあらゆる援助を与え，且つ，国際連合が防止行動又は強制行動をとるいかなる国に対しても援助の供与を慎むこと」を約している次第であります。なお，1950年モスコーにおいて締結された中ソ友好同盟及び相互援助条約は，実際上日本に向けられた軍事同盟であります。事実，中国の共産政権は日本の憲法制度及び現在の政府を，強力をもつて顛覆せんとの日本共産党の企図を支援しつつあると信ずべき理由が多分にあります。これらの考慮から，わたくしは，日本政府が中国の共産政権と二国間条約を締結する意図を有しないことを確信することができます。（後略）

　　［出典］　鹿島平和研究所編『日本外交主要文書・年表』第1巻，原書房，1983年，468-470頁。

## 【150】 日華平和条約（1952年4月28日署名，同年8月5日発効）

（前略）

第1条　日本国と中華民国との間の戦争状態は，この条約が効力を生ずる日に終了する。

第2条　日本国は，1951年9月8日にアメリカ合衆国のサン・フランシスコ市で署名された日本国との平和条約（以下「サン・フランシスコ条約」という。）第2条に基き，台湾及び澎湖諸島並びに新南群島及び西沙群島に対するすべての権利，権原及び請求権を放棄したことが承認される。（後略）

日華平和条約に関する交換公文

第1号　書簡をもつて啓上いたします。本日署名された日本国と中華民国との間の平和条約に関して，本全権委員は，本国政府に代つて，この条約の条項が，中華民国に関し

ては，中華民国政府の支配下に現にあり，又は今後入るすべての領域に適用がある旨のわれわれの間で達した了解に言及する光栄を有します。(後略)

　[出典]　外務省アジア局中国課監修『日中関係基本資料集』霞山会，1970年，32-35頁。

## 【151】上海コミュニケ (リチャード・M・ニクソン大統領の訪中に関する米中共同声明)

(1972年2月28日)

　(前略) 中国と米国の社会制度と対外政策には本質的な相違が存在している。しかしながら，双方は，各国が，社会制度のいかんを問わず，すべての国の主権と領土保全の尊重，他国に対する不可侵，他国の国内問題に対する不干渉，平等互恵，及び平和共存の原則に基づき，国と国との関係を処理すべきである旨合意した。国際紛争は，この基礎に基づき，武力の使用または威嚇に訴えることなく解決されるべきである。米国と中国は，相互の関係においてこれらの原則を適用する用意がある。

　国際関係におけるこれらの原則に留意しつつ双方は次のように述べた。

――中国と米国の関係正常化への前進は，全ての国々の利益にかなっている。

――双方共，国際的軍事衝突の危険を減少させることを願望する。

――いずれの側も，アジア・太平洋地域における覇権を求めるべきでなく，他のいかなる国家あるいは国家集団によるこのような覇権樹立への試みにも反対する。

――いずれの側も，いかなる第三者に代わって交渉し，あるいは，第三国についての合意や了解を相互に取り決める用意もない。

　双方は，いずれかのある大国が，別の大国と結託してその他の国家に対抗したり，あるいは大国が世界中を利益圏に分割することは，世界各国国民の利益に反するものであるとの見解に立っている。

　双方は，米中両国間に長期にわたって存在してきた重大な紛争を検討した。中国側は，台湾問題は中国と米国との間の関係正常化を阻害しているかなめの問題であり，中華人民共和国政府は中国の唯一の合法政府であり，台湾は中国の一省であり，夙に祖国に返還されており，台湾解放は，他のいかなる国も干渉の権利を有しない中国の国内問題であり，米国の全ての軍隊及び軍事施設は台湾から撤退ないし撤去されなければならないという立場を再確認した。中国政府は，「一つの中国，一つの台湾」，「一つの中国，二つの政府」，「二つの中国」及び「台湾独立」を作り上げることを目的とし，あるいは「台湾の地位は未確定である」と唱えるいかなる活動にも断固として反対する。

　米国側は次のように表明した。米国は，台湾海峡の両側のすべての中国人が，中国はただ一つであり，台湾は中国の一部分であると主張していることを認識している。米国政府は，この立場に異論をとなえない。米国政府は，中国人自らによる台湾問題の平和的解決についての米国政府の関心を再確認する。かかる展望を念頭におき，米国政府は，台湾から全ての米国軍隊と軍事施設を撤退ないし撤去するという最終目標を確認す

る。当面，米国政府は，この地域の緊張が緩和するにしたがい，台湾の米国軍隊と軍事施設を漸進的に減少させるであろう。(後略)

［出典］『わが外交の近況』第16号，1972年，527-528頁。

## 【152】 日中共同声明 (日本国政府と中華人民共和国政府の共同声明) (1972年9月29日)

　日中両国は，一衣帯水の間にある隣国であり，長い伝統的友好の歴史を有する。両国国民は，両国間にこれまで存在していた不正常な状態に終止符を打つことを切望している。戦争状態の終結と日中国交の正常化という両国国民の願望の実現は，両国関係の歴史に新たな一頁を開くこととなろう。

　日本側は，過去において日本国が戦争を通じて中国国民に重大な損害を与えたことについての責任を痛感し，深く反省する。また，日本側は，中華人民共和国政府が提起した「復交三原則」を十分理解する立場に立って国交正常化の実現をはかるという見解を再確認する。中国側は，これを歓迎するものである。

　日中両国間には社会制度の相違があるにもかかわらず，両国は，平和友好関係を樹立すべきであり，また，樹立することが可能である。両国間の国交を正常化し，相互に善隣友好関係を発展させることは，両国国民の利益に合致するところであり，また，アジアにおける緊張緩和と世界の平和に貢献するものである。

(1)　日本国と中華人民共和国との間のこれまでの不正常な状態は，この共同声明が発出される日に終了する。

(2)　日本国政府は，中華人民共和国政府が中国の唯一の合法政府であることを承認する。

(3)　中華人民共和国政府は，台湾が中華人民共和国の領土の不可分の一部であることを重ねて表明する。日本国政府は，この中華人民共和国政府の立場を十分理解し，尊重し，ポツダム宣言第八項に基づく立場を堅持する。

(4)　日本国政府及び中華人民共和国政府は，1972年9月29日から外交関係を樹立することを決定した。両政府は，国際法及び国際慣行に従い，それぞれの首都における他方の大使館の設置及びその任務遂行のために必要なすべての措置をとり，また，できるだけすみやかに大使を交換することを決定した。

(5)　中華人民共和国政府は，中日両国国民の友好のために，日本国に対する戦争賠償の請求を放棄することを宣言する。

(6)　日本国政府及び中華人民共和国政府は，主権及び領土保全の相互尊重，相互不可侵，内政に対する相互不干渉，平等及び互恵並びに平和共存の諸原則の基礎の上に両国間の恒久的な平和友好関係を確立することに合意する。

　両政府は，右の諸原則及び国際連合憲章の原則に基づき，日本国及び中国が，相互の関係において，すべての紛争を平和的手段により解決し，武力又は武力による威嚇に訴

えないことを確認する。
(7) 日中両国間の国交正常化は，第三国に対するものではない。両国のいずれも，アジア・太平洋地域において覇権を求めるべきではなく，このような覇権を確立しようとする他のいかなる国あるいは国の集団による試みにも反対する。
(8) 日本国政府及び中華人民共和国政府は，両国間の平和友好関係を強固にし，発展させるため，平和友好条約の締結を目的として，交渉を行なうことに合意した。
(9) 日本国政府及び中華人民共和国政府は，両国間の関係を一層発展させ，人的往来を拡大するため，必要に応じ，また，既存の民間取決めをも考慮しつつ，貿易，海運，航空，漁業等の事項に関する協定の締結を目的として，交渉を行なうことに合意した。
（以下略）

[出典] 『わが外交の近況』第17号，1973年，506-507頁。

## 【153】尖閣の地図

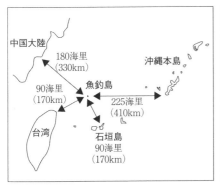
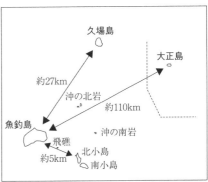

[出典] 「尖閣諸島」（外務省ウェブサイト）。

## 【154】田中総理・周恩来総理会談記録　第3回首脳会談（1972年9月27日）

（前略）
田中：尖閣諸島についてどう思うか？　私のところに，いろいろ言ってくる人がいる。
周：尖閣諸島問題については，今回は話したくない。今，これを話すのはよくない。石油が出るから，これが問題になった。石油が出なければ，台湾も米国も問題にしない。
（以下略）

[出典] 石井明ほか編『記録と考証　日中国交正常化・日中平和友好条約締結交渉』岩波書店，2003年，68頁。

## 【155】大平外務大臣記者会見詳録（1972年9月29日）

（前略）共同声明の中には触れられておりませんが，日中関係正常化の結果として，

日華平和条約は，存続の意義を失い，終了したものと認められる，というのが日本政府の見解でございます。（中略）

　日中国交正常化の結果といたしまして，台湾と日本との間の外交関係は維持できなくなります。したがいまして所要の残務整理期間を終えますと，在台日本大使館は閉鎖せざるを得ないと思います。その具体的な時期はそう遠くない将来であるとご理解いただきたいと思います。

　［出典］『わが外交の近況』第17号，1973年，538頁。

## 【156】 日中平和友好条約（日本国と中華人民共和国との間の平和友好条約）

（1978年8月12日署名，同年10月23日発効）

（前略）
第1条
　1　両締約国は，主権及び領土保全の相互尊重，相互不可侵，内政に対する相互不干渉，平等及び互恵並びに平和共存の諸原則の基礎の上に，両国間の恒久的な平和友好関係を発展させるものとする。
　2　両締約国は，前記の諸原則及び国際連合憲章の原則に基づき，相互の関係において，すべての紛争を平和的手段により解決し及び武力又は武力による威嚇に訴えないことを確認する。
第2条　両締約国は，そのいずれも，アジア・太平洋地域においても又は他のいずれの地域においても覇権を求めるべきではなく，また，このような覇権を確立しようとする他のいかなる国又は国の集団による試みにも反対することを表明する。
第3条　両締約国は，善隣友好の精神に基づき，かつ，平等及び互恵並びに内政に対する相互不干渉の原則に従い，両国間の経済関係及び文化関係の一層の発展並びに両国民の交流の促進のために努力する。
第4条　この条約は，第三国との関係に関する各締約国の立場に影響を及ぼすものではない。
第5条
　1　この条約は，批准されるものとし，東京で行われる批准書の交換の日に効力を生ずる。この条約は，10年間効力を有するものとし，その後は，2の規定に定めるところによつて終了するまで効力を存続する。
　2　いずれの一方の締約国も，1年前に他方の締約国に対して文書による予告を与えることにより，最初の10年の期間の満了の際又はその後いつでもこの条約を終了させることができる。（後略）

　［出典］『外交青書（1979年版）』363-364頁。

# 7　沖縄返還

【解　題】

　講和条約3条に基づき，奄美群島（鹿児島県），沖縄諸島（沖縄県），小笠原諸島（東京都）は引き続きアメリカの統治下に置かれた。基地建設に適さない奄美は1953年に本土復帰を果たしたが，アメリカは戦略的価値の高い沖縄と小笠原を手放そうとしなかった。1950年代，アメリカによる土地の強制収容と地代支払い方法をめぐり，沖縄では「島ぐるみ闘争」が起きた。1960年代になると沖縄住民の復帰運動が高揚し，ケネディ大統領も沖縄の施政権が日本にあることを改めて認めた。

　1964年に首相となった佐藤栄作は，沖縄の施政権返還を最大の外交課題として掲げた。終戦20年目の節目となる1965年8月，佐藤は戦後首相として初めて沖縄の土を踏んだ【157】。しかし，ちょうどその頃，アメリカは北爆を開始するなどベトナム戦争が激化し，沖縄の軍事的価値も高まっていたため，交渉は容易ではなかった。1967年11月，佐藤は訪米してジョンソン大統領と会談し，沖縄の返還時期を「両三年内」に決めることで合意し，さらに小笠原が1968年に返還されることに決まった【158】。

　佐藤は核兵器を「持たず，作らず，持ち込ませず」とする非核3原則を含む核4政策を打ち出すが【159】，沖縄の「核抜き・本土並み」での返還を目指す以上，沖縄から本当に核兵器が撤去されるのかが懸念となった。1969年11月，佐藤はニクソン大統領と会談し，沖縄の1972年返還で合意した【160】。なお，ニクソンは沖縄を返還する代わりに，日本側が繊維問題でアメリカ側の要求を受け入れるよう迫ったが妥結せず，日本の頭越しの米中接近（「ニクソン・ショック」）につながった。また沖縄返還交渉においては，①有事の際，アメリカは核を再び持込む可能性がある，②米軍基地跡地の原状回復の費用などを日本政府が肩代わりする，③ドルと円を交換した後，ドルをニューヨーク連銀に長期間無利子で「塩漬け」にする，という密約が交わされたことが，今日明らかになっている。

　1971年，沖縄返還協定が調印されたが【161】，沖縄は日本に復帰しても米軍基地が残り，さらに自衛隊が沖縄に駐屯することとなった。琉球政府は米軍基地の整理・縮小や自衛隊配備への不安について訴える「復帰措置に関する建議書」を作成した【162】。屋良朝苗主席は建議書を持参して上京したが，それを日本政府に届ける前に，沖縄返還協定は国会で強行採決された。1972年5月15日，沖縄は日本に復帰したが，沖縄の基地問題は大きな政治問題であり続けている【163】。

## 【157】佐藤栄作内閣総理大臣の沖縄訪問に際してのステートメント

(1965年8月19日)

（前略）沖縄が本土から分れて20年，私たち国民は沖縄90万のみなさんのことを片時たりとも忘れたことはありません。本土一億国民は，みなさんの長い間の御労苦に対し，深い尊敬と感謝の念をささげるものであります。私は沖縄の祖国復帰が実現しない限り，わが国にとって「戦後」が終っていないことをよく承知しております。（後略）

［出典］ 鹿島平和研究所編『日本外交主要文書・年表』第2巻，原書房，1984年，613頁。

## 【158】1967年11月14日および15日のワシントンにおける会談後の佐藤栄作総理大臣とリンドン・B・ジョンソン大統領との間の共同コミュニケ

（前略）七 …総理大臣は，沖縄の施政権の日本への返還に対する日本政府および日本国民の強い要望を強調し，日米両国政府および両国民の相互理解と信頼の上に立って妥当な解決を早急に求めるべきであると信ずる旨を述べた。総理大臣は，さらに，両国政府がここ両三年内に双方の満足しうる返還の時期につき合意すべきであることを強調した。大統領は，これら諸島の本土復帰に対する日本国民の要望は，十分理解しているところであると述べた。同時に，総理大臣と大統領は，これら諸島にある米国の軍事施設が極東における日本その他の自由諸国の安全を保障するため重要な役割りを果していることを認めた。

討議の結果，総理大臣と大統領は，日米両国政府が，沖縄の施政権を日本に返還するとの方針の下に，かつ，以上の討議を考慮しつつ，沖縄の地位について共同かつ継続的な検討を行なうことに合意した。（中略）

総理大臣と大統領は，小笠原諸島の地位についても検討し，日米両国共通の安全保障上の利益はこれら諸島の施政権を日本に返還するための取決めにおいて満たしうることに意見が一致した。よって，両者は，これら諸島の日本への早期復帰をこの地域の安全をそこなうことなく達成するための具体的な取決めに関し，両国政府が直ちに協議に入ることに合意した。この協議は，この地域の防衛の責任の多くを徐々に引受けるという総理大臣が表明した日本政府の意図を考慮に入れるであろう。総理大臣と大統領は，米国が，小笠原諸島において両国共通の安全保障上必要な軍事施設および区域を日本国とアメリカ合衆国との間の相互協力及び安全保障条約に基づいて保持すべきことに意見が一致した。（以下略）

［出典］ 鹿島平和研究所編『日本外交主要文書・年表』第2巻，原書房，1984年，735-736頁。

## 【159】非核3原則（核4政策）に関する佐藤首相の国会答弁 (1968年1月30日)

（前略）…わが国の核政策につきましては，大体四本の柱，かように申してもいいかと思います。

第一は，核兵器の開発，これは行なわない。また核兵器の持ち込み，これも許さない。また，これを保持しない。いわゆる非核3原則でございます。(「うそをつくな」と呼ぶ者あり) うそを言うなというやじが飛んでおりますが，さようなことはございません。この点ははっきりしております。

　第二は，核兵器による悲惨な体験を持つ日本国民は，核兵器の廃棄，絶滅を念願しております。しかし，現実問題としてはそれがすぐ実現できないために，当面は実行可能なところから，核軍縮の点にわれわれは力を注ぐつもりでございます。したがいまして，国際的な規制あるいは管理などについていろいろ意見を述べておる次第でございます。このこともなかなか容易なことではありませんから，粘り強く取り組んでいかねばならないのであります。

　第三に，平和憲法のたてまえもありますが，私どもは，通常兵器による侵略に対しては自主防衛の力を堅持する。国際的な核の脅威に対しましては，わが国の安全保障については，引き続いて日米安全保障条約に基づくアメリカの核抑止力に依存する。これが第三の決定であります。

　第四に，核エネルギーの平和利用は，最重点国策として全力をあげてこれに取り組む。そして世界の科学技術の進歩に寄与し，みずからその実益を享受しつつ，国民の自信と国の威信を高め，平和への発言権を強める，以上の四つを私は核政策の基本にしておるのであります。(以下略)

[出典]　細谷千博ほか編『日米関係資料集1945-97』東京大学出版会，1999年，759頁。

## 【160】佐藤栄作総理大臣とリチャード・M・ニクソン大統領との間の共同声明 (1969年11月21日)

(前略)

(4)　総理大臣と大統領は，特に，朝鮮半島に依然として緊張状態が存在することに注目した。総理大臣は，朝鮮半島の平和維持のための国際連合の努力を高く評価し，韓国の安全は日本自身の安全にとって緊要であると述べた。総理大臣と大統領は，中共がその対外関係においてより協調的かつ建設的な態度をとるよう期待する点において双方一致していることを認めた。大統領は，米国の中華民国に対する条約上の義務に言及し，米国はこれを遵守するものであると述べた。総理大臣は，台湾地域における平和と安全の維持も日本の安全にとってきわめて重要な要素であると述べた。大統領は，ヴィエトナム問題の平和的かつ正当な解決のための米国の誠意ある努力を説明した。総理大臣と大統領は，ヴィエトナム戦争が沖縄の施政権が日本に返還されるまでに終結していることを強く希望する旨を明らかにした。(中略)

(6)　総理大臣は，日米友好関係の基礎に立って沖縄の施政権を日本に返還し，沖縄を正常な姿に復するようにとの日本本土および沖縄の日本国民の強い願望にこたえるべき時期が到来したとの見解を説いた。大統領は，総理大臣の見解に対する理解を示し

た。総理大臣と大統領は、また、現在のような極東情勢の下において、沖縄にある米軍が重要な役割を果たしていることを認めた。討議の結果、両者は、日米両国共通の安全保障上の利益は、沖縄の施政権を日本に返還するための取決めにおいて満たしうることに意見が一致した。よって、両者は、日本を含む極東の安全をそこなうことなく沖縄の日本への早期復帰を達成するための具体的な取決めに関し、両国政府が直ちに協議に入ることに合意した。さらに、両者は、立法府の必要な支持をえて前記の具体的取決めが締結されることを条件に1972年中に沖縄の復帰を達成するよう、この協議を促進すべきことに合意した。これに関連して、総理大臣は、復帰後は沖縄の局地防衛の責務は日本自体の防衛のための努力の一環として徐徐にこれを負うとの日本政府の意図を明らかにした。また、総理大臣と大統領は、米国が、沖縄において両国共通の安全保障上必要な軍事上の施設および区域を日米安保条約に基づいて保持することにつき意見が一致した。

(7) 総理大臣と大統領は、施政権返還にあたっては、日米安保条約およびこれに関する諸取決めが変更なしに沖縄に適用されることに意見の一致をみた。これに関連して、総理大臣は、日本の安全は極東における国際の平和と安全なくしては十分に維持することができないものであり、したがって極東の諸国の安全は日本の重大な関心事であるとの日本政府の認識を明らかにした。総理大臣は、日本政府のかかる認識に照らせば、前記のような態様による沖縄の施政権返還は、日本を含む極東の諸国の防衛のために米国が負っている国際義務の効果的遂行の妨げとなるようなものではないとの見解を表明した。大統領は、総理大臣の見解と同意見である旨を述べた。

(8) 総理大臣は、核兵器に対する日本国民の特殊な感情およびこれを背景とする日本政府の政策について詳細に説明した。これに対し、大統領は、深い理解を示し、日米安保条約の事前協議制度に関する米国政府の立場を害することなく、沖縄の返還を、右の日本政府の政策に背馳しないよう実施する旨を総理大臣に確約した。(後略)

［出典］『わが外交の近況』第14号，1970年，400-401頁。

## 【161】沖縄返還協定 (琉球諸島及び大東諸島に関する日本国とアメリカとの間の協定)

**(1971年6月17日署名, 1972年5月15日発効)**

(前略)

第1条 1．アメリカ合衆国は、2に定義する琉球諸島及び大東諸島に関し、1951年9月8日にサン・フランシスコ市で署名された日本国との平和条約第3条の規定に基づくすべての権利及び利益を、この協定の効力発生の日から日本国のために放棄する。日本国は、同日に、これらの諸島の領域及び住民に対する行政、立法及び司法上のすべての権利を行使するための完全な権能及び責任を引き受ける。

2．この協定の適用上、「琉球諸島及び大東諸島」とは、行政、立法及び司法上のすべての権力を行使する権利が日本国との平和条約第3条の規定に基づいてアメリカ合

衆国に与えられたすべての領土及び領水のうち，そのような権利が1953年12月24日及び1968年4月5日に日本国とアメリカ合衆国との間に署名された奄美群島に関する協定並びに南方諸島及びその他の諸島に関する協定に従ってすでに日本国に返還された部分を除いた部分をいう。

第2条　日本国とアメリカ合衆国との間に締結された条約及びその他の協定（1960年1月19日にワシントンで署名された日本国とアメリカ合衆国との間の相互協力及び安全保障条約及びこれに関連する取極並びに1953年4月2日に東京で署名された日本国とアメリカ合衆国との間の友好通商航海条約を含むが，これらに限られない。）は，この協定の効力発生の日から琉球諸島及び大東諸島に適用されることが確認される。

第3条　1．日本国は，1960年1月19日にワシントンで署名された日本国とアメリカ合衆国との間の相互協力及び安全保障条約及びこれに関連する取極に従い，この協定の効力発生の日に，アメリカ合衆国に対し琉球諸島及び大東諸島における施設及び区域の使用を許す。（以下略）

［出典］『わが外交の近況』第16号，1972年，472-473頁。

## 【162】琉球政府「復帰措置に関する建議書」(1971年11月18日)

（前略）アメリカは沖縄に極東の自由諸国の防衛という美名の下に，排他的かつ恣意的に膨大な基地を建設してきました。基地の中に沖縄があるという表現が実感であります。百万の県民は小さい島で，基地や核兵器や毒ガス兵器に囲まれて生活してきました。それのみでなく，異民族による軍事優先政策の下で，政治的諸権利がいちじるしく制限され，基本的人権すら侵害されてきたことは枚挙にいとまありません。県民が復帰を願った心情には，結局は国の平和憲法の下で基本的人権の保障を願望していたからに外なりません。経済面から見ても，平和経済の発展は大幅に立ちおくれ，沖縄の県民所得も本土の約6割であります。その他，このように基地あるがゆえに起るさまざまの被害公害や，とり返しのつかない多くの悲劇等を経験している県民は，復帰に当っては，やはり従来通りの基地の島としてではなく，基地のない平和の島としての復帰を強く望んでおります。

また，アメリカが施政権を行使したことによってつくり出した基地は，それを生み出した施政権が返還されるときには，完全でないまでもある程度の整理なり縮小なりの処理をして返すべきではないかと思います。

そのような観点から復帰を考えたとき，このたびの返還協定は基地を固定化するものであり，県民の意志が十分に取り入れられていないとして，大半の県民は協定に不満を表明しております。まず基地の機能についてみるに，段階的に解消を求める声と全面撤去を主張する声は基地反対の世論と見てよく，これら二つを合わせるとおそらく80%以上の高率となります。

次に自衛隊の沖縄配備については，絶対多数が反対を表明しております。自衛隊の配

備反対と言う世論は，やはり前述のように基地の島としての復帰を望まず，あくまでも基地のない平和の島としての復帰を強く望んでいることを示すものであります。(以下略)

［出典］　沖縄県公文書館ウェブサイト。

## 【163】沖縄基地関連の図

［出典］　『資料で学ぶ国際関係〔第2版〕』96頁。

# 8　賠償から援助へ

【解　題】

　対外経済援助は外交政策の一環であるから，当然のことながら日本の国益のために行われている。憲法9条によって軍事力の保持と使用を著しく制限された日本にとって，経済援助は重要な外交的手段の1つであった。

　戦後日本の対外援助は，まず戦後賠償から始まった。インドネシア，南ベトナム，フィリピン，ビルマ（現ミャンマー）の東南アジア4ヶ国はサンフランシスコ講和の際に賠償を放棄しなかった【164】。賠償は生産物やサービスの提供といった形でなされ，しかもそれらは日本企業から調達された。東南アジア諸国は日本にとって，食糧や工業原料の輸入源として，また工業製品の輸出市場として重要であり，日本は，賠償を東南アジアに経済的に進出する際の足がかりとするとともに，1954年には，英連邦諸国を中心とした東南アジア諸国への技術協力を行うコロンボ・プランに参加した【165】。

　第二次世界大戦後，アジアおよびアフリカでは脱植民地化の動きが本格化し，1960年前後までに新興独立国が増加する。新興独立国は低開発にとどまり経済的に貧しかった。こうして1960年代に国際社会に低開発国（発展途上国）というカテゴリーの国家群が現れた。発展途上国は連帯して，先進国との経済格差の是正を主張し，ここに南北問題が発生するのである【167】。米ソ両国は新興独立国／発展途上国を自陣営に引き入れようとし，経済援助競争を繰り広げることとなる。南北問題と冷戦が交錯するこのような状況を背景に，ケネディ・アメリカ大統領は「国連開発の10年」を提唱し【166】，また，OECD（経済協力開発機構）も途上国援助に対する西側先進諸国の協調を目的の1つとして1961年に発足した。日本はOECDの開発援助委員会（DAC）のメンバーとなり，経済成長にともない援助額を伸ばしていった【168】。

　このDAC諸国による途上国に対する経済援助が，いわゆるODA（政府開発援助）であり，日本外交において重要な分野となっている。冷戦後になると，発展途上国への経済援助を通して国際社会の平和と発展に貢献し，ひいては日本の安全と繁栄を確保することがODAの主要な目的となる。そのため，ODAは単なる経済援助ではなく，途上国における民主化の促進や市場経済の導入，2003年大綱では「人間の安全保障」や「紛争後の平和構築」といったグローバルな諸問題と関連づけられている【169】【170】。また，重点地域としてまず挙げられるのはアジアであるが，中東なども資源供給の面から重要視される。日本のODA実績は1990年代には1位であったが，不況や財政赤字といった事情もあり，2000年代は順位を低下させた【171】。

## 【164】 日本の賠償

賠償　　　　　　　　　　　（単位 100万円）

| | 協定締結 | 協力終了 | 金額 | 備考 |
|---|---|---|---|---|
| ビルマ | 1955. 4. 16 | 1965. 4. 15 | 72,000 | 賠償協定 |
| フィリピン | 1956. 7. 23 | 1976. 7. 22 | 190,203 | 賠償協定 |
| インドネシア | 1958. 4. 15 | 1970. 4. 14 | 80,309 | 賠償協定 |
| ベトナム | 1960. 1. 12 | 1965. 1. 11 | 14,040 | 賠償協定 |

準賠償　　　　　　　　　　（単位 100万円）

| | | 協定締結 | 協力終了 | 金額 | 備考 |
|---|---|---|---|---|---|
| タイ | | 1955. 7. 9 | 1959. 5. 3 | 5,400 | 特別円解決協定 |
| | | 1962. 1. 31 | 1969. 5. 3 | 9,600 | 経済協力協定 |
| ラオス | | 1958. 10. 15 | 1965. 1. 22 | 1,000 | 経済・技術協力協定 |
| カンボジア | | 1959. 3. 2 | 1964. 7. 5 | 1,500 | 経済・技術協力協定 |
| ビルマ | | 1963. 3. 29 | 1977. 4. 16 | 47,336 | 経済・技術協力協定 |
| 韓国 | 有償 | 1965. 6. 22 | 1975. 12. 17 | 67,728 | 請求権・経済協力協定 |
| | 無償 | 1965. 6. 22 | 1975. 12. 17 | 102,093 | 請求権・経済協力協定 |
| シンガポール | 無償 | 1967. 9. 21 | 1972. 3. 31 | 2,940 | 無償協力協定 |
| | 有償 | 1970. 10. 9 | 1972. 9. 30 | 2,940 | 円借款 |
| マレーシア | | 1967. 9. 25 | 1972. 5. 6 | 2,940 | 無償協力協定 |
| ミクロネシア | | 1969. 4. 18 | 1976. 10. 15 | 1,800 | 信託統治地域日米協定 |

［出典］　永野慎一郎・近藤正臣編『日本の戦後賠償——アジア経済協力の出発』勁草書房，1999年，12頁。

## 【165】 アジア諸国との経済協力

### 経済協力の基本態度

　東南アジア諸国は食糧や工業原料の輸入源として，またわが国工業製品の輸出市場として，戦後わが国経済の安定と発展の上にますますその重要度を加えている。これら諸国の経済開発は，資本および技術の不足のため，外国の協力ないし援助を必要としているが，他方，多くの国においては戦後急激に拡まつた民族主義的風潮が支配的で，先進国の接近には用心深い態度をとつている。

　莫大な賠償の責務を負い，しかも増大する人口を擁して国民の生活水準引上の課題を担うわが国としては，現段階においては資本をもつて各国の経済開発を援ける余裕が少いので，政府の行う協力施策としては諸国の希望を尊重しつつ，その欲する技術を供与することを主眼として各国の経済建設に進んで寄与するとともに，他方民間企業のこの

地域との提携，協力に対しては積極的にこれを支援する方針をとっている。
（中略）

**経済協力の方式**

アジア諸国に対するわが国の経済協力は，一方において政府の手によるものと民間の商業ベースによるものとに分たれ，他方において資本援助と技術援助に分つことができる。

わが国としてはさしあたり財政支出による資本援助を行う余裕が少ないので，政府としての経済協力は，カンボディアの例に見るように特定の場合を除いては，もっぱら技術援助に限られるが，民間企業の行う経済協力については側面からこれを支援する立場をとっており，この方針は昭和二十八年十二月の閣議決定によつて確認されている。賠償自体ないし賠償に伴う経済協力協定に基く政府の民間投資助成策が，相手国の経済開発に寄与するものであることはいうまでもない。

**技術援助**

東南アジア諸国に対する技術援助としてはコロンボ計画がその中心であるが，そのほか，国連およびその専門機関の行う技術援助計画，米国務省国際協力局（ICA）の技術援助計画等があり，わが国としてはそのいずれについても研修生をわが国に迎えて技術訓練を受けさせるとともに，コロンボ計画および国連の計画についてはわが国の専門技術者を派遣するという形でこれら機関の行う技術援助に寄与し，協力している。

とくに，コロンボ計画は，一九五〇年一月コロンボで開催された英連邦外相会議における決議に基いて，同年五月シドニーで開催された第一回協議委員会とともに発足したものである。その目的はアジア諸民族が久しい間味わつて来た貧困と飢餓の苦しみを救い，かつ東南アジアが世界貿易に戦前より占めていた重要な役割にかんがみ，全世界の貿易量を増加せしめるためにこの地域の潜在資源の開発を促進することである。
（以下略）

［出典］『外交青書（1957年版）』22-24頁。

## 【166】 国連開発の10年

第16回国連総会（国連開発の10年，国際経済協力のための計画に関する）決議1710（1961年12月19日）

総会は（中略）経済的に低開発な諸国の経済的社会的開発が，これら諸国にとってきわめて重要であるのみならず，国際的平和と安全保障の達成ならびに世界の急速かつ互恵的な繁栄にとっても基本的重要性をもつものであることを考慮し，

1950年代に低開発国の経済進歩をすすめるための相当の努力が，新興開発途上国と先進国との双方によってなされたことを認識し，

しかし，最近数ヶ年なされた努力に拘らず，経済的先進国と低開発国との間の1人当たり所得のギャップが増大し，開発途上国における経済的社会的進歩の率が，まだ適当

なものと言い難いことに留意し、(中略)
　加盟国が現在の10年に国際的経済協力を国際連合の組織および2国間または多国間ベースを通じて、さらに推進しようという決意を示す整合的行動が必要なことを確信した。
　1　現在の10年を"国際連合開発の10年"と命名し、加盟国とその人民とは、個々の国の経済の持続的成長と社会の向上への進歩を促進させるため、先進国と開発途上国との双方に対し、必要な措置を動員、支援する努力を強化し、各国が各自その目標をもつにしても、10年の終りに総合的に国民所得の成長率を最低年間5％を目的として低開発国の成長率の増大を達成しようとするものなのである。
(以下略)

　　[出典]　細谷千博・丸山直樹編『国際政治ハンドブック——解説と資料〔増補改訂版〕』有信堂高文社、1991年、163頁。

## 【167】国連貿易開発会議（UNCTAD）

　第19回国連総会（国連貿易開発会議の設立に関する）決議1995（1964年12月30日）
　国際連合総会は
　すべての国の生活水準をたかめ、低開発諸国の経済成長を推進するためには持続的な努力が必要であることを確信し
　国際貿易が経済開発の重要な手段であることを考慮し、今次会議が、貿易問題全般および経済開発との関連においての貿易問題、とくに低開発国に影響をおよぼすこれらの諸問題につき総合的再検討を行なうまたとない機会を提供したことを認め
　国際貿易が、必要な政策の立案と実施を通じて低開発諸国の急速な経済成長の達成に十分貢献しうるためには、効果的に機能する、適切な機構上の取極が必要であることを確信し
（中略）
　低開発諸国の間にみなぎる総合的貿易機関への熱意に注目し
（中略）
　国連総会に直属する機関として国連貿易開発会議を、以下のIIの規定にもとづき設置する。
(以下略)

　　[出典]　細谷千博・丸山直樹編『国際政治ハンドブック——解説と資料〔増補改訂版〕』有信堂高文社、1991年、164-165頁。

## 【168】 日本の経済協力実績

(単位:百万ドル)

|  | 1965 | 1970 | 1975 | 1980 | 1985 | 1990 | 1995 | 2000 | 2005 |
|---|---|---|---|---|---|---|---|---|---|
| 政府開発援助（ODA） | 244 | 458 | 1,148 | 3,304 | 3,797 | 9,222 | 14,728 | 13,419 | 13,283 |
| 　二国間 | 226 | 372 | 850 | 1,961 | 2,557 | 6,940 | 10,557 | 9,640 | 10,485 |
| 　国際機関への出資拠出等 | 18 | 87 | 297 | 1,343 | 1,240 | 2,282 | 4,170 | 3,779 | 2,799 |
| その他の政府資金 | — | 694 | 1,370 | 1,478 | -302 | 3,470 | 5,753 | -4,855 | -2,401 |
| 民間資金 | 357 | 672 | 373 | 1,984 | 8,123 | 6,365 | 23,191 | 6,490 | 22,247 |
| 　輸出信用（1年超） | 270 | 387 | 83 | 74 | -994 | -14 | 3,079 | -358 | -3,329 |
| 　直接投資 | 87 | 265 | 273 | 906 | 1,046 | 8,144 | 9,497 | 6,191 | 23,200 |
| 　その他二国間証券投資 | — | — | — | 660 | 5,138 | -2,581 | 10,434 | 478 | 2,295 |
| 　国際機関への融資等 | — | 18 | 7 | 318 | 2,832 | 711 | -35 | -52 | 81 |
| 経済協力総額 | 601 | 1,824 | 2,890 | 6,766 | 11,619 | 19,057 | 43,671 | 15,053 | 33,385 |

経産省『経済協力の問題点』，外務省『我が国の政府開発援助・ODA白書』．民間資金には民間非営利団体による贈与を含む．
［出典］ 三和良一・原朗編『近現代日本経済史要覧〔補訂版〕』東京大学出版会，2010年，170頁．

## 【169】 旧ODA大綱 (1992年)

旧・政府開発援助大綱（1992年6月閣議決定）

我が国は，政府開発援助について，内外の理解を深めることによって幅広い支持を得るとともに，援助を一層効果的・効率的に実施するため，政府開発援助大綱を次の通り定める．

(1) 基本理念

　世界の大多数を占める開発途上国においては，今なお多数の人々が飢餓と貧困に苦しんでおり，国際社会は，人道的見地からこれを看過することはできない．

　また，世界は，平和と繁栄が実現され，自由，人権，民主主義等が確保される社会の構築に向けた努力を行っているが，開発途上国の安定と発展が世界全体の平和と繁栄にとって不可欠という意味での国際社会の相互依存関係を認識しなければならない．

(中略)

　一方，平和国家としての我が国にとって，世界の平和を維持し，国際社会の繁栄を確保するため，その国力に相応しい役割を果たすことは重要な使命である．

　我が国は，以上の考え方の下に，開発途上国の離陸へ向けての自助努力を支援することを基本とし，広範な人造り，国内の諸制度を含むインフラストラクチャー（経済社会基盤）及び基礎生活分野の整備等を通じて，これらの国における資源配分の効率

と公正や「良い統治」の確保を図り，その上に健全な経済発展を実現することを目的として，政府開発援助を実施する。その際，環境保全の達成を目指しつつ，地球的規模での持続可能な開発が進められるよう努める。

このような我が国の支援の努力によって，我が国と他の諸国，特に開発途上国との友好関係の一層の増進が期待される。

(2) 原則

政府開発援助の実施に当っては，国際連合憲章の諸原則（特に，主権，平等及び内政不干渉）及び以下の諸点を踏まえ，相手国の要請，経済社会状況，二国間関係等を総合的に判断の上，実施するものとする。

1) 環境と開発を両立させる。
2) 軍事的用途及び国際紛争助長への使用を回避する。
3) 国際平和と安定を維持・強化するとともに，開発途上国はその国内資源を自国の経済社会開発のために適正かつ優先的に配分すべきであるとの観点から，開発途上国の軍事支出，大量破壊兵器・ミサイルの開発・製造，武器の輸出入等の動向に十分注意を払う。
4) 開発途上国における民主化の促進，市場指向型経済導入の努力並びに基本的人権及び自由の保障状況に十分注意を払う。

(3) 重点事項

1) 地域

アジア地域は，我が国と歴史的，地理的，政治的及び経済的に密接な関係にある。また，とりわけ東アジア地域，ASEAN諸国は，世界の中で活力あふれる地域となっており，その経済発展を維持・拡大することが世界経済の発展のために重要であること，その一方で依然として貧困に苦しむ多数の人口を抱えている国も存在することを踏まえて，引き続きアジア地域に重点を置く。

(以下略)

［出典］ 外務省ウェブサイト。

## 【170】 ODA大綱 (2003年)

政府開発援助大綱（2003年8月閣議決定）

(1) 理念 ――目的，方針，重点

1) 目的

我が国ODAの目的は，国際社会の平和と発展に貢献し，これを通じて我が国の安全と繁栄の確保に資することである。

これまで我が国は，アジアにおいて最初の先進国となった経験をいかし，ODAにより経済社会基盤整備や人材育成，制度構築への支援を積極的に行ってきた。その結果，東アジア諸国をはじめとする開発途上国の経済社会の発展に大きく貢献してき

た。
　一方，冷戦後，グローバル化の進展する中で，現在の国際社会は，貧富の格差，民族的・宗教的対立，紛争，テロ，自由・人権及び民主主義の抑圧，環境問題，感染症，男女の格差など，数多くの問題が絡み合い，新たな様相を呈している。
（中略）
　また，最近，多発する紛争やテロは深刻の度を高めており，これらを予防し，平和を構築するとともに，民主化や人権の保障を促進し，個々の人間の尊厳を守ることは，国際社会の安定と発展にとっても益々重要な課題となっている。
　我が国は，世界の主要国の一つとして，ODAを積極的に活用し，これらの問題に率先して取り組む決意である。
（中略）
2）　基本方針
　このような目的を達成するため，我が国は以下の基本方針の下，ODAを一層戦略的に実施する。
　①開発途上国の自助努力支援
　良い統治（グッド・ガバナンス）に基づく開発途上国の自助努力を支援するため，これらの国の発展の基礎となる人づくり，法・制度構築や経済社会基盤の整備に協力することは，我が国ODAの最も重要な考え方である。このため，開発途上国の自主性（オーナーシップ）を尊重し，その開発戦略を重視する。
　その際，平和，民主化，人権保障のための努力や経済社会の構造改革に向けた取組を積極的に行っている開発途上国に対しては，これを重点的に支援する。
　②「人間の安全保障」の視点
　紛争・災害や感染症など，人間に対する直接的な脅威に対処するためには，グローバルな視点や地域・国レベルの視点とともに，個々の人間に着目した「人間の安全保障」の視点で考えることが重要である。このため，我が国は，人づくりを通じた地域社会の能力強化に向けたODAを実施する。また，紛争時より復興・開発に至るあらゆる段階において，尊厳ある人生を可能ならしめるよう，個人の保護と能力強化のための協力を行う。（中略）
3）　重点課題
　以上の目的及び基本方針に基づき，我が国は以下の課題に重点的に取り組む。
　①　貧困削減（中略）
　②　持続的成長（中略）
　③　地球的規模の問題への取組
　地球温暖化をはじめとする環境問題，感染症，人口，食料，エネルギー，災害，テロ，麻薬，国際組織犯罪といった地球的規模の問題は，国際社会が直ちに協調して対応を強化しなければならない問題であり，我が国もODAを通じてこれらの問題に取り

組むとともに、国際的な規範づくりに積極的な役割を果たす。

④ 平和の構築

開発途上地域における紛争を防止するためには、紛争の様々な要因に包括的に対処することが重要であり、そのような取組の一環として、上記のような貧困削減や格差の是正のためのODAを実施する。さらに、予防や紛争下の緊急人道支援とともに、紛争の終結を促進するための支援から、紛争終結後の平和の定着や国づくりのための支援まで、状況の推移に即して平和構築のために二国間及び多国間援助を継ぎ目なく機動的に行う。

具体的には、ODAを活用し、例えば和平プロセス促進のための支援、難民支援や基礎生活基盤の復旧などの人道・復旧支援、元兵士の武装解除、動員解除及び社会復帰（DDR）や地雷除去を含む武器の回収及び廃棄などの国内の安定と治安の確保のための支援、さらに経済社会開発に加え、政府の行政能力向上も含めた復興支援を行う。（以下略）

［出典］ 外務省ウェブサイト。

## 【171】 DAC主要国のODA実績の推移

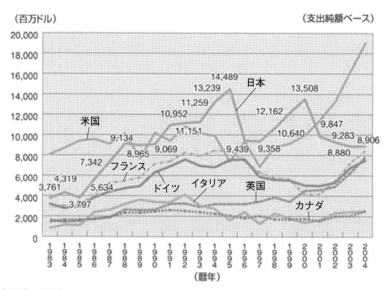

［出典］ 外務省ウェブサイト。

# 9　経済大国化と外交

【解　題】

　戦後日本が経済復興，そして経済成長を成し遂げるにはまず輸出を増やすことが重要であり，そのため国際貿易のルールであるGATT（関税及び通商に関する一般協定）への加入を目指すこととなる【172】。日本は1955年にGATT加盟を実現するものの，英国をはじめとした西欧諸国は，日本に対してGATT35条を援用して日本に対する最恵国待遇などを拒否し，日本は経済的に差別されることとなる【173】。日本の国際経済社会への復帰は未完であった。

　日本は1955年から高度経済成長期に入る【174】。そうした中で国内産業はいまだ脆弱であったものの，国際社会から要請され，自由化に踏み切る【175】。しかし経済成長の外交的帰結として1964年にはOECD（経済協力開発機構）に加盟し，またIMF（国際通貨基金）8条国への移行もあり，日本は「先進国」の一員の地位を確立した【176】。さらに日本は1968年にGNP（国民総生産）で自由世界第2位となり【177】，その後「経済大国」という自己認識が定着していく。

　日本や西欧諸国の経済成長の一方で，アメリカは相対的に地位を低下させていく。特にベトナム戦争【178】はアメリカの国際収支を悪化させ，1971年，ニクソン政権はこれに対処するため，金とドルとの交換停止を内容とする新経済政策を打ちだした【179】。戦後の国際通貨体制はアメリカのドルと金の交換を前提にドルと各国通貨を固定していたため（固定相場制），世界経済は混乱し，結局変動相場制に移行する。さらに1973年には第四次中東戦争に端を発して第一次石油危機が起こり【180】，先進諸国は不況に陥り，日本の高度成長も終焉を迎える。このような国際経済の混乱を受けて，先進諸国の協調によりこれに対処しようという機運が高まり，1975年，フランスの提唱により第1回先進国首脳会議（サミット）が開催された【181】。1970年代後半，日本がサミットに見られる先進国協調による国際経済秩序管理に参画する一方で，アジアでの経済大国としてのあり方が示されたのが福田ドクトリンであった【182】。福田ドクトリンでは日本が軍事大国にならず東南アジア全域の平和と繁栄に寄与することが述べられた。

　1980年代，アメリカは経常収支と財政収支の双子の赤字を抱え，議会を中心に保護主義的な動きを見せ，それが世界経済に混乱を招くことが懸念された。アメリカ，英国，フランス，西ドイツ，日本の先進5ヶ国はプラザ合意によって，ドル高是正の協調介入を行った【183】。しかし，日米間の貿易不均衡はさらに進み，日米経済摩擦はさらに激しくなる【184】。こうして日本はアメリカを脅かすほどの経済大国となったが，1993年，日本ではバブル経済が崩壊し，その後「失われた20年」とも呼ばれる停滞期に入っていくにつれて日米経済摩擦は沈静化していった。

## 【172】 GATT加入

　関税事項に関する最恵国待遇，貿易の量的制限撤廃及び無差別適用等に関する一般条項と締約国間の関税引下げ交渉の結果である関税譲許表の二つの部分から成り立つ「関税及び貿易に関する一般協定」(GATT＝General Agreement on Tariffs and Trade) は，(中略) 1948年1月1日から発足したが，(中略) 1952年にその締約国は33カ国に達し，ガットは共産圏を除く世界の主要国の貿易関係を規制する唯一の国際機関としてますます重要度を高めてきた。貿易立国を国是とする我が国にとって一日でも早くそのガット加盟を実現することは正に国益に合致したものといわねばならなかった。

　　［出典］　萩原徹監修・鹿島平和研究所編『日本外交史30　講和後の外交（Ⅱ）経済（上）』鹿島研究所出版会，1972年，268-269頁。

## 【173】 GATT35条

　ガット第35条は，一定の条件のもとに特定締約国の間でガットの規定を適用しなくともよい旨を定めた規定である。したがって新35条を援用している国との間では，お互いガットの締約国であってもそれは名ばかりであって，実際はガット関係にない赤の他人という関係になる。(中略)

　1955年9月10日待望のガット加入は実現したが，我が国の加入に際し，次の14カ国は第35条を援用した（カッコ内は援用の日付）。フランス（1955年7月20日）(中略) ベルギー（同8月8日）(中略) ルクセンブルク（同8月8日），イギリス（同8月8日），オランダ（同8月10日）(中略)。

　これら諸国が第35条を援用した理由は各国それぞれの事情があり，これを審かにすることはできないが，(中略)

　これを要するに，ほとんどの国は安価で競争力のきわめて強い日本製品に対し，国内産業保護のため，あらかじめ予防線を張っておこうというのが第35条援用の大きな狙いであった。

　　［出典］　萩原徹監修・鹿島平和研究所編『日本外交史30　講和後の外交（Ⅱ）経済（上）』鹿島研究所出版会，1972年，290-292頁。

## 【174】 高度経済成長 (日本の国民総生産 (GNP) と経済成長率, 1955-73年)

| 年度 | GNP (億円) | 成長率(名目) | 成長率(実質) |
|---|---|---|---|
| 1955年 | 86,224 | 10.1 | 8.8 |
| 1956年 | 97,246 | 12.8 | 7.3 |
| 1957年 | 110,823 | 14 | 7.5 |
| 1958年 | 115,203 | 4 | 5.6 |
| 1959年 | 129,259 | 12.2 | 8.9 |
| 1960年 | 154,866 | 19.8 | 13.3 |
| 1961年 | 191,247 | 23.5 | 14.5 |
| 1962年 | 212,028 | 10.9 | 7 |
| 1963年 | 244,752 | 15.4 | 10.5 |
| 1964年 | 289,166 | 18.1 | 13.1 |
| 1965年 | 319,535 | 10.5 | 5.1 |
| 1966年 | 368,213 | 15.2 | 9.8 |
| 1967年 | 435,690 | 18.3 | 12.9 |
| 1968年 | 515,991 | 18.4 | 13.4 |
| 1969年 | 596,696 | 15.6 | 10.7 |
| 1970年 | 707,088 | 18.5 | 10.9 |
| 1971年 | 792,577 | 12.1 | 7.4 |
| 1972年 | 906,202 | 14.3 | 9.1 |
| 1973年 | 1,110,334 | 22.5 | 9.8 |

※1 統計上は国民総支出 (GNE) である。
※2 旧SNA基準
[出典] 大蔵省財政史室編『昭和財政史——昭和27~48年度 第19巻 (統計)』東洋経済新報社, 1999年, 12-13頁より筆者作成。


## 【175】 貿易自由化大綱 (1960年6月24日)

第1 自由化の基本方針

　貿易および為替の自由化は, IMFやガットの精神に明らかなように, 各国の経済交流を活潑にし, 世界経済全般の発展を図るための基本的な方向であるが, 最近では, 世界経済における大きな流れとして進展をみるに至り, わが国としても, 国際社会の一員として, かかる自由化の大勢に積極的に順応してゆくことが肝要な情勢になっている。

　資源に乏しく人口の多いわが国経済が今後長期にわたって発展するためには, 世界の経済交流の進展に即応しつつ海外諸国との自由な交易を一層拡大してゆくことが不可欠の要件であると考えられるので, 自由化を極力推進することは, 世界経済の発展のための国際的要請たるのみならず, わが国経済自体にとって, きわめて重要な課題となっている。

　これまでわが国は, 戦後の復興と国際収支上の困難のために, 貿易および為替の管理を行なってきたが, ここ数年, 国際収支の好転, 外貨準備の増加に応じて, 逐次その制限を緩和し, 自由化を進めてきたのである。しかして最近の日本経済は, その高い経済成長を国内物価の安定と国際収支の黒字基調の下に達成しつつあり, 今後とも施策よろ

しきを得れば，高度成長の持続と相まって自由化をさらに推進し得るものと判断される。（中略）

しかしながら，実際に自由化を促進するに当っては，まず長年にわたり封鎖的経済の下で形成された産業経済に及ぼす過渡的な影響に十分考慮を払う必要がある。またわが国経済は西欧諸国と異なり過剰就業とこれに伴う農林漁業における零細経営および広汎な分野における中小企業の存在などの諸問題を包蔵し，また育成過程にある産業や企業の経営，技術上の弱点など多くの問題を有している上に，わが国をとりまく国際環境についても，欧州共同市場のような長期的に安定した協力経済圏を有していないこと，およびわが国に対しなお差別的な輸入制限措置がとられている例が多いことなどについて注意する必要がある。（中略）

第2　自由化に伴う経済政策の基本的方向と対策

経済の安定的成長を維持しつつ構造上の諸問題の解決に努め，わが国経済の体質改善強化により長期にわたる経済発展を図ることは，従来から一貫する経済政策の基本的方向であり，自由化促進を契機として今後においては一層重要となるのであるが，これと同時に，当面自由化に伴い直接必要となる関税率および制度の改正，経済秩序の過渡的混乱防止などの諸対策については，自由化の計画的推進と歩調を合わせてその適切な実施を図らなければならない。（中略）

第3　商品別の自由化計画（中略）

（3）本計画を推進することにより，昭和35年4月現在において40％であった自由化率（政府輸入物資を除く昭和34年輸入通関総額において占める自由な輸入にかかわる商品額の割合）を，3年後においておおむね80％，石油，石炭を自由化した場合にはおおむね90％に引き上げることを目途とする。

　　［出典］　有沢広巳・稲葉秀三編『資料戦後二十年史　2　経済』日本評論社，1966年，370-372頁。

## 【176】OECD加盟とIMF 8条国移行

（1）　OECD加盟

経済協力開発機構（OECD）が28日に発表したコミュニケの全文次のとおり。

一，日本政府が非公式に希望を表明してきたため，OECD加盟各国代表は事務総長に対し，日本政府がOECD加盟に伴う義務を受諾する用意があるかどうかを確かめる目的で，パリの同国政府代表と話合いを始めるよう委嘱した。

一，日本政府が相互に合意する留保状況を除き，これらの義務を負う準備をするならば，OECD理事会は条約第十六条に基づき，本年後半にOECD条約に加盟するよう，日本政府に対し正式な招請状を送る。

一，日本政府が必要な国会の手続きを完了し，加盟文書をフランス政府に寄託したとき，日本はOECDの正式加盟国となる。なお，日本はこれまでも13カ国で構成するOECD開発援助委員会（DAC）に加わっていたが，久しい前から欧州18カ国と米国，カ

ナダで構成するOECDへの完全加盟を希望していた。20カ国は一致してこれを支持したものである。

［出典］　朝日新聞1963年3月29日付。

(2)　先進国の一員へ

　まず，なによりも注目されることは，わが国は64年4月にIMF八条国への移行，OECDへの正式加盟を実現するとともに，米国，英国，フランス，カナダの各国政府と閣僚級の定期協議会，または委員会を開催し，戦後経済外交の一貫した最大目的であった「先進国としての国際的地位の確立」を名実ともに実現しえた年であった。

　それと同時に，先進国として世界経済の繁栄に応分の寄与を行ない，もってわが国経済の長期的繁栄をはかるため，わが国は前述のガットにおけるケネディ・ラウンドに積極的に参加し，また国連貿易開発会議および低開発国問題に関するOECDの討議にも積極的に参加してきた。さらに，ガットで採択された低開発国貿易促進に関する新章についても署名を了し，国会の承認を得次第正式に発効することになっている。

　このようなわが国の国際的地位の向上にもかかわらず，わが国はいぜんとして一部の国から差別的輸入制限を受けたり，輸出の自主規制を余儀なくされているので，これらの撤廃方を機会あるごとに強く要求してきた。その結果，漸次対日差別は縮小または撤廃され，ガット35条の対日援用問題も，1964年中にオーストラリア，フランス，ベネルックス3国の援用撤回が実現し，すべての主要先進国とガット関係に入ることとなった。

［出典］　『外交青書（1965年版）』43-44頁。

## 【177】GNP自由世界2位へ

### 国民所得、世界2位
**42年度統計 経企庁報告　1人当たりはまだ21位**

### 来年度経済成長率 実質10％内に
### 蔵相表明 "国債更に減額"

[出典]　読売新聞1968年12月17日付夕刊。

## 【178】ベトナム戦争

(1) ベトナム戦争の構図

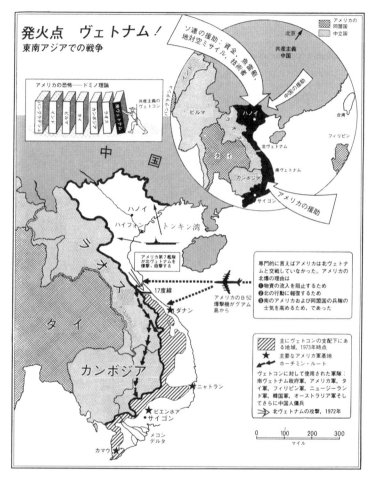

［出典］ ブライアン・キャッチポール，辻野功ほか訳『アトラス現代史1　激動の20世紀』創元社，1988年，129頁。

(2) 北爆支持に関する佐藤首相発言（1965年5月8日）

（自由民主党青年部会第4回臨時全国大会）

　一，佐藤内閣は発足以来，自由を守り平和に徹することを外交の基本的態度としてとっている。平和憲法を守りぬき，戦争にはまき込まれないし，自ら侵略戦争などをやらないという態度は，今後もつらぬいていく。ベトナム紛争が続くと日米安保条約が使

われ，外国が日本の基地を攻撃し，日本が避けようとしても日本が戦争にまき込まれるおそれがあると不安をもつ人がある。しかし，平和に徹するという基本的態度をとる以上，そういう心配はないことをはっきりと断言する。

　一，日米安保条約は，ベトナム問題とは無関係である。さきに来日したロッジ米特使も私に対し，日本を戦争にまき込むようなことはしないし，ハノイを爆撃したり北ベトナムの一部を占領するようなことは絶対しないと約束した。米国の北爆はベトコンに対する補給を食いとめるための活動であり，補給路だけを爆撃しており，このためベトコンも活動範囲をせばめられてきている。

　一，相互に独立を尊重し，内政不干渉が確立すれば，平和は守られる。北爆だけをやめて，北に対しては何も要求しないというのではおさまらない。さきにフランスのフォール元首相と会談したとき，日本は米国に，フランスは中共などに働きかけることを話合ったのも，一方だけに対する働きかけでは十分ではないからだ。

　一，それなのに学者グループは，米国の北爆ばかり非難している。「一文銭は鳴らない」（一枚だけでは鳴らないという意味）といわれているが，米国の北爆には，それなりの理由があり，爆撃されている方にも責任がある。北は，米国を帝国主義ときめつけているが，米国は，北からの浸透がなくなれば爆撃はやめるといっているではないか。

　一，われわれが最も恐るべきものは赤色帝国主義である。それは，全世界を赤化しなければやまないものだからだ。中共が日本の工業力と結べば，世界支配も可能であり，すでに日本の三割五分，つまり共産党と社会党左派は赤化している，との見方をしている中共の首脳さえあると聞く。赤色帝国主義とは，あくまでも対決していかねばならない。それには自由主義，民主主義の下で，住みよい社会を実現し，自由主義が共産主義よりも優れているのを実証することだ。

　［出典］歴史学研究会編『日本史史料　5　現代』岩波書店，1997年，317-318頁。

## 【179】ニクソンショック

(1) 1972年大統領報経済報告

　アメリカ経済は昨年八月に始めた新経済政策の効果を感じはじめつつある。

(中略)

　1971年は多くの面で経済的に好ましい年であった。総雇用，総産出高，1人当り産出高，時間当り実質収入や1人当り税引き後実質所得はすべて最高値を更新した。1965年以後わが国を悩ましてきたインフレはおさまりはじめた。昨年の最初の8ヵ月間ではインフレ率は1970年同期間におけるよりも30％低かった。

　しかし私はこれが国民の要求に十分応えたものであるとは信じなかった。インフレ率は8月以前にすでに低下してきていたけれども，それはいぜんとして高かった。失業の増加はとまったが，その水準は6％近くにとどまった。昨年の前半において，わが国の国際収支の赤字——他国のわが国に対する支払を上回るわが国の他国への支払の超過分

──は大幅に増加した。
　事態は決定的な行動をとることを要請した。8月15日に私はこれらの行動を発表した。
　第1に，私は賃金，価格，ならびに賃貸料の90日間凍結を強いた。
　第2に，私はドルの金および他の準備資産との交換を停止した。
　第3に，私は10％の輸入課徴金を暫定的に賦課した。
　第4に，私は自動車消費税の廃止，投資税控除，個人所得税減税を含むところの経済を刺激すべく意図された幾つかの租税の改正を提案した。同時に私は予算を抑制する手段を講じた。
　［出典］　アメリカ学会訳編『原典アメリカ史　第7巻』岩波書店，1982年，287-288頁。

(2)　佐藤首相の回想
8月16日
突然米国大統領からの電話との事で，何事かと思って電話に出ると，ロジャーズ長官が大統領の代理として小生への電話。只今は大統領はＴＶに出ており，首相に伝えてくれとの大統領の命で電話すると前おきして，米国の弗の金交換を止める事と，輸入に対し10％の課徴金を課する事，第3は物価と賃金をとりあえず3ヶ月間凍結するとのドラスチックな政策の発表で，驚くと同時に為替相場のあり方について注意する事を水田君［水田喜久男蔵相］に連絡する。やりもやったりの感。
　［出典］　佐藤榮作著，伊藤隆監修『佐藤榮作日記　第四巻』朝日新聞社，1997年，398-399頁。

# 【180】石油危機 (1973年)

(1)　山形榮治資源エネルギー庁長官の回想
　閣議の席上，田中総理が
「山形君，石油の備蓄はどのくらいあるんだ」
「49日分ぐらいですね」
「2ヶ月分もないのか？」
「そうです。そのうち45日分は産業界の中をすでに回ってる。いわゆる流通ストックですから，それを除くと完全な備蓄は4日分ということになります」
　4日と聞いて，田中さん，"うーん"といいながら腕組みをして天井をにらんだ，同席の閣僚たちも一様に驚きの声を上げた。ことの深刻さを，いまさらながら再認識したのである。
　しばらくして田中さんが，
「山形君，4日分しかないとなると，このままだとどういうことになるんだい」
　私にしたって，そのときの状態がどうなるかなど，てんで見当がつかない。恐ろしい事態になることぐらいは想像がつく。そこでとっさに，

「例えばですが,数百,数千台の車が高速道路のうえを時速100キロで走っていたとします。4日たつと先頭の車が突然,急停止する。後続の車は次々に前の車に追突し,大混乱になりますね。何の手も打たなければ,わが国の経済,社会はこういう恐ろしい状態になると思います」

私のこの説明に誰もがしばらく声も出なかった。

[出典] 山形榮治「激動の日々」電気新聞編『証言 第一次石油危機 危機は再来するか?』日本電気協会新聞部,1991年,104-105頁。

(2) 中東問題に関する官房長官談話 (1973年11月22日)

1 わが国政府は,安保理決議242の早急,かつ,全面的実施による中東における公正,かつ,永続的平和の確立を常に希求し,関係各国及び当事者の努力を要請し続け,また,いち早くパレスチナ人の自決権に関する国連総会決議を支持してきた。

2 わが国政府は,中東紛争解決のために下記の諸原則が守られなければならないと考える。

(1) 武力による領土の獲得及び占領の許されざること。
(2) 1967年戦争の全占領地からのイスラエル兵力の撤退が行なわれること。
(3) 域内のすべての国の領土の保全と安全が尊重されねばならず,このための保障措置がとられるべきこと。
(4) 中東における公正,かつ,永続的平和実現に当つてパレスチナ人の国連憲章に基づく正当な権利が承認され,尊重されること。

3 わが国政府は,上記の諸原則にしたがつて,公正,かつ,永続的和平達成のためにあらゆる可能な努力が傾けられるよう要望する。我が国政府としても,もとよりできる限りの寄与を行なう所存である。

わが国政府はイスラエルによるアラブ領土の占領継続を遺憾とし,イスラエルが上記の諸原則にしたがうことを強く要望する。わが国政府としては,引続き中東情勢を重大な関心をもって見守るとともに,今後の諸情勢の推移如何によつてはイスラエルに対する政策を再検討せざるを得ないであろう。

[出典] 『外交青書 (1974年版)』116頁。

## 【181】 サミット (1975年)

ランブイエ宣言 (仮訳) (1975年11月17日,ランブイエにおいて)

フランス,ドイツ連邦共和国,イタリア,日本国,グレートブリテン及び北部アイルランド連合王国及びアメリカ合衆国の元首及び首相は,1975年11月15日から17日までランブイエ城に集い,次のとおり宣言することに合意した。

1 われわれは,この3日間に世界の経済情勢,われわれの国々に共通する経済の諸問題,これらの人間的,社会的及び政治的意味あい,ならびにこれらの問題を解決する

ための諸構想について，十分かつ実り多き意見の交換を行つた．
2　われわれがここに集うこととなつたのは，共通の信念と責任とを分かち合っているからである．われわれは，各々個人の自由と社会の進歩に奉仕する開放的かつ民主的な社会の政府に責任を有する．そして，われわれがこれに成功することは，あらゆる地域の民主主義社会を強化し，かつ，これらの社会にとり真に緊要である．われわれは，それぞれ，主要工業経済の繁栄を確保する責任を有する．われわれの経済の成長と安定は，工業世界全体及び開発途上国の繁栄を助長することとなる．
3　ますます相互依存が深まりつつある世界において，この宣言に述べられている諸目的の達成を確保するために，われわれは，われわれの十分な役割を果たすとともに，経済の発展段階，資源賦存度及び政治的，社会的制度の差異を越え，すべての国々の間の一層緊密な国際協力と建設的対話のためのわれわれの努力を強化する意図を有する．
4　先進工業民主主義諸国は，失業の増大，インフレの継続及び重大なエネルギー問題を克服する決意を有する．今回の会合の目的は，われわれの進捗状況を検討し，将来克服すべき諸問題をより明確に確認し，かつ，われわれが今後辿るべき進路を設定することであつた．
(中略)
7　われわれの関心は，また，世界貿易，通貨問題及びエネルギーを含む原材料の分野における新たな努力の必要性に集中した．
(以下略)
　　［出典］『外交青書（1976年版）』120-121頁．

## 【182】福田ドクトリン（1977年8月18日）

福田総理大臣のマニラにおけるスピーチ（わが国の東南アジア政策）
(中略)
　私は，ここで，ASEAN諸国の指導者と国民の皆様に一つのお約束を致します．それは，日本の政府と国民は，ASEANの連帯と強靭性強化への努力に対し決して懐疑的な傍観者とはならず，ASEANとともに歩む「良き協力者」であり続けるであろうということであります．
(中略)
4　御列席の皆様
　ここで，私は，今日の日本が，就中アジアにおいて，どのような姿勢で，他の国々との関係を築こうとしているかについて一言申し述べ，皆様の御理解を得たいと考えます．
(中略)
　過去の歴史をみれば，経済的な大国は，常に同時に軍事的な大国でもありました．し

かし，我が国は，諸国民の公正と信義に信頼してその安全と生存を保持しようという歴史上かつて例をみない理想を掲げ，軍事大国への道は選ばないことを決意いたしました。そして，核兵器をつくる経済的，技術的能力を持ちながらも，かかる兵器を持つことをあえて拒否しているのであります。
（中略）
7 東南アジア諸国民の一人一人と日本国民の一人一人との間に心と心の触れ合う相互理解を育てて行くために，文化交流が果す重要な役割は，あらためて多言を要しません。

　今日わが国と東南アジアとの間には科学，芸術，スポーツ等の分野での交流が活発に行われており，それは単に，わが国文化の東南アジアへの紹介にとどまらず，東南アジアの古い優れた文化の日本への紹介にも及んでいます。

　今後ともわが国とASEAN諸国との間に，このような一方通行でない文化交流をさらに積極的に推進していくべきことはもちろんでありますが，同時に，ASEAN諸国間の連帯感が高まるにつれ，域内での文化，学術，とくに地域研究等の分野での交流がますます重視されていることに注目したいと思います。（中略）この提案は，ASEAN諸国間の相互理解の増進というASEAN諸国民の願望に対する日本国民の共感を示すものにほかなりません。
（中略）
10 最後に，ASEAN地域の安定と繁栄は東南アジア全体の平和の中においてはじめて確保されるものであることは申すまでもありません。東南アジアの一角に多年に亘つて燃え続けた戦火がようやく終息した今日，われわれは，東南アジア全域の恒久的な平和と安定のための努力を強化する好機を迎えております。このような観点から，私は，先般のASEAN首脳会議の共同声明において，ASEAN諸国が，インドシナ諸国と平和で互恵的な関係を発展させたいとの願望を表明し，「これら諸国との理解と協力の領域を互恵を基礎として拡大するための一層の努力をする」との方針を打ち出されたことに敬意を表するものであります。（中略）わが国としても，同様の目的をもつてインドシナ諸国との間に相互理解の関係を定着させるため努力したいと考えます。
11 御列席の皆様

　私は，今回のASEAN諸国およびビルマの政府首脳との実り多い会談において，以上のような東南アジアに対するわが国の姿勢を明らかにして参りました。（中略）

　第1に，わが国は，平和に徹し軍事大国にはならないことを決意しており，そのような立場から，東南アジアひいては世界の平和と繁栄に貢献する。

　第2に，わが国は，東南アジアの国々との間に，政治，経済のみならず社会，文化等，広範な分野において，真の友人として心と心のふれ合う相互信頼関係を築きあげる。

　第3に，わが国は，「対等な協力者」の立場に立つて，ASEAN及びその加盟国の連

帯と強靱性強化の自主的努力に対し、志を同じくする他の域外諸国とともに積極的に協力し、また、インドシナ諸国との間には相互理解に基づく関係の醸成をはかり、もって東南アジア全域にわたる平和と繁栄の構築に寄与する。

　私は、今後以上の3項目を、東南アジアに対するわが国の政策の柱に据え、これを力強く実行してゆく所存であります。そして、東南アジア全域に相互理解と信頼に基づく新しい協力の枠組が定着するよう努め、この地域の諸国とともに平和と繁栄を頒ち合いながら、相携えて、世界人類の幸福に貢献して行きたいと念願するものであります。

（以下略）

[出典] 『外交青書（1978年版）』326-330頁。

## 【183】 プラザ合意（1985年9月22日）

プラザ合意，5ヵ国大蔵大臣・中央銀行総裁の発表（1985年9月22日）

1　フランス、西独、日本、英国及び米国の大蔵大臣及び中央銀行総裁は本日、1985年9月22日、相互のサーベイランスを行う合意との関連で、また、韓国のソウルでの来たるべき会合におけるより広範な国際的討議の準備の一部として会合を持った。彼らは、これら各国の経済発展と政策を再検討し、経済見通し、対外収支及び為替レートに対するその合意を評価した。

（中略）

10　これらの経済発展の積極面にかかわらず対外ポジションには、潜在的な問題を提起する大きなインバランスがあるが、これは広範な要因を反映するものである。それらは、米国がその相対的に極めて高い成長期から経験したその対外ポジションの悪化、いくつかの主要開発途上国の経済困難及び調整努力の米国の経常収支に与えた特に大きな影響、いくつかの市場での貿易アクセスの困難、米ドルの上昇などである。これらの要因──相対的成長率、開発途上国の債務問題及び為替レートの展開──の相互作用が、主要先進国間の大きく、潜在的に不安定な対外インバランスに寄与した。特に、米国は、大きくかつ増大する経常収支赤字を、また、日本及びそれより少ない程度で西独は、大きくかつ増大する経常収支黒字を有する。

11　米国の経常収支赤字は、現在、他の要因とともに保護主義圧力に寄与しており、これに抵抗しない場合、世界経済に重大な損害を及ぼす相互破壊的報復へと導く恐れがある。その場合には、世界貿易は縮小し、実質成長率はマイナスともなり、失業がなお増大し、債務負担のある開発途上国は是非必要とする輸出稼得を確保できなくなろう。

（中略）

結論
（中略）

日本政府は，日本経済が主として国内民間需要増加に支えられた自立的成長局面にあることに留意し，持続的インフレなき成長を確保し，外国製品の国内市場への十分なアクセスを提供し，また円の国際化と国内資本市場の自由化を行うことを意図した政策を引き続きとる。
　特に，日本政府は次の明白な意図を持つ政策を実施する。
1　保護主義に抵抗，並びに外国製品及びサービスに対する日本の国内市場の一層の開放のため7月30日に発表した行動計画の着実な実施。
2　強力な規制緩和措置の実施による民間活力の十分な活力。
3　円レートに適切な注意を払いつつ，金融政策を弾力的に運営。
4　円が日本経済の潜在力を十分反映するよう，金融・資本市場の自由化及び円の国際化の強力な実施。
5　財政政策は，引き続き，国の財政赤字の削減と，民間活力を発揮させるような環境づくりという二つの目標に焦点を合わせてゆく。その枠組みの中で，地方団体が個々の実情を勘案して1985年度中に追加投資を行おうとする場合には，所要の許可が適切に与えられよう。
6　内需刺激努力は，消費者金融及び住宅金融市場拡大措置により民間消費及び投資の増大に焦点を合わせる。
（以下略）
　［出典］　データベース「世界と日本」（東京大学東洋文化研究所田中明彦研究室ウェブサイト）。

プラザ合意以降の円・ドル相場の推移

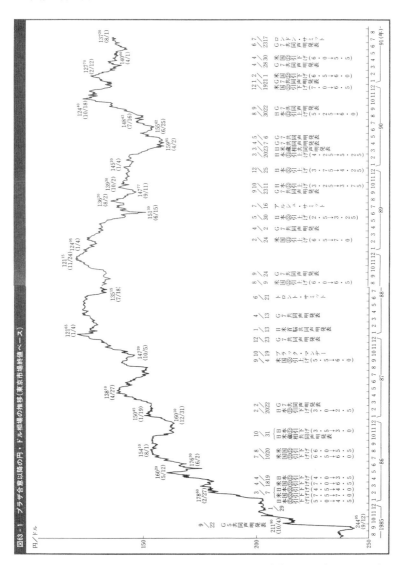

[出典] 行天豊雄・黒田眞編『日米経済問題100のキーワード』有斐閣，1992年，306-307頁。

## 【184】 日米貿易摩擦

(1) アメリカの対日貿易収支

(単位：億ドル)

| | 対日輸出 | 対日輸入 | 対日収支 | 貿易収支 |
|---|---|---|---|---|
| 1961–65 | 89 | 81 | 8 | 286 |
| 1966–70 | 162 | 208 | −46 | 69 |
| 1971–75 | 376 | 495 | −120 | 3 |
| 1976–80 | 719 | 1,249 | −528 | −1,607 |
| 1981–85 | 1,109 | 2,563 | −1,454 | −4,233 |
| 1986–90 | 1,859 | 4,463 | −2,604 | −6,551 |
| 1991–95 | 2,598 | 5,389 | −2,791 | −5,762 |
| 1996–2000 | 3,134 | 6,360 | −3,227 | −13,454 |
| 2001–05 | 2,706 | 6,337 | −3,631 | −28,309 |

日本貿易振興会『海外市場白書』，同『海外市場白書　貿易編』，同『ジェトロ白書　貿易編』，同『ジェトロ貿易白書』，同『ジェトロ貿易投資白書』各年版より作成．表示年間の合計額．

［出典］　三和良一・原朗編『近現代日本経済史要覧〔補訂版〕』東京大学出版会，2010年，169頁．

(2) 1988年の包括通商法

分編C——不公正国際貿易慣行への対応

第一部　貿易協定にもとづく合衆国の権利の行使と外国のある種の貿易慣行への対応

一三〇一条　一九四七年通商法第三編第一章の改定

　一九四七年通商法第三編第一章を以下のように改定する．

三〇一条　合衆国通商代表による行動

(a) 必須の行動

　(一) もし合衆国通商代表が三〇四条a節一項の規定により

　(A) 貿易協定により合衆国が有する権利が拒否されている，

　(B) 外国の行為，政策，慣行が

　　(ⅰ) 貿易協定の規定を破り，またそれと矛盾し，あるいは貿易協定のもとで合衆国が得られる利益を奪っている，または

　　(ⅱ) 不当であり，合衆国の通商に損害を与えている，

　と認定した場合，通商代表は大統領よりとくに指示ある場合はそれに従い，c節により授権された行動および大統領が指示する……大統領の権限内の適当な行動を取る．［二項，三項略］

(b) 任意の行動——もし通商代表が三〇四条a節一項にもとづき，

　(一) 外国の行為，政策，慣行が理不尽または差別的であり，合衆国通商に負担となり，またはそれを制限するものである，

　(二) 合衆国による行動が適切である，

　　と認定した場合，

　通商代表は相手国のそのような行為，政策，慣行を除去するために，大統領から特に支持がある場合はそれに従い，すべての適当で実行可能な行動をとる．

(以下略)

　　［出典］　大下尚一・有賀貞ほか編『史料が語るアメリカ——メイフラワーから包括通商法まで1584-1988』有斐閣，1989年，265-266頁．

# 10 冷戦後の外交

【解　題】

　冷戦終結はグローバルな緊張緩和をもたらしたが，アジア太平洋地域では，台湾海峡における中国のミサイル演習（1995）や北朝鮮による核開発（1993〜1994年）などの「不安定性及び不確実性」が依然として存在した。そのような中で日米同盟のあり方をめぐって日米双方による再検討が行われた【185】。その結果，1996年，橋本首相とクリントン米大統領による日米安保共同宣言が出され，日米同盟は冷戦型の同盟からアジア太平洋地域の平和と安定の基礎として再定義された【186】。

　また，アジア太平洋地域では冷戦後，地域主義の動きが活発化した。1989年に日本とオーストラリアが中心となり，この地域の経済繁栄を目指すAPEC（アジア太平洋経済協力）【187】が設立され，1994年に東南アジア諸国連合（ASEAN）の主導によって安全保障問題を協議するARF（ASEAN地域フォーラム）【188】が発足した。これらをはじめとしてアジア太平洋地域にはいくつかの地域的枠組みが存在している【189】。1997年に生じたアジア通貨危機の後には，東アジア共同体結成の機運が高まり，ASEANと日中韓を中心に，共同体を志向したEAS（東アジア首脳会議）が2005年に発足した【190】。

　1990年，イラクがクウェートに侵攻し，1991年にはアメリカを中心とした多国籍軍がイラクを攻撃し湾岸戦争が起こる。湾岸戦争は，冷戦によって麻痺していた国連の安全保障機能を再活性化させた。日本は多国籍軍に資金協力を行うが，憲法上の制約もあって自衛隊を派遣することはできず，存在感を示すことができなかった【191】。これにより軍事力の行使も伴う国際安全保障に日本がいかに参画すべきかが問われることとなり，「国際貢献」論議が高まった。1992年に成立したPKO法は国連平和維持活動（PKO）への自衛隊の派遣に道を開き【192】，2001年の9.11テロ後のアフガン戦争，2003年のイラク戦争の際には，特措法によって自衛隊が派遣された【193】【194】。

　また，冷戦期から進んでいたグローバリゼーションは，冷戦終結とその後のIT（情報技術）革命により加速し，気候変動問題や人間の安全保障，テロリズム，グローバルな格差問題といった，国境を越えかつ一国では対処できない新しい問題が国際社会の課題として浮上した【195】【196】。こうした「グローバル・イシューズ」への対応は日本外交にとっても重要な外交課題となっている。グローバル・イシューズに対しては国際協調によって対処する必要があり，したがって国連の役割が重要となるが，国連は安保理などの機構改革が叫ばれており，日本も常任理事国入りや敵国条項の削除などを主張している【197】。

## 【185】樋口レポート（1994年8月12日）

防衛問題懇談会「日本の安全保障と防衛力のあり方——21世紀へ向けての展望」
第1章　冷戦後の世界とアジア・太平洋
(1)　冷戦の終結と安全保障環境の質的変化

　　第二次世界大戦後，半世紀近くの間，国際政治の基本的な枠組みとなっていた東西対立の構図は，「ベルリンの壁」とともに崩れ去った。

　　（中略）しかし，安全保障問題のあり方に関する限り，冷戦の影響が地球の隅々にまで及んでいたことは否定できない。そして，米ソの対決が終わったいま，安全保障環境がこれまでのものと大きく変化したことも，また否定し難い。その変化をひとことで言えば，はっきりと目に見える形の脅威が消滅し，米露及び欧州を中心に軍備管理・軍縮の動きも進展している一方，不透明で不確実な状況がわれわれを不安に陥れている。言い換えれば，分散的で特定し難いさまざまな性質の危険が存在していて，それがどのような形をとってわれわれの安全を脅かすようになるのかを，予め知ることが難しくなったのである。

（中略）
第2章　日本の安全保障政策と防衛力についての基本的考え方
(1)　能動的・建設的な安全保障政策
（中略）

　　日本は，これまでのどちらかと言えば受動的な安全保障上の役割から脱して，今後は，能動的な秩序形成者として行動すべきである。また，そうしなければならない責任を背負っている。国際紛争解決のための手段として武力行使を禁止するのが国連憲章の意図するところである。（中略）したがって，能動的・建設的な安全保障政策を追求し，そのために努力することは，日本の国際社会に対する貢献であるばかりでなく，何よりも，現在および将来の日本国民に対する責任でもある。

　　そのような責任を果たすために，日本は，外交，経済，防衛などすべての政策手段を駆使して，これに取り組まなければならない。すなわち，整合性のある総合的な安全保障政策の構築が必要とされる。第一は世界的ならびに地域的な規模での多角的安全保障協力の促進，第二は日米安全保障関係の機能充実，第三は一段と強化された情報能力，機敏な危機対処能力を基礎とする信頼性の高い効率的な防衛力の保持である。

(2)　多角的安全保障協力

　　集団安全保障の機構として50年前に創設された国際連合は，いま，ようやくその本来の機能に目覚めつつある。

（中略）

　　協力的安全保障政策は，国連においてだけでなく，地域的なレベルにおいても，進められなければならない。すでに，ASEAN地域フォーラム（ARF）の場で，参加国

の間の安全保障対話が始まっている。日本は，このフォーラムの設置に当初から積極的に関与してきたが，今後もその発展に意を注ぐ必要がある。たとえば，武器移転と取得，軍事力の配置，軍事演習などに関する情報を相互に公開してその透明性を高めるための地域的制度を設けるとか，海難防止，海上交通の安全，平和維持活動に関する協力の仕組みをつくるなどといった問題が，そこで取りあげられるべきであろう。
（中略）
(3) 日米安全保障協力関係の機能充実

日本自身の安全をいっそう確実にするためにも，また，多角的な安全保障協力を効果的にするためにも，日米間の緊密で幅広い協力と共同作業が不可欠である。そのための制度的枠組みは日米安全保障条約によって与えられている。今後，日米両国が努力すべきことは，この枠組みを活用して，新しい安全保障上の必要に対応してより積極的に対処できるよう，両国の協力関係をさらに充実させることである。
（中略）

アジア・太平洋地域の安全保障環境との関連においても，日米間の協力は不可欠の要素である。多くのアジア諸国が望んでいる米国のこの地域へのコミットメントを確保し続けるため，日米両国がその安全保障関係を引き続き維持するという決意を新たにすることの意義は大きい。（中略）米国が今後も日本をはじめ，韓国，オーストラリア，シンガポール，フィリピン，タイなどの地域諸国とそれぞれの仕方で作りあげている安全保障協力の枠組みを維持していくことは，この地域全体の安定のために大きな意味をもっているので，そのような方向で関係諸国が協力することが望ましい。
（以下略）

　　［出典］　データベース「世界と日本」（東京大学東洋文化研究所田中明彦研究室ウェブサイト）。


## 【186】 日米安保共同宣言 （1996年4月17日）

日米安全保障共同宣言――21世紀に向けての同盟

1　本日，総理大臣と大統領は，歴史上最も成功している二国間関係の一つである日米関係を祝した。両首脳は，この関係が世界の平和と地域の安定並びに繁栄に深甚かつ積極的な貢献を行ってきたことを誇りとした。日本と米国との間の堅固な同盟関係は，冷戦の期間中，アジア太平洋地域の平和と安全の確保に役立った。我々の同盟関係は，この地域の力強い経済成長の土台であり続ける。両首脳は，日米両国の将来の安全と繁栄がアジア太平洋地域の将来と密接に結びついていることで意見が一致した。

（中略）

2　両国政府は，過去一年余，変わりつつあるアジア太平洋地域の政治及び安全保障情勢並びに両国間の安全保障面の関係の様々な側面について集中的な検討を行ってき

た。この検討に基づいて，総理大臣と大統領は，両国の政策を方向づける深遠な共通の価値，即ち自由の維持，民主主義の追求，及び人権の尊重に対するコミットメントを再確認した。両者は，日米間の協力の基盤は引き続き堅固であり，21世紀においてもこのパートナーシップが引き続き極めて重要であることで意見が一致した。

地域情勢

3　冷戦の終結以来，世界的な規模の武力紛争が生起する可能性は遠のいている。（中略）歴史上かつてないほど繁栄が広がり，アジア太平洋という地域社会が出現しつつある。アジア太平洋地域は，今や世界で最も活力ある地域となっている。

　しかし同時に，この地域には依然として不安定性及び不確実性が存在する。朝鮮半島における緊張は続いている。核兵器を含む軍事力が依然大量に集中している。未解決の領土問題，潜在的な地域紛争，大量破壊兵器及びその運搬手段の拡散は全て地域の不安定化をもたらす要因である。

日米同盟関係と相互協力及び安全保障条約

4　総理大臣と大統領は，この地域の安定を促進し，日米両国が直面する安全保障上の課題に対処していくことの重要性を強調した。

　これに関連して総理大臣と大統領は，日本と米国との間の同盟関係が持つ重要な価値を再確認した。両者は，「日本国とアメリカ合衆国との間の相互協力及び安全保障条約」（以下，日米安保条約）を基盤とする両国間の安全保障面の関係が，共通の安全保障上の目標を達成するとともに，21世紀に向けてアジア太平洋地域において安定的で繁栄した情勢を維持するための基礎であり続けることを再確認した。

　(a)（中略）この（日米の）協力は，自衛隊の適切な防衛能力と日米安保体制の組み合わせに基づくものである。両首脳は，日米安保条約に基づく米国の抑止力は引き続き日本の安全保障の拠り所であることを改めて確認した。

　(b)総理大臣と大統領は，米国が引き続き軍事的プレゼンスを維持することは，アジア太平洋地域の平和と安定の維持のためにも不可欠であることで意見が一致した。（中略）米国は，周到な評価に基づき，現在の安全保障情勢の下で米国のコミットメントを守るためには，日本におけるほぼ現在の水準を含め，この地域において，約10万人の前方展開軍事要員からなる現在の兵力構成を維持することが必要であることを再確認した。（中略）

日米間の安全保障面の関係に基づく二国間協力

5　総理大臣と大統領は，この極めて重要な安全保障面での関係の信頼性を強化することを目的として，以下の分野での協力を前進させるために努力を払うことで意見が一致した。（中略）

　(b)総理大臣と大統領は，日本と米国との間に既に構築されている緊密な協力関係を増進するため，1978年の「日米防衛協力のための指針」の見直しを開始することで意見が一致した。

（中略）
6　総理大臣と大統領は，日米安保体制の中核的要素である米軍の円滑な日本駐留にとり，広範な日本国民の支持と理解が不可欠であることを認識した。（中略）

　特に，米軍の施設及び区域が高度に集中している沖縄について，総理大臣と大統領は，日米安保条約の目的との調和を図りつつ，米軍の施設及び区域を整理し，統合し，縮小するために必要な方策を実施する決意を再確認した。
（中略）

　両首脳は，この地域における諸問題の平和的解決の重要性を強調した。両首脳は，この地域の安定と繁栄にとり，中国が肯定的かつ建設的な役割を果たすことが極めて重要であることを強調し，この関連で，両国は中国との協力を更に深めていくことに関心を有することを強調した。
（以下略）
［出典］　外務省ウェブサイト。

## 【187】アジア太平洋経済協力（APEC）（1993年11月20日）

　APEC非公式首脳会議「APEC首脳の経済展望に関する声明」（仮訳）

　我々は，アジア・太平洋経済協力（APEC）というフォーラムの経済首脳が集まる初めての会議を開催した。冷戦後の時代において我々は，多様性に富む我々の経済の活力を活かし，協力を強化し，繁栄を促進するようなアジア・太平洋の新しい経済基盤を作る好機を有している。

　我々の会議は，国際情勢の中でアジア・太平洋としての新たな声が出現していることを反映している。21世紀を迎える準備をするにあたり，世界の人口の4割，そのGNPの5割を占める我々の活力溢れる地域は，世界経済にとって重要な役割を果たし，経済成長と貿易拡大の途を率先していく。

（中略）

　我々は，我々の経済的相互依存関係及び経済的多様性を認識しつつ，アジア・太平洋経済の地域社会（a community of Asia-Pacific economies）の一つの姿を描いている。この社会においては，

・開放性とパートナーシップの精神の深まりにより，急速に変化する地域及び世界経済の挑戦に対し，協力的な解決方法を見出していくことが可能となる，

・我々は，活力溢れる経済成長が持続し，世界経済の拡大に貢献し，開放的な国際貿易体制を支えるような人口20億の巨大な市場である，

・我々は，我々相互の貿易が域内及び世界との間で増加し，我々の間で，物，サービス，資本及び投資が自由に移動するため貿易と投資に対する障壁を引き続き削減する，

（以下略）

［出典］『外交青書（1993年版）』237-238頁。

## 【188】ASEAN地域フォーラム（ARF）（1994年7月25日）

第1回ASEAN地域フォーラム（ARF）議長声明（仮訳）

1　第1回ASEAN地域フォーラム（ARF）は，ASEAN各国元首・政府首脳がアジア太平洋地域諸国との協力的きずなを構築する手段として，域外国との政治・安全保障対話を強化する意図を宣言した。1992年の第4回ASEAN首脳会議のシンガポール宣言に従い，1994年7月25日，バンコックで開催された。

2　会議は，ASEAN各国，ASEANの対話国，ASEANの協議国及びASEANのオブザーバー各国（注）の外相又はその代理が出席した。タイの外相が会議の議長を務めた。

3　政治・安全保障協力問題について特に議論するために，アジア太平洋地域の大多数の国のハイレベルの代表が初めて一堂に会したという点で，会議は，同地域にとって一つの歴史的な出来事と考えられた。さらに重要なこととして，会議は，東南アジアの平和，安定及び協定の新たな一章を開いたことを意味する。

4　会議出席者はアジア太平洋地域の一部における動きが地域全体に影響を及ぼしうることを認識しつつ，同地域における最近の政治・安全保障状況についての有益な意見交換を行った。ARFがハイレベルの協議のフォーラムとして，アジア太平洋地域諸国が共通の利益と関心を有する政治・安全保障問題に関しての建設的な対話と協議の慣例化を促進するのを可能にしたことが合意された。この点においてARFはアジア太平洋地域の信頼醸成と予防外交に向けての努力に対し重要な貢献を行う立場におかれることになる。

（以下略）

［出典］『外交青書（1995年版）』210-211頁。

## 【189】アジア太平洋の地域主義の枠組み

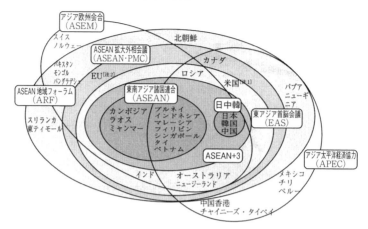

[注1]　2011年からEASに正式参加。
[注2]　ASEMには、欧州連合とEU加盟国27ヶ国がそれぞれ参加。
[出典]　『外交青書（2015年版）』62頁。

## 【190】東アジア首脳会議（EAS）（2005年12月14日）

東アジア首脳会議に関するクアラルンプール宣言（外務省仮訳）

われわれ、東南アジア諸国連合（ASEAN）加盟国、オーストラリア連邦、中華人民共和国、インド共和国、日本国、大韓民国及びニュージーランドの国家元首及び行政府の長は、マレーシアのクアラルンプールにおける2005年12月14日の歴史的な第１回東アジア首脳会議の機会に、

（中略）

世界が直面する課題の幅がますます拡がっていること及びこれらの課題に対応するために地域及び国際的に共同の努力が必要であることを実感し、

われわれが東アジア及び世界全体の平和、安全及び繁栄の達成に共通の関心を有していることを認識し、

平等、連携、協議及びコンセンサスの原則を維持しつつ、われわれ各国間の協力を一層促進し、かつ、現在の友好関係を強化することによって、平和的な環境を形成すること、及びこれによりこの地域及び世界全体の平和、安全及び経済的繁栄に貢献することを希求し、

東アジア首脳会議の参加国及び世界全体が、平和と経済的繁栄を高めるために、共通の関心及び、懸念事項についての二国間及び多国間の相互作用と協力を強化することが重要であると確信し、

多国間システムが効果的に機能することが，経済発展を進めるためには引き続き不可欠であるとの確信を再確認し，

今日のこの地域が世界経済のダイナミズムの源泉となっていることを認識し，

東アジア首脳会議がこの地域における共同体の形成に重要な役割を果たし得るとの見方を共有し，

われわれ共通の平和と繁栄に確固とした基盤を提供する強固なASEAN共同体を形成する努力を支持する必要性を認識し，

ここに宣言する。

第一に，われわれは，関心と懸念を共有する広範な戦略的，政治的及び経済的諸問題について，東アジアにおける平和，安定及び経済的繁栄を促進することを目的とした対話を行うためのフォーラムとして，東アジア首脳会議を設置する。

第二に，この地域における共同体形成を推進する東アジア首脳会議の努力は，ASEAN共同体の実現と整合的に，かつ，これを強化すると共に，進化する地域枠組みの不可分の一部を形成する。

第三に，東アジア首脳会議は，開放的，包含的，透明かつ外部志向のフォーラムである。東アジア首脳会議においては，グローバルな規範と普遍的に認識された価値の強化に努めると共に，ASEANが，東アジア首脳会議の他の参加国と連携しつつ，推進力となる。

(以下略)

[出典] データベース「世界と日本」(東京大学東洋文化研究所田中明彦研究室ウェブサイト)。

## 【191】 湾岸戦争

(1) 対イラク経済制裁に関する官房長官談話 (1990年8月5日)

1) 日本政府は，国際紛争は平和的に解決されなければならないとの立場から，イラク軍のクウェート侵攻を強く非難し，イラクが国連安保理決議第660号(イラクに対する即時撤退要求)を直ちに履行するよう改めて要請する。

2) 政府はかかる立場から，既に在日クウェート資産の保全に資する措置をとったが，これに加えて，今般，以下の措置をとることを決定した。

① イラク及びクウェートからの石油輸入の禁止。
② イラク及びクウェートへの輸出の禁止。
③ イラク及びクウェートに対する投資，融資，その他資本取引の停止のための適切な措置。
④ イラクに対する経済協力の凍結

3) 政府は，国連安全保障理事会で制裁決議が成立する場合には，同決議を誠実に履行する。

[出典] 朝日新聞1990年8月6日付(細谷千博・丸山直起編『国際政治ハンドブック——解説と

資料〔増補改訂版〕』有信堂高文社，1991年，69頁。）

(2) 解放，ありがとう　30国名挙げクウェートが米で広告，日本の名なし

【ワシントン11日＝村松泰雄】「ありがとうアメリカ。そして地球家族の国々」。イラクからの解放を国際社会に感謝するため，クウェート政府が11日付のワシントン・ポスト紙に掲載した全面広告の国名リストに，湾岸の当事国を除けば多国籍軍への世界最大の財政貢献国である「日本」がなかった。日本と同様，兵力の直接提供を拒んだドイツは載っている。

この広告は，ワシントンのクウェート大使館の提供によるもので，タイム，ニューズウィークなど米有力紙誌の最新号にも一斉に掲載された。米，英，仏をはじめ，貢献規模としては大きくないチェコスロバキアやアフリカ諸国まで，「砂漠の平和」に貢献した「国連に基づく国際協調」への参加30の国名が列挙されているが，財政貢献だけの日本，それに韓国も除かれている。

このリストは，米ホワイトハウスが先に公表した戦力派遣28カ国に，米国とポーランドを加えたもので，ドイツについては独自の兵力派遣を拒んだものの，北大西洋条約機構（NATO）軍の一部としてトルコに航空戦力を派遣したことなどが，「参加」という位置付けにつながっている。「なぜ国際協調から日本を除いたのか，理由を調べてみるが，意図的な誤りではない」というのが，クウェート大使館当局者の説明だ。

日本政府は今のところ，この広告に対して措置をとることを「大人げない」として，あえて静観の構えだが，この広告が「評価されない日本」「何をしようとしているのか分からない日本」のイメージを一層定着させることを，恐れている。

［出典］　朝日新聞1991年3月12日付夕刊。

## 【192】PKO法（1992年6月）

(1)　我が国の国際平和協力の概要

1)　概要

我が国は，国際平和のために，より積極的な役割を果たしていくことが必要と考え，1992年6月，国際連合平和維持活動等に対する協力に関する法律（国際平和協力法，PKO法）を制定し，国連を中心とした国際平和のための努力に対して，本格的な人的・物的協力を行ってきた。

この法律は，我が国の国際平和協力として「国際連合平和維持活動」への協力，「人道的な国際救援活動」への協力及び「国際的な選挙監視活動」への協力の三つの柱を定めている。また，これらの活動への協力として，要員・部隊の派遣による人的協力のほか，物品の譲渡が行えるよう「物資協力」の制度も定めている。

2)　法律の目的

国際連合平和維持活動・人道的な国際救援活動及び国際的な選挙監視活動に適切かつ迅速に協力することができるように国内体制を整備することによって，我が国が国際連合を中心とした国際平和のための努力に積極的に寄与すること（第1条）。
3) 平和維持隊への参加に当たっての基本方針（いわゆる5原則）
以下は憲法第9条との関係で一切問題を生ずることがないようにする目的で整理をした基本方針。
① 紛争当事国の間で停戦の合意が成立していること
② 当該平和維持隊が活動する地域に属する国を含む紛争当事者が当該平和維持隊の活動及び当該平和維持隊への我が国の参加に同意していること
③ 当該平和維持隊が特定の紛争当事者に偏ることなく，中立的な立場を厳守すること
④ 上記の原則のいずれかが満たされない状況が生じた場合には，我が国から参加した部隊は撤収することができること
⑤ 武器の使用は，要員の生命等の防護のために必要な最小限のものに限られること

（以下略）

［出典］ 外務省ウェブサイト。

(2)

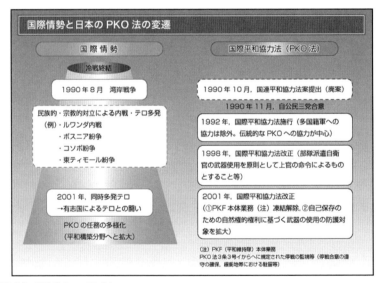

［出典］ 外務省ウェブサイト。

## 【193】9.11同時多発テロ事件と日本 (2001年9月19日)

(1) 米同時多発テロ対策での小泉首相会見

小泉首相のテロ対策をめぐる19日夜の記者会見の要旨は次の通り。

米国で起きたテロは米国だけでなく，世界人類に対する，自由，平和，民主主義に対する攻撃だ。日本も米国をはじめ関係諸国と協力しながら主体的な取り組みをしたいと思い，具体的な措置をとることを決めた。米国を支持し，最大限の支援・協力をしたい。

——自衛隊派遣のための「所要の措置」とは現行法の改正か。新法か。

「武力行使と一体にならない，できる限りの支援とは何かを考えながら所要の措置を講じる。現行法でできる，あるいは新法が必要なら，それも検討してもらうと与党にお願いした」

——自衛隊の支援活動で武器・弾薬の輸送なども想定しているか。

「新たな事態が展開された時点で判断されるべき問題があると思う。それ（武器の輸送など）も含めて，憲法の範囲内で何が可能か。総合的に勘案して与党として検討してもらいたい」

——自衛隊派遣については，現在の国連安保理決議があれば，条件を満たすと考えているか。

「今後，よく詰めていきたいと思う」

——支援活動が「武力行使と一体」かどうか，総理が判断することは。

「それはあると思う。全く新しいだれも想像できない事態なので，どう展開するか予想できないこともたくさんある。憲法の範囲内で何ができるか，どういう法改正がいるのか。今後，野党や国民の理解を得ながら進める問題も出ると思う」

——事態が流動的な中で，今日，会見されようと思った理由は。

「どういう展開で事態が動くか分からない部分も多いが，今の時点で日本として，やりうる姿をはっきり見せた方がいいと。決めたなら早いほうがいい。緊急だが与党3党首にお願いし，速やかな行動をと」

［出典］ 朝日新聞2001年9月20日付。

(2) テロ特措法

平成十三年九月十一日のアメリカ合衆国において発生したテロリストによる攻撃等に対応して行われる国際連合憲章の目的達成のための諸外国の活動に対して我が国が実施する措置及び関連する国際連合決議等に基づく人道的措置に関する特別措置法（平成13年11月2日法律第113号）最終改正　平成18年12月22日法律第118号

（目的）

第一条　この法律は，平成十三年九月十一日にアメリカ合衆国において発生したテロリストによる攻撃（以下「テロ攻撃」という。）が国際連合安全保障理事会決議第千三百六十八号において国際の平和及び安全に対する脅威と認められたことを踏まえ，あわせて，同理事会決議第千二百六十七号，第千二百六十九号，第千三百三十三

号その他の同理事会決議が，国際的なテロリズムの行為を非難し，国際連合のすべての加盟国に対しその防止等のために適切な措置をとることを求めていることにかんがみ，我が国が国際的なテロリズムの防止及び根絶のための国際社会の取組に積極的かつ主体的に寄与するため，次に掲げる事項を定め，もって我が国を含む国際社会の平和及び安全の確保に資することを目的とする。

　一　テロ攻撃によってもたらされている脅威の除去に努めることにより国際連合憲章の目的の達成に寄与するアメリカ合衆国その他の外国の軍隊その他これに類する組織（以下「諸外国の軍隊等」という。）の活動に対して我が国が実施する措置，その実施の手続その他の必要な事項

　二　国際連合の総会，安全保障理事会若しくは経済社会理事会が行う決議又は国際連合，国際連合の総会によって設立された機関若しくは国際連合の専門機関若しくは国際移住機関（以下「国際連合等」という。）が行う要請に基づき，我が国が人道的精神に基づいて実施する措置，その実施の手続その他の必要な事項

（基本原則）

第二条　政府は，この法律に基づく協力支援活動，捜索救助活動，被災民救援活動その他の必要な措置（以下「対応措置」という。）を適切かつ迅速に実施することにより，国際的なテロリズムの防止及び根絶のための国際社会の取組に我が国として積極的かつ主体的に寄与し，もって我が国を含む国際社会の平和及び安全の確保に努めるものとする。

2　対応措置の実施は，武力による威嚇又は武力の行使に当たるものであってはならない。

3　対応措置については，我が国領域及び現に戦闘行為（国際的な武力紛争の一環として行われる人を殺傷し又は物を破壊する行為をいう。以下同じ。）が行われておらず，かつ，そこで実施される活動の期間を通じて戦闘行為が行われることがないと認められる次に掲げる地域において実施するものとする。

　一　公海（海洋法に関する国際連合条約に規定する排他的経済水域を含む。第六条第五項において同じ。）及びその上空

　二　外国の領域（当該対応措置が行われることについて当該外国の同意がある場合に限る。）

（以下略）

　［出典］内閣官房ウェブサイト。

## 【194】イラク戦争と日本（2003年3月20日）

(1)　イラク戦争開戦時の小泉首相の会見

　小泉首相の記者会見要旨は次の通り。

　今回のイラク問題の発端は，13年前のイラクがクウェートに侵攻した湾岸戦争に端を

発している。湾岸戦争に対しイラクは停戦協議を受け入れた。米国はじめ，多国籍軍がクウェートを解放し，イラクに対して大量破壊兵器の廃棄を条件として停戦になった。その後12年間にわたって，イラクは停戦決議を守ってこなかった。十分に協力してこなかった。そういうことから再度，昨年11月，国際社会は一致結束して大量破壊兵器，あるいは化学兵器，生物兵器の即時，無条件，無制限に査察に協力して誠意を示すべきだとの最後の機会を与えることを国連は採択した。

　日本政府はこれまでも，イラクに対して，また米国，英国，仏に対しても，平和的解決がもっとも望ましいとの努力を最後まで続けるべきだと訴えてきた。しかし残念ながら，イラクはこの間，国連決議を無視，軽視というか，愚弄（ぐろう）してきた。十分な誠意ある対応をしてこなかった。私はこの際，そういう思いから，米国の武力行使開始を理解し，支持いたします。

　もしも今後，危険な大量破壊兵器が危険な独裁者の手に渡ったらどのような危険な目に遭うか。日本も人ごとではない。我々は大きな危険に直面するということをすべての人々が感じていると思う。

　日本が今日まで戦後発展してきた基本方針は，日米同盟関係と国際協調関係態勢だ。これを堅持していくことだ。

　［出典］　朝日新聞2003年3月20日付夕刊。

(2)　イラク特措法
　イラクにおける人道復興支援活動及び安全確保支援活動の実施に関する特別措置法
（平成15年8月1日法律第137号）
最近改正　平成19年6月27日法律第101号
第一章　総則
（目的）
第一条　この法律は，イラク特別事態（国際連合安全保障理事会決議第六百七十八号，第六百八十七号及び第千四百四十一号並びにこれらに関連する同理事会決議に基づき国際連合加盟国によりイラクに対して行われた武力行使並びにこれに引き続く事態をいう。以下同じ。）を受けて，国家の速やかな再建を図るためにイラクにおいて行われている国民生活の安定と向上，民主的な手段による統治組織の設立等に向けたイラクの国民による自主的な努力を支援し，及び促進しようとする国際社会の取組に関し，我が国がこれに主体的かつ積極的に寄与するため，国際連合安全保障理事会決議第千四百八十三号を踏まえ，人道復興支援活動及び安全確保支援活動を行うこととし，もってイラクの国家の再建を通じて我が国を含む国際社会の平和及び安全の確保に資することを目的とする。
（基本原則）
第二条　政府は，この法律に基づく人道復興支援活動又は安全確保支援活動（以下「対

応措置」という。）を適切かつ迅速に実施することにより，前条に規定する国際社会の取組に我が国として主体的かつ積極的に寄与し，もってイラクの国家の再建を通じて我が国を含む国際社会の平和及び安全の確保に努めるものとする。
（以下略）
［出典］　内閣官房ウェブサイト。

## 【195】気候変動枠組み条約

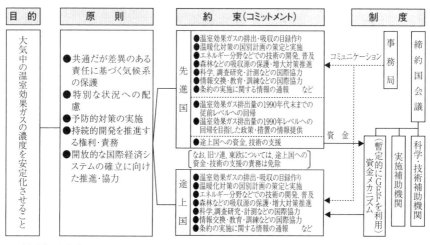

［出典］　環境省ウェブサイト。

## 【196】人間の安全保障

人間の安全保障分野をめぐる国際潮流

　人間の安全保障とは，人間一人ひとりに着目し，生存・生活・尊厳に対する広範かつ深刻な脅威から人々を守り，それぞれの持つ豊かな可能性を実現するために，保護と能力強化を通じて持続可能な個人の自立と社会づくりを促す考え方です。グローバル化，相互依存が深まる今日の世界においては，貧困，環境破壊，自然災害，感染症，テロ，突然の経済・金融危機といった問題は国境を越え相互に関連しあう形で，人々の生命・生活に深刻な影響を及ぼしています。このような今日の国際課題に対処していくためには，従来の国家を中心に据えたアプローチだけでは不十分になってきており，「人間」に焦点を当て，様々な主体及び分野間の関係性をより横断的・包括的に捉えることが必要となっています。
（中略）
　2000年の国連ミレニアム総会でアナン国連事務総長（当時）は，「恐怖からの自由，欠乏からの自由」とのキーワードを使って報告を行い，人々を襲う地球規模の様々な課

題にいかに対処すべきかを論じました。この事務総長報告を受け，同総会で演説した森総理（当時）は，日本が人間の安全保障を外交の柱に据えることを宣言し，世界的な有識者の参加を得て人間の安全保障のための国際委員会を発足させ，この考え方を更に深めていくことを呼びかけました。

　2001年1月にアナン国連事務総長（当時）が来日した際，森総理（当時）の提案を受け12名の有識者から構成された「人間の安全保障委員会」の創設が発表され，共同議長に緒方貞子国連難民高等弁務官（当時）とアマルティア・セン・ケンブリッジ大学トリニティ・カレッジ学長（当時）が就任しました。この委員会は人間の安全保障の概念構築と国際社会が取り組むべき方策について提言することを目的とし，5回の会合と世界各地での対話集会や分野別研究等を経て，2003年2月には小泉総理（当時）に最終報告書の内容を報告し，5月にはアナン国連事務総長（当時）に報告書を提出しました。

　同報告書においては，「安全保障」の理論的枠組みを再考し，安全保障の焦点を国家のみを対象とするものから人々を含むものへと拡大する必要があり，人々の安全を確保するには包括的かつ統合された取り組みが必要であることが強調されています。また，人間の安全保障は「人間の生にとってかけがえのない中枢部分を守り，すべての人の自由と可能性を実現すること」と定義され，人々の生存・生活・尊厳を確保するため，人々の「保護（プロテクション）」と「能力強化（エンパワーメント）」のための戦略の必要性が訴えられました。

［出典］　外務省ウェブサイト。

## 【197】国連改革

第59回国連総会における小泉総理大臣一般討論演説「新しい時代に向けた新しい国連（「国連新時代」）」（仮訳）（2004年9月21日）

議長，御列席の皆様，

　今日，国際社会は，60年ほど前国連の創設者達が想像すらできなかった課題への取組に尽力しています。テロとの闘い，大量破壊兵器の不拡散を確保するための取組は，こうした課題のほんの一例です。

　我が国は，常に，国連を中心とする国際協調を追求してきました。国際社会がこれらの新しい現実に直面する中，国連もこれに適応し，対処しなければなりません。

（中略）

　今年，我が国は安保理非常任理事国選挙に立候補しています。我が国が当選した暁には，グローバルな貢献を基にして，安保理において，建設的かつ創造的な役割を果たすべく努力を倍加します。

議長，

（中略）

　平和と安全並びに経済的，社会的問題は，ますます連関を深めています。国連は調整

され,かつ包括的に対応すべきであります。国連の諸機関は,効果的かつ効率的でなくてはなりません。国連システム全体にわたる変革が必要です。

こうした変革の中で,核となるのは安保理改革です。近年,安保理の役割は,その対象範囲と性質において,劇的とも言える拡大を遂げています。安保理は,このように拡大した役割を,国際社会の最大限の協力と参加を得て果たしていくべきであります。

そのためには,今日の世界をよりよく反映するように安保理の代表性を向上させなければなりません。加えて,安保理は,課題に効果的に対処するため,十分な能力を有すべきであります。国際の平和と安全において主要な役割を果たす意思と能力を有する国々は,常に,安保理の意思決定過程に参加しなければなりません。そのためには,途上国・先進国の双方を新たなメンバーに含め,常任・非常任の双方において安保理を拡大する必要があります。

国連の普遍的な目標,すなわち我々の共通の目標は,国際の平和と安全の維持です。その目標に向けて,加盟国は,各々の能力に見合った役割を果たすべきです。

平和は武力のみを通じて達成することはできないというのが我々の信念です。こうした信念に基づき,我が国は,積極的かつ独自の役割を果たしています。

我が国は,平和の定着に向け取り組むため,平和構築のための復興への取組と共に,国連平和維持活動にも多くの資源を提供してきました。我が国の自衛隊は,東チモール,イラクなどにおいて,人道復興支援活動を行ってきています。

そのような,平和に向けたグローバルな貢献は,平和と繁栄に向けて尽力する国際社会において名誉ある地位を占めたいと考える日本国民が大切にしている根元的な信念に基づくものです。こうした貢献は国際社会から高く評価されていると私は信じます。

近年の国連の平和活動は,平和を達成し,定着させるには多くの側面があることを示しています。平和の実現のためには,平和構築から,国造りまでを含む包括的な取組が必要です。我が国の役割は,正に安保理の権限である国際の平和と安全の維持において,一層不可欠なものとなってきています。我が国の果たしてきた役割は,安保理常任理事国となるに相応しい確固たる基盤となるものであると信じます。

敵国条項は,すでに,国連総会において「死文化している」と決定されており,今日の世界をよりよく反映するために,国連憲章から旧敵国条項を削除しなければなりません。加盟国の国連分担率は,より衡平なものとする必要があります。
(以下略)

　［出典］外務省ウェブサイト。

# 11　歴史認識問題

【解　題】

　敗戦国日本は，1951年の講和条約で東京裁判を受け入れ，1965年の日韓基本条約，そして1972年の日中共同宣言により，中韓両国との関係を正常化した。ところが，1982年，文部省が歴史教科書の検定において日本のアジア「侵略」を「進出」に書き換えさせた，という報道がなされると，中国・韓国は日本に抗議した。これを受け，鈴木内閣は宮澤喜一官房長官の談話を出し，決着を図った【198】。この談話の具体化として，文部省は，教科書検定基準の中に「近隣のアジア諸国との間の近現代の歴史的事象の扱いに国際理解と国際協調の見地から必要な配慮がされていること」という，「近隣諸国条項」を設けた。

　戦後40周年の節目となる1985年8月，中曽根康弘首相が靖国神社に公式参拝すると，中国や韓国が反発した。「戦後政治の総決算」を掲げる中曽根は靖国参拝に強いこだわりがあったが，他方で中国の胡耀邦総書記とは昵懇(じっこん)の仲であり，自らの行動により胡の政治的立場が悪化することを恐れた。結局，中曽根は翌年以降，靖国参拝を控えることとなった【199】。

　1990年頃から，日本軍の「従軍慰安婦」だったと名乗り，日本政府を相手に裁判を起こすケースが増加した。個人の請求権問題は1965年の日韓請求権協定により「完全かつ最終的に解決」済みという立場をとりつつも，日本政府は調査を行った。その結果，1993年，宮澤内閣の河野洋平官房長官が，いわゆる「河野談話」を発表した【200】。村山内閣の時に「アジア女性基金」が設立され，募金によって集めた「償い金」を，総理の「手紙」とともに元「慰安婦」に送ることとなったが，多くの元「慰安婦」が受け取りを拒否した。韓国の歴代政権はこの問題の解決を日本に繰り返し要求し，2015年12月，安倍政権は韓国政府が設立する元「慰安婦」を支援するための財団に10億円拠出し，両国が協力していくことで合意した。

　戦後50年という節目にあたり，衆議院は「不戦決議」を採択したが，保守派を中心に大量欠席者を出し，参議院では提出自体が見送られた。これを受け，自民党・新党さきがけと連立を組む社会党の村山富市首相は，「村山談話」を発表した【201】。以後，歴代内閣は，党派にかかわらず，村山談話を継承する，という立場をとり続けている。小泉純一郎首相が戦後60年にあたり発表した「小泉談話」から10年後，「戦後レジームからの脱却」を悲願とする安倍晋三首相は，「戦後70年談話」を発表した【202】。

## 【198】「歴史教科書」についての官房長官談話（1982年8月26日）

　一，日本政府及び日本国民は，過去において，我が国の行為が韓国・中国を含むアジアの国々の国民に多大の苦痛と損害を与えたことを深く自覚し，このようなことを二度と繰り返してはならないとの反省と決意の上に立って平和国家としての道を歩んで来た。我が国は，韓国については，昭和40年の日韓共同コミュニケの中において「過去の関係は遺憾であって深く反省している」との認識を，中国については日中共同声明において「過去において日本国が戦争を通じて中国国民に重大な損害を与えたことの責任を痛感し，深く反省する」との認識を述べたが，これも前述の我が国の反省と決意を確認したものであり，現在においてもこの認識にはいささかの変化もない。

　二，このような日韓共同コミュニケ，日中共同声明の精神は我が国の学校教育，教科書の検定にあたっても，当然，尊重されるべきものであるが，今日，韓国，中国等より，こうした点に関する我が国教科書の記述について批判が寄せられている。我が国としては，アジアの近隣諸国との友好，親善を進める上でこれらの批判に十分に耳を傾け，政府の責任において是正する。

　三，このため，今後の教科書検定に際しては，教科用図書検定調査審議会の議を経て検定基準を改め，前記の趣旨が十分実現するよう配意する。すでに検定の行われたものについては，今後すみやかに同様の趣旨が実現されるよう措置するが，それ迄の間の措置として文部大臣が所見を明らかにして，前記二の趣旨を教育の場において十分反映せしめるものとする。

　四，我が国としては，今後とも，近隣国民との相互理解の促進と友好協力関係の発展に努め，アジアひいては世界の平和と安定に寄与していく考えである。

　［出典］　外務省ウェブサイト。

## 【199】内閣総理大臣その他の国務大臣による靖国神社公式参拝についての後藤田内閣官房長官談話（1986年8月14日）

　一，戦後40年という歴史の節目に当たる昨年8月15日の「戦没者を追悼し平和を祈念する日」に，内閣総理大臣は，気持ちを同じくする国務大臣とともに，靖国神社にいわゆる公式参拝を行った。これは，国民や遺族の長年にわたる強い要望に応えて実施したものであり，その目的は，靖国神社が合祀している個々の祭神と関係なく，あくまで，祖国や同胞等のために犠牲となった戦没者一般を追悼し，併せて，我が国と世界の平和への決意を新たにすることであった。これに関する昨年8月14日の内閣官房長官談話は現在も存続しており，同談話において政府が表明した見解には何らの変更もない。

　二，しかしながら，靖国神社がいわゆるA級戦犯を合祀していること等もあって，昨年実施した公式参拝は，過去における我が国の行為により多大の苦痛と損害を蒙った近隣諸国の国民の間に，そのような我が国の行為に責任を有するA級戦犯に対して礼拝し

たのではないかとの批判を生み，ひいては，我が国が様々な機会に表明してきた過般の戦争への反省とその上に立った平和友好への決意に対する誤解と不信さえ生まれるおそれがある。それは，諸国民との友好増進を念願する我が国の国益にも，そしてまた，戦没者の究極の願いにも副う所以ではない。

　三，もとより，公式参拝の実施を願う国民や遺族の感情を尊重することは，政治を行う者の当然の責務であるが，他方，我が国が平和国家として，国際社会の平和と繁栄のためにいよいよ重い責務を担うべき立場にあることを考えれば，国際関係を重視し，近隣諸国の国民感情にも適切に配慮しなければならない。

　四，政府としては，これら諸般の事情を総合的に考慮し，慎重かつ自主的に検討した結果，明８月15日には，内閣総理大臣の靖国神社への公式参拝は差し控えることとした。

　五，繰り返し明らかにしてきたように，公式参拝は制度化されたものではなく，その都度，実施すべきか否かを判断すべきものであるから，今回の措置が，公式参拝自体を否定ないし廃止しようとするものでないことは当然である。政府は引き続き良好な国際関係を維持しつつ，事態の改善のために最大限の努力を傾注するつもりである。

　六，各国務大臣の公式参拝については，各国務大臣において，以上述べた諸点に十分配慮して，適切に判断されるものと考えている。

　[出典]　外務省ウェブサイト。

## 【200】慰安婦関係調査結果発表に関する内閣官房長官談話（河野談話）

(1993年8月4日)

　いわゆる従軍慰安婦問題については，政府は，一昨年12月より，調査を進めて来たが，今般その結果がまとまったので発表することとした。

　今次調査の結果，長期に，かつ広範な地域にわたって慰安所が設置され，数多くの慰安婦が存在したことが認められた。慰安所は，当時の軍当局の要請により設営されたものであり，慰安所の設置，管理及び慰安婦の移送については，旧日本軍が直接あるいは間接にこれに関与した。慰安婦の募集については，軍の要請を受けた業者が主としてこれに当たったが，その場合も，甘言，強圧による等，本人たちの意思に反して集められた事例が数多くあり，更に，官憲等が直接これに加担したこともあったことが明らかになった。また，慰安所における生活は，強制的な状況の下での痛ましいものであった。

　なお，戦地に移送された慰安婦の出身地については，日本を別とすれば，朝鮮半島が大きな比重を占めていたが，当時の朝鮮半島はわが国の統治下にあり，その募集，移送，管理等も，甘言，強圧による等，総じて本人たちの意思に反して行われた。

　いずれにしても，本件は，当時の軍の関与の下に，多数の女性の名誉と尊厳を深く傷つけた問題である。政府は，この機会に，改めて，その出身地のいかんを問わず，いわゆる従軍慰安婦として数多くの苦痛を経験され，心身にわたり癒しがたい傷を負われた

すべての方々に対し心からお詫びと反省の気持ちを申し上げる。また，そのような気持ちを我が国としてどのように表すかということについては，有識者のご意見なども徴しつつ，今後とも真剣に検討すべきものと考える。

われわれはこのような歴史の真実を回避することなく，むしろこれを歴史の教訓として直視していきたい。われわれは，歴史研究，歴史教育を通じて，このような問題を永く記憶にとどめ，同じ過ちを決して繰り返さないという固い決意を改めて表明する。

なお，本問題については，本邦において訴訟が提起されており，また，国際的にも関心が寄せられており，政府としても，今後とも，民間の研究を含め，十分に関心を払って参りたい。

［出典］ 外務省ウェブサイト。

## 【201】 戦後50周年の終戦記念日にあたって （村山談話）（1995年8月15日）

戦後50年の節目に当たりまして，総理大臣としての談話を述べさせていただきます。

先の大戦が終わりを告げてから，50年の歳月が流れました。今，あらためて，あの戦争によって犠牲となられた内外の多くの人々に思いを馳せるとき，万感胸に迫るものがあります。

敗戦後，日本は，あの焼け野原から，幾多の困難を乗りこえて，今日の平和と繁栄を築いてまいりました。このことは私たちの誇りであり，そのために注がれた国民の皆様一人一人の英知とたゆみない努力に，私は心から敬意の念を表わすものであります。ここに至るまで，米国をはじめ，世界の国々から寄せられた支援と協力に対し，あらためて深甚な謝意を表明いたします。また，アジア太平洋近隣諸国，米国，さらには欧州諸国との間に今日のような友好関係を築き上げるに至ったことを，心から喜びたいと思います。

平和で豊かな日本となった今日，私たちはややもすればこの平和の尊さ，有難さを忘れがちになります。私たちは過去のあやまちを二度と繰り返すことのないよう，戦争の悲惨さを若い世代に語り伝えていかなければなりません。特に近隣諸国の人々と手を携えて，アジア太平洋地域ひいては世界の平和を確かなものとしていくためには，なによりも，これらの諸国との間に深い理解と信頼にもとづいた関係を培っていくことが不可欠と考えます。政府は，この考えにもとづき，特に近現代における日本と近隣アジア諸国との関係にかかわる歴史研究を支援し，各国との交流の飛躍的な拡大をはかるために，この二つを柱とした平和友好交流事業を展開しております。また，現在取り組んでいる戦後処理問題についても，わが国とこれらの国々との信頼関係を一層強化するため，私は，ひき続き誠実に対応してまいります。

いま，戦後50年の節目に当たり，われわれが銘記すべきことは，来し方を訪ねて歴史の教訓に学び，未来を望んで，人類社会の平和と繁栄への道を誤らないことであります。

わが国は，遠くない過去の一時期，国策を誤り，戦争への道を歩んで国民を存亡の危機に陥れ，植民地支配と侵略によって，多くの国々，とりわけアジア諸国の人々に対して多大の損害と苦痛を与えました。私は，未来に過ち無からしめんとするが故に，疑うべくもないこの歴史の事実を謙虚に受け止め，ここにあらためて痛切な反省の意を表し，心からのお詫びの気持ちを表明いたします。また，この歴史がもたらした内外すべての犠牲者に深い哀悼の念を捧げます。

　敗戦の日から50周年を迎えた今日，わが国は，深い反省に立ち，独善的なナショナリズムを排し，責任ある国際社会の一員として国際協調を促進し，それを通じて，平和の理念と民主主義とを押し広めていかなければなりません。同時に，わが国は，唯一の被爆国としての体験を踏まえて，核兵器の究極の廃絶を目指し，核不拡散体制の強化など，国際的な軍縮を積極的に推進していくことが肝要であります。これこそ，過去に対するつぐないとなり，犠牲となられた方々の御霊を鎮めるゆえんとなると，私は信じております。

　「杖るは信に如くは莫し」と申します。この記念すべき時に当たり，信義を施政の根幹とすることを内外に表明し，私の誓いの言葉といたします。

　［出典］　外務省ウェブサイト。

## 【202】 内閣総理大臣談話（安倍談話）（2015年8月14日）

（前略）我が国は，先の大戦における行いについて，繰り返し，痛切な反省と心からのお詫びの気持ちを表明してきました。その思いを実際の行動で示すため，インドネシア，フィリピンはじめ東南アジアの国々，台湾，韓国，中国など，隣人であるアジアの人々が歩んできた苦難の歴史を胸に刻み，戦後一貫して，その平和と繁栄のために力を尽くしてきました。

　こうした歴代内閣の立場は，今後も，揺るぎないものであります。（中略）

　日本では，戦後生まれの世代が，今や，人口の8割を超えています。あの戦争には何ら関わりのない，私たちの子や孫，そしてその先の世代の子どもたちに，謝罪を続ける宿命を背負わせてはなりません。しかし，それでもなお，私たち日本人は，世代を超えて，過去の歴史に真正面から向き合わなければなりません。謙虚な気持ちで，過去を受け継ぎ，未来へと引き渡す責任があります。（中略）

　私たちは，自らの行き詰まりを力によって打開しようとした過去を，この胸に刻み続けます。だからこそ，我が国は，いかなる紛争も，法の支配を尊重し，力の行使ではなく，平和的・外交的に解決すべきである。この原則を，これからも堅く守り，世界の国々にも働きかけてまいります。唯一の戦争被爆国として，核兵器の不拡散と究極の廃絶を目指し，国際社会でその責任を果たしてまいります。

　私たちは，20世紀において，戦時下，多くの女性たちの尊厳や名誉が深く傷つけられ

た過去を,この胸に刻み続けます。だからこそ,我が国は,そうした女性たちの心に,常に寄り添う国でありたい。21世紀こそ,女性の人権が傷つけられることのない世紀とするため,世界をリードしてまいります。

　私たちは,経済のブロック化が紛争の芽を育てた過去を,この胸に刻み続けます。だからこそ,我が国は,いかなる国の恣意にも左右されない,自由で,公正で,開かれた国際経済システムを発展させ,途上国支援を強化し,世界の更なる繁栄を牽引してまいります。繁栄こそ,平和の礎です。暴力の温床ともなる貧困に立ち向かい,世界のあらゆる人々に,医療と教育,自立の機会を提供するため,一層,力を尽くしてまいります。

　私たちは,国際秩序への挑戦者となってしまった過去を,この胸に刻み続けます。だからこそ,我が国は,自由,民主主義,人権といった基本的価値を揺るぎないものとして堅持し,その価値を共有する国々と手を携えて,「積極的平和主義」の旗を高く掲げ,世界の平和と繁栄にこれまで以上に貢献してまいります。

　終戦80年,90年,さらには100年に向けて,そのような日本を,国民の皆様と共に創り上げていく。その決意であります。

　[出典]　首相官邸ウェブサイト。

# 12　安全保障問題

【解　題】

　戦後日本の安全保障政策の基軸となるのは，言うまでもなく日米安保条約である。[2の【134】，3の【138】を参照] 同条約は戦後日本が経済活動に力を注ぎ経済大国となる環境を提供してきた。「基地と兵隊の交換」を基本的性格とする同条約において，日本はアメリカに基地を提供する義務を負っている。そして在日米軍基地・軍人の地位を規定したのが日米地位協定である【203】。

　日米安保体制は日本の安全保障政策の基軸であるが，では日本自身はどのような安全保障政策をもっているのか。実は明確な安保政策は2013年の「国家安全保障基本戦略」【204】が策定されるまでは「国防の基本方針」という簡単なものしかなかった。[3の【137】を参照]「安全保障基本戦略」ができるまでは，防衛力整備の基本方針を定めた防衛計画の大綱が，一部その役割を果たしていたのである。同大綱は1976年に始めて策定され，1995年，2004年，2010年に改定され，「国家安全保障基本戦略」と同時に策定された2013年の大綱が最新のものである【205】。

　さて，日米安保体制は冷戦時代にソ連を仮想敵として成立した。冷戦が終了し，ソ連が崩壊してロシアとなったあと，日米安保の役割の再検討が行われた。ちょうどその時期に生じたのが北朝鮮の核開発問題であった。台湾と中国との関係も悪化するなど，東アジアで国際的緊張が高まるとともに日米安保条約も日本本土防衛から極東の安全への寄与を掲げた6条に中心が移動し，それを反映して日米安保共同宣言が行われた。続いて冷戦期の1978年に日米防衛協力の在り方を決めた日米ガイドラインも改定され，日本は「周辺事態」が生起した場合の対米支援が取り決められることになった。

　こうして日米安保体制のもと，日米の防衛協力は一層深化することになったが，2001年9月11日に起きた同時多発テロとその後のテロとの戦いの中で，日米協力はさらに深まることになる。日本は対テロ特措法を制定し，アフガニスタンに対する攻撃をインド洋から後方支援し，イラクとの戦争に当たっては，戦闘終了後の復興支援に自衛隊が派遣された。

　さらに，中国が急速な経済発展を背景に軍備の近代化・拡張を進めてアジア地域での緊張が高まりつつあることを背景に，安倍晋三内閣は2015年7月に「集団的自衛権」の限定的行使容認を閣議決定した【206】。これは長年にわたり議論されてきた問題であり，安倍内閣はこの閣議決定に基づき，2016年に平和安保法制を成立させた【207】。さらにアメリカとのガイドラインを改定し，日米安全保障協力も新たな段階に進もうとしている【208】。

## 【203】日米地位協定（日本国とアメリカ合衆国との間の相互協力及び安全保障条約第6条に基づく施設及び区域並びに日本国における合衆国軍隊の地位に関する協定，1960年1月19日調印，同年6月23日発効）

第2条
1(a)合衆国は，相互協力及び安全保障条約第6条の規定に基づき，日本国内の施設及び区域の使用を許される。（略）
2　日本国政府及び合衆国政府は，いずれか一方の要請があるときは，前記の取極を再検討しなければならず，また，前記の施設及び区域を日本国に返還すべきこと又は新たに施設及び区域を提供することを合意することができる。（以下略）

第17条
3　裁判権を行使する権利が競合する場合には，次の規定が適用される。
　(a)合衆国の軍当局は，次の罪については，合衆国軍隊の構成員又は軍属に対して裁判権を行使する第一次の権利を有する。
　　(ii)　公務執行中の作為又は不作為から生ずる罪
　(b)その他の罪については，日本国の当局が，裁判権を行使する第一次の権利を有する。
5(c)日本国が裁判権を行使すべき合衆国軍隊の構成員又は軍属たる被疑者の拘禁は，その者の身柄が合衆国の手中にあるときは，日本国により公訴が提起されるまでの間，合衆国が引き続き行なうものとする。

[出典]「日米地位協定」（外務省ウェブサイト）。

## 【204】国家安全保障の基本方針

国家安全保障戦略（2013年12月17日閣議決定）

| | 日本の国益と国家安全保障の目標 |
|---|---|
| 国　益 | ○日本の平和と安全を維持し，その存立を全うすること。<br>○日本と国民の更なる繁栄を実現し，我が国の平和と安全をより強固なものとすること。<br>○普遍的価値やルールに基づく国際秩序を維持・擁護すること。 |
| 目　標 | ○抑止力を強化し，我が国に脅威が及ぶことを防止する。<br>○日米同盟の強化，パートナーとの信頼・協力関係の強化等により地域の安全環境を改善し，脅威発生を予防・削減する。<br>○グローバルな安全保障環境を改善し，平和で安定し，繁栄する国際社会を構築する。 |

[出典]　パンフレット「日本の安全保障政策　積極的平和主義」（外務省ウェブサイト）。

## 【205】防衛計画の大綱 (51大綱から新大綱まで)

**51大綱**
（S 51.10.29
国防会議・閣議決定）

【背景】
○東西冷戦は継続するが緊張緩和の国際情勢
○わが国周辺は米中ソの均衡が成立
○国民に対し防衛力の目標を示す必要性

「51大綱」での基本的考え方
・「基盤的防衛力構想」
・わが国に対する軍事的脅威に直接対抗するよりも，自らが力の空白となってわが国周辺地域における不安定要因とならないよう，独立国としての必要最小限の基盤的防衛力を保有

↓ 19年

**07大綱**
（H7.11.28
安保会議・閣議決定）

【背景】
○東西冷戦の終結
○不透明・不確実な要素がある国際情勢
○国際貢献などへの国民の期待の高まり

「07大綱」での基本的考え方
・「基盤的防衛力構想」を基本的に踏襲
・防衛力の役割として「我が国の防衛」に加え，「大規模災害等各種の事態への対応」および「より安定した安全保障環境の構築への貢献」を追加

↓ 9年

**16大綱**
（H16.12.10
安保会議・閣議決定）

【背景】
○国際テロや弾道ミサイルなどの新たな脅威
○世界の平和が日本の平和に直結する状況
○抑止重視から対処重視に転換する必要性

「16大綱」での基本的考え方
・新たな脅威や多様な事態に実効的に対応するとともに，国際平和協力活動に主体的かつ積極的に取り組み得るものとすべく，多機能で弾力的な実効性のあるもの
・「基盤的防衛力構想」の有効な部分は継承

↓ 6年

**22大綱**
（H22.12.17
安保会議・閣議決定）

【背景】
○グローバルなパワーバランスの変化
○複雑さを増すわが国周辺の軍事情勢
○国際社会における軍事力の投割の多様化

「22大綱」での基本的考え方
・「動的防衛力」の構築（「基盤的防衛力構想」にはよらず）
・各種事態に対して実効的な抑止・対処を可能とし，アジア太平洋地域の安保環境の安定化・グローバルな安保環境の改善のための活動を能動的に行い得る防衛力

↓ 3年

**新大綱**
（H25.12.17
国家安全保障会議・閣議決定）

【背景】
○わが国を取り巻く安全保障環境が一層厳しさを増大
○米国のアジア太平洋地域へのリバランス
○東日本大震災での自衛隊の活動における教訓

「新大綱」での基本的考え方
・「統合機動防衛力」の構築
・厳しさを増す安全保障環境に即応し，海上優勢・航空優勢の確保など事態にシームレスかつ状況に臨機に対応して機動的に行い得るよう，統合運用の考え方をより徹底した防衛力

［出典］「防衛力の役割の変化」（『防衛白書（平成26年版）』）。

## 【206】国の存立を全うし，国民を守るための切れ目のない安全保障法制の整備について（国家安全保障会議決定，2014年7月1日）

閣議決定

　我が国は，戦後一貫して日本国憲法の下で平和国家として歩んできた。専守防衛に徹し，他国に脅威を与えるような軍事大国とはならず，非核三原則を守るとの基本方針を堅持しつつ，国民の営々とした努力により経済大国として栄え，安定して豊かな国民生活を築いてきた。また，我が国は，平和国家としての立場から，国際連合憲章を遵守しながら，国際社会や国際連合を始めとする国際機関と連携し，それらの活動に積極的に寄与している。こうした我が国の平和国家としての歩みは，国際社会において高い評価と尊敬を勝ち得てきており，これをより確固たるものにしなければならない。

　一方，日本国憲法の施行から67年となる今日までの間に，我が国を取り巻く安全保障環境は根本的に変容するとともに，更に変化し続け，我が国は複雑かつ重大な国家安全保障上の課題に直面している。国際連合憲章が理想として掲げたいわゆる正規の「国連軍」は実現のめどが立っていないことに加え，冷戦終結後の四半世紀だけをとっても，グローバルなパワーバランスの変化，技術革新の急速な進展，大量破壊兵器や弾道ミサイルの開発及び拡散，国際テロなどの脅威により，アジア太平洋地域において問題や緊張が生み出されるとともに，脅威が世界のどの地域において発生しても，我が国の安全保障に直接的な影響を及ぼし得る状況になっている。さらに，近年では，海洋，宇宙空間，サイバー空間に対する自由なアクセス及びその活用を妨げるリスクが拡散し深刻化している。もはや，どの国も一国のみで平和を守ることはできず，国際社会もまた，我が国がその国力にふさわしい形で一層積極的な役割を果たすことを期待している。

　政府の最も重要な責務は，我が国の平和と安全を維持し，その存立を全うするとともに，国民の命を守ることである。我が国を取り巻く安全保障環境の変化に対応し，政府としての責務を果たすためには，まず，十分な体制をもって力強い外交を推進することにより，安定しかつ見通しがつきやすい国際環境を創出し，脅威の出現を未然に防ぐとともに，国際法にのっとって行動し，法の支配を重視することにより，紛争の平和的な解決を図らなければならない。

　さらに，我が国自身の防衛力を適切に整備，維持，運用し，同盟国である米国との相互協力を強化するとともに，域内外のパートナーとの信頼及び協力関係を深めることが重要である。特に，我が国の安全及びアジア太平洋地域の平和と安定のために，日米安全保障体制の実効性を一層高め，日米同盟の抑止力を向上させることにより，武力紛争を未然に回避し，我が国に脅威が及ぶことを防止することが必要不可欠である。その上で，いかなる事態においても国民の命と平和な暮らしを断固として守り抜くとともに，国際協調主義に基づく「積極的平和主義」の下，国際社会の平和と安定にこれまで以上に積極的に貢献するためには，切れ目のない対応を可能とする国内法制を整備しなければならない。

5月15日に「安全保障の法的基盤の再構築に関する懇談会」から報告書が提出され，同日に安倍内閣総理大臣が記者会見で表明した基本的方向性に基づき，これまで与党において協議を重ね，政府としても検討を進めてきた。今般，与党協議の結果に基づき，政府として，以下の基本方針に従って，国民の命と平和な暮らしを守り抜くために必要な国内法制を速やかに整備することとする。
1　武力攻撃に至らない侵害への対処
(1)　我が国を取り巻く安全保障環境が厳しさを増していることを考慮すれば，純然たる平時でも有事でもない事態が生じやすく，これにより更に重大な事態に至りかねないリスクを有している。こうした武力攻撃に至らない侵害に際し，警察機関と自衛隊を含む関係機関が基本的な役割分担を前提として，より緊密に協力し，いかなる不法行為に対しても切れ目のない十分な対応を確保するための態勢を整備することが一層重要な課題となっている。
(2)　具体的には，こうした様々な不法行為に対処するため，警察や海上保安庁などの関係機関が，それぞれの任務と権限に応じて緊密に協力して対応するとの基本方針の下，各々の対応能力を向上させ，情報共有を含む連携を強化し，具体的な対応要領の検討や整備を行い，命令発出手続を迅速化するとともに，各種の演習や訓練を充実させるなど，各般の分野における必要な取組を一層強化することとする。
(3)　このうち，手続の迅速化については，離島の周辺地域等において外部から武力攻撃に至らない侵害が発生し，近傍に警察力が存在しない場合や警察機関が直ちに対応できない場合（武装集団の所持する武器等のために対応できない場合を含む。）の対応において，治安出動や海上における警備行動を発令するための関連規定の適用関係についてあらかじめ十分に検討し，関係機関において共通の認識を確立しておくとともに，手続を経ている間に，不法行為による被害が拡大することがないよう，状況に応じた早期の下令や手続の迅速化のための方策について具体的に検討することとする。
(4)　さらに，我が国の防衛に資する活動に現に従事する米軍部隊に対して攻撃が発生し，それが状況によっては武力攻撃にまで拡大していくような事態においても，自衛隊と米軍が緊密に連携して切れ目のない対応をすることが，我が国の安全の確保にとっても重要である。自衛隊と米軍部隊が連携して行う平素からの各種活動に際して，米軍部隊に対して武力攻撃に至らない侵害が発生した場合を想定し，自衛隊法第95条による武器等防護のための「武器の使用」の考え方を参考にしつつ，自衛隊と連携して我が国の防衛に資する活動（共同訓練を含む。）に現に従事している米軍部隊の武器等であれば，米国の要請又は同意があることを前提に，当該武器等を防護するための自衛隊法第95条によるものと同様の極めて受動的かつ限定的な必要最小限の「武器の使用」を自衛隊が行うことができるよう，法整備をすることとする。
2　国際社会の平和と安定への一層の貢献
(1)　いわゆる後方支援と「武力の行使との一体化」

ア　いわゆる後方支援と言われる支援活動それ自体は,「武力の行使」に当たらない活動である。例えば,国際の平和及び安全が脅かされ,国際社会が国際連合安全保障理事会決議に基づいて一致団結して対応するようなときに,我が国が当該決議に基づき正当な「武力の行使」を行う他国軍隊に対してこうした支援活動を行うことが必要な場合がある。一方,憲法第9条との関係で,我が国による支援活動については,他国の「武力の行使と一体化」することにより,我が国自身が憲法の下で認められない「武力の行使」を行ったとの法的評価を受けることがないよう,これまでの法律においては,活動の地域を「後方地域」や,いわゆる「非戦闘地域」に限定するなどの法律上の枠組みを設定し,「武力の行使との一体化」の問題が生じないようにしてきた。

イ　こうした法律上の枠組みの下でも,自衛隊は,各種の支援活動を着実に積み重ね,我が国に対する期待と信頼は高まっている。安全保障環境が更に大きく変化する中で,国際協調主義に基づく「積極的平和主義」の立場から,国際社会の平和と安定のために,自衛隊が幅広い支援活動で十分に役割を果たすことができるようにすることが必要である。また,このような活動をこれまで以上に支障なくできるようにすることは,我が国の平和及び安全の確保の観点からも極めて重要である。

ウ　政府としては,いわゆる「武力の行使との一体化」論それ自体は前提とした上で,その議論の積み重ねを踏まえつつ,これまでの自衛隊の活動の実経験,国際連合の集団安全保障措置の実態等を勘案して,従来の「後方地域」あるいはいわゆる「非戦闘地域」といった自衛隊が活動する範囲をおよそ一体化の問題が生じない地域に一律に区切る枠組みではなく,他国が「現に戦闘行為を行っている現場」ではない場所で実施する補給,輸送などの我が国の支援活動については,当該他国の「武力の行使と一体化」するものではないという認識を基本とした以下の考え方に立って,我が国の安全の確保や国際社会の平和と安定のために活動する他国軍隊に対して,必要な支援活動を実施できるようにするための法整備を進めることとする。

(ア)　我が国の支援対象となる他国軍隊が「現に戦闘行為を行っている現場」では,支援活動は実施しない。

(イ)　仮に,状況変化により,我が国が支援活動を実施している場所が「現に戦闘行為を行っている現場」となる場合には,直ちにそこで実施している支援活動を休止又は中断する。

(2)　国際的な平和協力活動に伴う武器使用

ア　我が国は,これまで必要な法整備を行い,過去20年以上にわたり,国際的な平和協力活動を実施してきた。その中で,いわゆる「駆け付け警護」に伴う武器使用や「任務遂行のための武器使用」については,これを「国家又は国家に準ずる組織」に対して行った場合には,憲法第9条が禁ずる「武力の行使」に該当するおそれがあることから,国際的な平和協力活動に従事する自衛官の武器使用権限はいわゆる自己保存型と武器等防護に限定してきた。

イ　我が国としては，国際協調主義に基づく「積極的平和主義」の立場から，国際社会の平和と安定のために一層取り組んでいく必要があり，そのために，国際連合平和維持活動（PKO）などの国際的な平和協力活動に十分かつ積極的に参加できることが重要である。また，自国領域内に所在する外国人の保護は，国際法上，当該領域国の義務であるが，多くの日本人が海外で活躍し，テロなどの緊急事態に巻き込まれる可能性がある中で，当該領域国の受入れ同意がある場合には，武器使用を伴う在外邦人の救出についても対応できるようにする必要がある。

ウ　以上を踏まえ，我が国として，「国家又は国家に準ずる組織」が敵対するものとして登場しないことを確保した上で，国際連合平和維持活動などの「武力の行使」を伴わない国際的な平和協力活動におけるいわゆる「駆け付け警護」に伴う武器使用及び「任務遂行のための武器使用」のほか，領域国の同意に基づく邦人救出などの「武力の行使」を伴わない警察的な活動ができるよう，以下の考え方を基本として，法整備を進めることとする。

(ア)　国際連合平和維持活動等については，PKO参加5原則の枠組みの下で，「当該活動が行われる地域の属する国の同意」及び「紛争当事者の当該活動が行われることについての同意」が必要とされており，受入れ同意をしている紛争当事者以外の「国家に準ずる組織」が敵対するものとして登場することは基本的にないと考えられる。このことは，過去20年以上にわたる我が国の国際連合平和維持活動等の経験からも裏付けられる。近年の国際連合平和維持活動において重要な任務と位置付けられている住民保護などの治安の維持を任務とする場合を含め，任務の遂行に際して，自己保存及び武器等防護を超える武器使用が見込まれる場合には，特に，その活動の性格上，紛争当事者の受入れ同意が安定的に維持されていることが必要である。

(イ)　自衛隊の部隊が，領域国政府の同意に基づき，当該領域国における邦人救出などの「武力の行使」を伴わない警察的な活動を行う場合には，領域国政府の同意が及ぶ範囲，すなわち，その領域において権力が維持されている範囲で活動することは当然であり，これは，その範囲においては「国家に準ずる組織」は存在していないということを意味する。

(ウ)　受入れ同意が安定的に維持されているかや領域国政府の同意が及ぶ範囲等については，国家安全保障会議における審議等に基づき，内閣として判断する。

(エ)　なお，これらの活動における武器使用については，警察比例の原則に類似した厳格な比例原則が働くという内在的制約がある。

3　憲法第9条の下で許容される自衛の措置

(1)　我が国を取り巻く安全保障環境の変化に対応し，いかなる事態においても国民の命と平和な暮らしを守り抜くためには，これまでの憲法解釈のままでは必ずしも十分な対応ができないおそれがあることから，いかなる解釈が適切か検討してきた。その際，政府の憲法解釈には論理的整合性と法的安定性が求められる。

したがって，従来の政府見解における憲法第9条の解釈の基本的な論理の枠内で，国民の命と平和な暮らしを守り抜くための論理的な帰結を導く必要がある。

(2) 憲法第9条はその文言からすると，国際関係における「武力の行使」を一切禁じているように見えるが，憲法前文で確認している「国民の平和的生存権」や憲法第13条が「生命，自由及び幸福追求に対する国民の権利」は国政の上で最大の尊重を必要とする旨定めている趣旨を踏まえて考えると，憲法第9条が，我が国が自国の平和と安全を維持し，その存立を全うするために必要な自衛の措置を採ることを禁じているとは到底解されない。一方，この自衛の措置は，あくまで外国の武力攻撃によって国民の生命，自由及び幸福追求の権利が根底から覆されるという急迫，不正の事態に対処し，国民のこれらの権利を守るためのやむを得ない措置として初めて容認されるものであり，そのための必要最小限度の「武力の行使」は許容される。これが，憲法第9条の下で例外的に許容される「武力の行使」について，従来から政府が一貫して表明してきた見解の根幹，いわば基本的な論理であり，昭和47年10月14日に参議院決算委員会に対し政府から提出された資料「集団的自衛権と憲法との関係」に明確に示されているところである。

この基本的な論理は，憲法第9条の下では今後とも維持されなければならない。

(3) これまで政府は，この基本的な論理の下，「武力の行使」が許容されるのは，我が国に対する武力攻撃が発生した場合に限られると考えてきた。しかし，冒頭で述べたように，パワーバランスの変化や技術革新の急速な進展，大量破壊兵器などの脅威等により我が国を取り巻く安全保障環境が根本的に変容し，変化し続けている状況を踏まえれば，今後他国に対して発生する武力攻撃であったとしても，その目的，規模，態様等によっては，我が国の存立を脅かすことも現実に起こり得る。

我が国としては，紛争が生じた場合にはこれを平和的に解決するために最大限の外交努力を尽くすとともに，これまでの憲法解釈に基づいて整備されてきた既存の国内法令による対応や当該憲法解釈の枠内で可能な法整備などあらゆる必要な対応を採ることは当然であるが，それでもなお我が国の存立を全うし，国民を守るために万全を期す必要がある。

こうした問題意識の下に，現在の安全保障環境に照らして慎重に検討した結果，我が国に対する武力攻撃が発生した場合のみならず，我が国と密接な関係にある他国に対する武力攻撃が発生し，これにより我が国の存立が脅かされ，国民の生命，自由及び幸福追求の権利が根底から覆される明白な危険がある場合において，これを排除し，我が国の存立を全うし，国民を守るために他に適当な手段がないときに，必要最小限度の実力を行使することは，従来の政府見解の基本的な論理に基づく自衛のための措置として，憲法上許容されると考えるべきであると判断するに至った。

(4) 我が国による「武力の行使」が国際法を遵守して行われることは当然であるが，国際法上の根拠と憲法解釈は区別して理解する必要がある。憲法上許容される上記の「武力の行使」は，国際法上は，集団的自衛権が根拠となる場合がある。この「武力の行使」

には，他国に対する武力攻撃が発生した場合を契機とするものが含まれるが，憲法上は，あくまでも我が国の存立を全うし，国民を守るため，すなわち，我が国を防衛するためのやむを得ない自衛の措置として初めて許容されるものである。

(5) また，憲法上「武力の行使」が許容されるとしても，それが国民の命と平和な暮らしを守るためのものである以上，民主的統制の確保が求められることは当然である。政府としては，我が国ではなく他国に対して武力攻撃が発生した場合に，憲法上許容される「武力の行使」を行うために自衛隊に出動を命ずるに際しては，現行法令に規定する防衛出動に関する手続と同様，原則として事前に国会の承認を求めることを法案に明記することとする。

4　今後の国内法整備の進め方

これらの活動を自衛隊が実施するに当たっては，国家安全保障会議における審議等に基づき，内閣として決定を行うこととする。こうした手続を含めて，実際に自衛隊が活動を実施できるようにするためには，根拠となる国内法が必要となる。政府として，以上述べた基本方針の下，国民の命と平和な暮らしを守り抜くために，あらゆる事態に切れ目のない対応を可能とする法案の作成作業を開始することとし，十分な検討を行い，準備ができ次第，国会に提出し，国会における御審議を頂くこととする。

[出典]　外務省ウェブサイト。

## 【207】平和安保法制解説

**平和安全法制の構成**

**整備法（一部改正を束ねたもの）**

平和安全法制整備法：我が国及び国際社会の平和及び安全の確保に資するための自衛隊法等の一部を改正する法律

1. 自衛隊法
2. 国際平和協力法
   国際連合平和維持活動等に対する協力に関する法律
3. 周辺事態安全確保法　→　重要影響事態安全確保法に変更
   重要影響事態に際して我が国の平和及び安全を確保するための措置に関する法律
4. 船舶検査活動法
   重要影響事態等に際して実施する船舶検査活動に関する法律
5. 事態対処法
   武力攻撃事態等及び存立危機事態における我が国の平和と独立並びに国及び国民の安全の確保に関する法律
6. 米軍行動関連措置法　→　米軍等行動関連措置法に変更
   武力攻撃事態等及び存立危機事態におけるアメリカ合衆国等の軍隊の行動に伴い我が国が実施する措置に関する法律
7. 特定公共施設利用法
   武力攻撃事態等における特定公共施設等の利用に関する法律
8. 海上輸送規制法
   武力攻撃事態及び存立危機事態における外国軍用品等の海上輸送の規制に関する法律
9. 捕虜取扱い法
   武力攻撃事態及び存立危機事態における捕虜等の取扱いに関する法律
10. 国家安全保障会議設置法

※左記の他，技術的な改正を行う法律が10本

**新規制定（1本）**

国際平和支援法：国際平和共同対処事態に際して我が国が実施する諸外国の軍隊等に対する協力支援活動等に関する法律

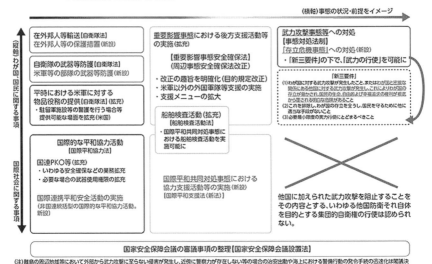

[出典] 防衛省ウェブサイト。

## 【208】変化する安全保障環境のためのより力強い同盟

### 新たな日米防衛協力のための指針 (2015年4月27日)

（略）

　指針の中核は，引き続き，日本の平和及び安全に対する揺るぎないコミットメントである。新たな指針は，日米両政府が，二国間協力を次の様々な分野にもわたって拡大しつつ，切れ目のない，力強い，柔軟かつ実効的な同盟としての対応を通じてそのコミットメントを果たすための能力を強化し続けるための方法及び手段を詳述する。

　同盟調整メカニズム：新たな指針の下で，日米両国は，平時から緊急事態までのあらゆる段階における切れ目のない対応を可能とする，平時から利用可能な，政府全体にわたる同盟内の調整のためのメカニズムを設置する。

　地域的な及びグローバルな協力：新たな指針は，同盟が，適切な場合に，日本の国内法令に従った方法により，平和維持活動，海洋安全保障及び後方支援等の国際的な安全保障上の取組に対して一層大きな貢献を行うことを可能とする。閣僚は，地域の及び他のパートナー並びに国際機関と協力することの重要性を改めて表明した。

　新たな戦略的な協力：変化する世界は現代的な同盟を必要としており，新たな指針は，日米両国が，宇宙及びサイバー空間において，また，領域を横断する形で効果をもたらすことを意図した活動を行うに当たり，協力を行うための基盤を構築する。

人道支援・災害救援：新たな指針は，日本及び世界各地における大規模災害への対処における二国間協力の実効性を一層向上させるために日米両政府が協働し得る方法を示す。

力強い基盤：新たな指針はまた，防衛装備・技術協力，情報協力・情報保全及び教育・研究交流を含む，二国間協力のあらゆる側面に貢献する取組及び活動を示す。閣僚は，新たな指針の下での共同の取組に着手するとの意図を確認した。この文脈において，SCCは，SDCに対し，平時から利用可能な同盟調整メカニズムの設置及び共同計画策定メカニズムの改良並びにこれによる共同計画の策定の強化を含め，新たな指針を実施するよう指示した。閣僚はまた，新たな指針が展望する後方支援に係る相互協力を実施するための物品役務相互提供協定を迅速に交渉するとの意図を表明した。

3．二国間の安全保障及び防衛協力

閣僚は，様々な分野における二国間の安全保障及び防衛協力を強化することによって同盟の抑止力及び対処力を強化するための現在も見られる進捗について，満足の意をもって留意する。閣僚は，

・最も現代的かつ高度な米国の能力を日本に配備することの戦略的重要性を確認した。当該配備は同盟の抑止力を強化し，日本及びアジア太平洋地域の安全に寄与する。この文脈において，閣僚は，米海軍によるＰ－８哨戒機の嘉手納飛行場への配備，米空軍によるグローバル・ホーク無人機の三沢飛行場へのローテーション展開，改良された輸送揚陸艦であるグリーン・ベイの配備及び2017年に米海兵隊Ｆ-35Ｂを日本に配備するとの米国の計画を歓迎した。さらに，閣僚は，2017年までに横須賀海軍施設にイージス艦を追加配備するとの米国の計画，及び本年後半に空母ジョージ・ワシントンをより高度な空母ロナルド・レーガンに交代させることを歓迎した。

・核及び通常戦力についての議論を通じたものを含め，日本に対する米国の防衛上のコミットメントの信頼性を強化する日米拡大抑止協議を通じた取組を継続することを決意した。

・弾道ミサイル防衛（BMD）能力の向上における協力を維持すること，特に2014年12月のAN／TPY-2レーダー（Xバンド・レーダー）システムの経ヶ岬への配備及び2017年までに予定されている2隻のＢＭＤ駆逐艦の日本への追加配備の重要性を強調した。これらのアセットは，連携の下で運用され，日米両国の防衛に直接的に寄与する。

・宇宙安全保障，特に，政府一体となっての取組である宇宙に関する包括的日米対話及び安全保障分野における日米宇宙協議を通じた，抗たん性及び能力向上分野における協力の強化を強調した。閣僚はまた，宇宙航空研究開発機構による宇宙状況監視（SSA）情報の米国への提供及び両国の防衛当局間で宇宙に関連した事項を議論するための新たな枠組みの設置による協力の強化を強調した。

・サイバー空間に係る諸課題に関する協力，特に，政府一体となっての取組である日米サイバー対話及び日米サイバー防衛政策作業部会を通じた，脅威情報の共有及び任務保

証並びに重要インフラ防護分野における協力での継続的な進展を求めた。
・情報収集，警戒監視及び偵察（ISR）協力の強化，特に米空軍によるグローバル・ホーク無人機の三沢飛行場へのローテーション展開及び日本による高度なISR基盤の調達計画を賞賛した。
・日本の新たな防衛装備移転三原則，及びF-35の地域における整備・修理・オーバーホール・アップグレード能力の日本での確立に係る最近の米国の決定に示された，後方支援及び防衛装備協力の拡大を賞賛した。閣僚は，高度な能力に係る共同研究・開発を促進する日米装備・技術定期協議（S&TF）と同盟の役割・任務・能力（RMC）に関する対話の連携を通じた防衛装備協力の強化を強調した。
・情報保全に関する日米協議を通じた継続的な進展及び日本の特定秘密保護法の施行により示された，情報保全協力の強化の重要性を確認した。この法律により，日本政府は，平時及び緊急事態における機微な情報の安全な交換を円滑にするために必要な政策，慣行及び手続を整備した。

さらに，閣僚は，在日米軍駐留経費負担が，複雑さを増す安全保障環境において日本の平和及び安全に資するものである前方展開した在日米軍のプレゼンスに対する日本の継続的な支援を示してきたことを確認した。閣僚は，2011年6月のSCC文書に示す現行の在日米軍駐留経費負担のコミットメントが2016年3月に終了することに留意し，適切な水準の在日米軍駐留経費負担を行う将来の取決めに関する協議を開始する意図を表明した。

共同の活動の範囲が拡大していることを認識し，閣僚は，同盟管理プロセスの効率性及び実効性を強化する適切な二国間協議の枠組みを可及的速やかに検討するとの意図を確認した。

4．地域的及び国際的な協力

日米同盟がアジア太平洋地域の平和及び安全の礎であり，また，より平和で安定した国際安全保障環境を推進するための基盤であることを認識し，閣僚は，次の分野における最近の進展を強調した。
・2013年11月のフィリピンにおける台風への対処における緊密な調整に示された，人道支援・災害救援活動における協力の強化。
・沿岸巡視船の提供及びその他の海洋安全保障能力の構築のための取組によるものを含め，特に東南アジアでのパートナーに対する能力構築における継続的かつ緊密な連携。
・特に韓国及び豪州並びに東南アジア諸国連合等の主要なパートナーとの三か国及び多国間協力の拡大。閣僚は，北朝鮮による核及びミサイルの脅威に関する韓国との三者間情報共有取決めの最近の署名を強調し，この枠組みを将来に向けた三か国協力の拡大のための基盤として活用していくことを決意した。閣僚はまた，日米豪安全保障・防衛協力会合を通じ，東南アジアにおける能力構築のための活動並びに安全保障及び防衛に係る事項について，豪州とのより緊密な協力を追求するとの意図を確認した。

5．在日米軍再編

　閣僚は，在日米軍の再編の過程を通じて訓練能力を含む運用能力を確保しつつ，在日米軍の再編に係る既存の取決めを可能な限り速やかに実施することに対する日米両政府の継続的なコミットメントを再確認した。閣僚は，地元への米軍の影響を軽減しつつ，将来の課題及び脅威に効果的に対処するための能力を強化することで抑止力が強化される強固かつ柔軟な兵力態勢を維持することに対するコミットメントを強調した。この文脈で，閣僚は，普天間飛行場から岩国飛行場へのKC-130飛行隊の移駐を歓迎し，訓練場及び施設の整備等の取組を通じた，沖縄県外の場所への移転を含む，航空機訓練移転を継続することに対するコミットメントを確認した。

　この取組の重要な要素として，閣僚は，普天間飛行場の代替施設（FRF）をキャンプ・シュワブ辺野古崎地区及びこれに隣接する水域に建設することが，運用上，政治上，財政上及び戦略上の懸念に対処し，普天間飛行場の継続的な使用を回避するための唯一の解決策であることを再確認した。閣僚は，この計画に対する日米両政府の揺るぎないコミットメントを再確認し，同計画の完了及び長期にわたり望まれてきた普天間飛行場の日本への返還を達成するとの強い決意を強調した。米国は，FRF建設事業の着実かつ継続的な進展を歓迎する。

　閣僚はまた，2006年の「ロードマップ」及び2013年4月の統合計画に基づく嘉手納飛行場以南の土地の返還の重要性を再確認し，同計画の実施に引き続き取り組むとの日米両政府の決意を改めて表明し，2016年春までに同計画が更新されることを期待した。閣僚は，この計画に従ってこれまでに完了した土地の返還のうち最も重要な本年3月31日のキャンプ瑞慶覧西普天間住宅地区の計画どおりの返還を強調した。

　閣僚は，日米両政府が，改正されたグアム協定に基づき，沖縄からグアムを含む日本国外の場所への米海兵隊の要員の移転を着実に実施していることを確認した。

　閣僚は，環境保護のための協力を強化することへのコミットメントを再確認し，環境上の課題について更なる取組を行うことの重要性を確認した。この目的のため，閣僚は，環境の管理の分野における協力に関する補足協定についての進展を歓迎し，可能な限り迅速に同協定に付随する文書の交渉を継続する意図を確認した。

［出典］「日米安全保障協議委員会（「2＋2」）共同発表（仮訳）（平成27年4月27日）」『防衛白書（平成28年版）』。

■編著者紹介（執筆順）

武田　知己（たけだ　ともき）
　　大東文化大学法学部教授
　　主要著書・論文
　　　『重光葵と戦後政治』吉川弘文館，2002年
　　　『日本政党史』（共著）吉川弘文館，2011年
　　　『昭和史講義』1，2（共著）ちくま新書，2015年，2016年
　　担　当　　Ⅰ戦前編1，2，3，4，5，6，7

鈴木　宏尚（すずき　ひろなお）
　　静岡大学人文社会科学部准教授
　　主要書著・論文
　　　『池田政権と高度成長期の日本外交』慶應義塾大学出版会，2013年
　　　『秩序変動と日本外交―拡大と収縮の七〇年』（共著）慶應義塾大学出版会，2016年
　　　「親米日本の政治経済構造，1955-61」『名古屋大学法政論集』第260号，2015年2月
　　担　当　　Ⅱ戦後編1，2，8，9，10

池田　慎太郎（いけだ　しんたろう）
　　関西大学法学部教授
　　主要著書・論文
　　　『日米同盟の政治史』国際書院，2004年
　　　『現代日本政治史②独立完成への苦闘1952～1960』吉川弘文館，2012年
　　　『戦後日本首相の外交思想』（共著）ミネルヴァ書房，2016年
　　担　当　　Ⅱ戦後編3，4，5，6，7，11

佐道　明広（さどう　あきひろ）
　　中京大学総合政策学部教授
　　主要著書・論文
　　　『自衛隊史論―政・官・軍・民の六〇年』吉川弘文館，2015年
　　　『沖縄現代政治史―「自立」をめぐる攻防』吉田書店，2014年
　　　『戦後日本の防衛と政治』吉川弘文館，2003年
　　担　当　　Ⅱ戦後編12

## 資料で学ぶ日本政治外交史

2017年2月20日　初版第1刷発行

| 著　者 | 武田知己・鈴木宏尚 |
| | 池田慎太郎・佐道明広 |
| 発行者 | 田靡純子 |
| 発行所 | 株式会社 法律文化社 |

〒603-8053
京都市北区上賀茂岩ヶ垣内町71
電話 075(791)7131　FAX 075(721)8400
http://www.hou-bun.com/

＊乱丁など不良本がありましたら，ご連絡ください。
　お取り替えいたします。

印刷：西濃印刷㈱／製本：㈱吉田三誠堂製本所
装幀：谷本天志
ISBN 978-4-589-03801-2
Ⓒ 2017 T. Takeda, H. Suzuki, S. Ikeda, A. Sado
Printed in Japan

JCOPY 〈(社)出版者著作権管理機構 委託出版物〉

本書の無断複写は著作権法上での例外を除き禁じられています。複写される場合は，そのつど事前に，(社)出版者著作権管理機構（電話03-3513-6969，FAX03-3513-6979，e-mail: info@jcopy.or.jp）の許諾を得てください。

佐道明広・古川浩司・小坂田裕子・小山佳枝共編著

**資料で学ぶ国際関係〔第2版〕**

A5判・250頁・2900円

西欧国際体系の成立からウクライナ危機に至る国際関係の歴史と仕組みを学ぶうえで必須の資料を所収。各章の冒頭に解題を付して歴史的事象の全体像を解説する。歴史編の資料を厳選し，最近の国際情勢をアップデート。

三上貴教編

**映画で学ぶ国際関係Ⅱ**

A5判・220頁・2400円

映画を題材に国際関係論を学ぶユニークな入門書。国際関係の歴史・地域・争点における主要なテーマをカバーし，話題作を中心に50作品を厳選した。新しい試みとして好評を博した『映画で学ぶ国際関係』の第2弾。

出原政雄・長谷川一年・竹島博之編

**原理から考える政治学**

A5判・236頁・2900円

領土紛争，原発政策，安保法制，格差，貧困など危機的状況にある現代の政治争点に通底する政治原理そのものに着目し，原理と争点を往復しながら，改めて具体的争点を解き明かす。目前の政治現象への洞察力を涵養する。

徳川信治・西村智朗編著

**テキストブック法と国際社会**

A5判・238頁・2400円

高校の世界史や政経等，既習事項から出発し大学の国際法への橋渡しをする。国際関係をめぐる法の歴史や構造をおさえつつ，環境，人権，経済，平和など市民生活にもかかわる国際社会の問題を資料・図版をもとに解説。

山形英郎編

**国 際 法 入 門**
—逆から学ぶ—

A5判・436頁・2700円

難解な総論を後半に回し，各論から論じる初学者に配慮した構成とし，判例・条文をふまえて国際法が生きて働く姿を具体的に解説する。各章の冒頭に導入として簡単なクイズを設け，章末には学習到達度がわかるように確認問題を設けた。

山田文比古著

**外 交 と は 何 か**
—パワーか？／知恵か？—

四六判・138頁・1800円

外交官や外務省は普段どのような仕事をしているのだろうか。こうした疑問にこたえ，外交活動の実態から，外交の果たしている機能・役割・課題を解説したコンパクトな外交論の入門書。

―法律文化社―

表示価格は本体（税別）価格です